ENCUENTRE SU VERDAD

Rafael Márquez

ISBN:: 978-84-9981-692-0
Depósito Legal: TF-206-11
Título: Encuentre su verdad
Autor: Rafael L. Peña Márquez
Idioma: Castellano
Editor: Bubok Publishing S.L.

INTRODUCCIÓN

Antes de leer este libro debemos ser conscientes del Bien y del mal.

Hay miles de millones de personas en el mundo de este Planeta que el Bien les implique malo, por la ignorancia en el Conocimiento de sí mismos. También hay otros miles de millones de personas que el mal les resulta necesario por su forma de ver el mundo; otros miles de millones por diferentes circunstancias (injusticias, crímenes, asesinatos, mentiras, falsedades, etc.) no quieren saber nada de las religiones; otros miles de millones tienen un concepto de Cristo y de Dios distinto a lo que Él enseñó en la tierra y otros miles de millones que admiten las religiones, cumplen con sus ritos, pompas, solemnidades y cultos; unos y otros involucran con la Vida, porque no están seguros de sí mismos por no haber aprendido Las Enseñanzas de la Verdad.

Este libro está dedicado a todos los creyentes ideológicos que se llamen cristianos. Cada uno o en grupos podrán leerlos en sus Biblias. Cada cual de acuerdo a su inteligencia o Entendimiento verán claramente que las observancias actuales están muy lejos de las Enseñanzas de Cristo.

Los creyentes religiosos de cualquiera de los sistemas, como así mismo los siquiatras y sicólogos (pienso que no todos) tradicionales conversan y cavilan que el mal del mundo es del ser humano. Los religiosos especulan que tienen Alma pero no se han preocupado nunca en perfeccionarla y purificarla, como Enseña San Pedro. Los siquiatras y sicólogos no creen en el Alma -la mayoría- y todo mal que padece el ser humano viene con él de su nacimiento (para miles de millones de personas, el período de su existencia y para otros miles de millones tiempo inmemorial) Éstos especialistas humanos jamás se han preocupado, menos perfeccionado para conocer: ¿Quién es su Ser? Hablan del Consciente, del Inconsciente y Subconsciente —les funcionan- pero no tienen ni "Idea". Para cualquier comportamiento de padecimientos inventan una Palabra y la dan por hecho que ése es el sufrimiento. Además "cobran" por probar ayudar a los enfermos, como si su Ciencia de hombres fuera la Verdad. (No voy a enumerar todas las atrocidades que han soportado los enfermos para buscarles su mal a través de la historia). Como Ciencia de hombres se apoyan en los dictámenes de la secta católica para negar que dichas enfermedades sean provocados por agentes externos del humano. Lo procedente que hacen los siquiatras y sicólogos es robarles la escasa voluntad del enfermo. Directamente le dicen que están enfermos. Como la secta católica que les amenazan con el castigo divino, la cólera de dios (su dios) sino cumplen sus dogmas (mentiras) fantaseadas por medio de los siglos. Éstos expertos hacen lo mismo -le meten el miedo en el cuerpo- y ya pueden disponer de él para toda su vida; tampoco lo curan; no lo hacen porque nunca saben de qué están enfermos. A través de los siglos se han apoderado del Conocimiento mental del ser humano como doctores, pero sin embargo niegan del Alma y del Ser del individuo. Igual que la secta católica. Durante épocas han negado la realidad del Alma y del Espíritu, convirtiéndose en criminales en todos los tiempos, utilizando al ser humano para sus intereses. Los peritos del Ego se sienten superiores de cara a la sociedad, pero jamás han encontrado solución a sus propios problemas, disfrazándose de muchas caras como el camaleón.

"Las Opiniones" de estos especialistas tienen tanta validez como las de los religiosos de las diferentes doctrinas. Jamás están de acuerdo porque al siguiente congreso las rechazan por intereses como los religiosos. Todas las cultos occidentes y orientales están creadas de "Fundamentos", de "Dictámenes", de "Dogmas de Fe", de "Afirmaciones", de "Alegatos" de "Invocaciones", de "Creencias" pero que estén convencidos de ellos, lo dudo porque terminan diciendo que son "pecadores". **San Mateo Cap. 5: vers 48**: *"Sed, pues, vosotros perfectos, como vuestro Padre que está en los Cielos es Perfecto"* A los especialistas les ocurren igual. Por ejemplo: Hablan de la Soberbia, el Orgullo, la Vanidad, la mentira etc. Los padecimientos del ser humano pero tampoco especifican quién "es" la que lo hace soportar en el humano. Si hablamos de la Voluntad, es necesario que el individuo la desarrolle para cada faceta de su vida. Es decir: voluntad para dejar el cigarrillo; voluntad para acostarse temprano; voluntad para no traicionar a su esposa o ésta al esposo; voluntad para dejar de beber; de robar; etc. No tienen ni "Idea". Idéntica la tienen todos los dirigentes fieles para llevar a los creyentes al Infierno.

El ser humano está gobernado desde hace muchos miles de años por las "Mentiras" en el "Ego" de su Subconsciente y el

Inconsciente de su Ego le esclaviza. Él es el que instaura existencias tras existencias al "Ego" esclavizando a su Vida: Alma, por todas las falsedades que han escuchado y practicado desde pequeño de generación en generación. Sus mayores son los primeros que las han fortalecido en sus Subconscientes por las ficciones que ellos han vivido atropellando y traicionando sus Almas de la farsa en las sociedades que vivan, aunque él o ellos crean que es verdad. Son "Opiniones de siglos" de apariencias. La Verdad les asusta y no creen en Ella. Igual les ocurre a estos especialistas. Poseen un Subconsciente endurecido por las costumbres de sus Mentiras, -siglos tras siglos- encontrarse con la Verdad le llaman a usted "alucinante", pero tampoco curan a nadie: viven de él como todos los dirigentes religiosos. La secta católica, no tiene "Una Verdad" de Cristo -durante 1.700 años- y nadie las ha desenmascarado. Todos -la mayoría- creen que enseñan verdades. (Los siglos de los fingimientos, ahora son verdades para las mentes de sus seguidores). Los siquiatras dicen que el que dice la mentira y se la cree es un enfermo. ¿Cuántos miles, millones de personas en el Planeta están enfermos? Simplemente lean la Biblia católica y comprobaran que no hay una Verdad de Cristo en sus enseñanzas de hombres. Por todo ello leamos con sinceridad este libro para que cada cual -si le interesa- encuentre su Verdad, porque esta Verdad es para toda la Humanidad.

He leído muchos artículos a través de los años sobre la Verdad a católicos y evangelistas mencionando los versículos de la Biblia, (además los he escuchado) pero ninguno, como llegar a través de ellos al Conocimiento de los mismos, por medio de las explicaciones de Las Enseñanzas del Padre Eterno por la boca de Su Hijo Cristo Jesús. Asimismo sobre la salvación: si es por fe o por obras, si es de gracia. Pero, empiezan los peros. A la hora de atenderles y observarles durante años a unos y a otros, escucharles, siempre dicen lo mismo. Muchos hablan de los versículos que hay que analizarlos en su conjunto al capítulo al que se refiere. Defienden que la reencarnación no existe, (aunque en la Biblia hay pasajes en los cuáles los judíos hablan de unos y otros, como si fueran profetas de la antigüedad vueltos a la tierra); escuchan enseñanzas de las Universidades que los han preparado. Lógico, no piensan -los futuros pastores- que jamás esos profesores o catedráticos nunca han perfeccionado sus Almas en las Virtudes. No dejo de ver que se encuentran alejados del Padre Eterno, como veremos más adelante.

Hace unos meses leí un libro de un matrimonio Presbiteriano; abandonó toda su herencia familiar (creencia) para llegar al dulce hogar: Iglesia católica. Increíble lo que llega hacer el diablo en las mentes humanas cuando no existe la corrección de sus Almas. Este ministro evangelista eliminó de la memoria los "Diez Mandamientos":

"No tendrás dioses ajenos delante de Mí. Ni los adorarás, ni los veneras ni te inclinarás"... etc.

"No te harás imagen de lo que está en el Cielo, ni en la tierra, ni debajo de las aguas de la tierra"... etc.

Lo que entiendo: las tinieblas sumergieron a este hombre en sus negruras, que nunca aprendió de la Sabiduría que guardan *"Los Diez Mandamientos"*. Cambia éstos por el santo rosario que es una invención de los hombres: obispos, arzobispos. También con todas las santas y santos que llenan por triplicado el almanaque anual.

Se dejo de lado también al mentiroso. Es decir: *"No mentirás"*.

Y por supuesto también olvidó a las millones de víctimas del Sacro Imperio Romano y posteriormente a la iglesia Católica y romana con otros cuantos millones de personas muertas y la santa iglesia católica y cristiana con su célebre Inquisición, otros cuantos millones de personas asesinadas olvidándose del Mandamiento de Dios *"No matarás"*. Amén de todos los atropellos sujetando a los dictadores y Reyes de todos los tiempos, llevados todos ellos por la "Ira".

Hoy en día inmiscuyéndose con sus cinismos y codicias en los gobiernos democráticos de muchos países.

La iglesia (secta) católica de la Verdad de Cristo no tiene nada en absoluto. No se trata de que les juzgue. No, no es mi intención ni mucho menos. El que Entienda que la Mentira ha sido pulida acrecentando su Verdad, (por su propio esfuerzo primero) y la ayuda en lo que él cree después, debe rectificar al disimulo. Bien a una persona individual como esta supuesta secta que la llaman religión. Vamos a ser Sinceros y ver con claridad donde se encuentra nuestra Alma, partiendo del Conocimiento intelectual del Entendimiento de nuestra Alma.

Decimos que tenemos razón. En el Ego. Es decir: se asustan cuando no encuentra una reflexión lógica, incluso: Dios existe. Tenemos la razón humana (Alma) que admitimos que sí, que Dios existe pero la conciencia creada por la sociedad se espanta también cuando hacemos la diferencia: Inteligencia de los Instintos (cerebro animal); Inteligencia del humano (cerebro humano); e Inteligencia del Entendimiento de nuestra Alma (cerebro Alma-Ser) y la Sabiduría (Cerebro del Ser) Aunque hoy hay cursos hablando de la inteligencia emocional diferenciándola de la inteligencia racional. ¡Un caos! Todo a su alrededor son dudas; no está demostrado; quién le dice a usted esas cosas; creo en Dios y basta. Pero sigue viviendo como ser humano separado de su Ser: Las Enseñanzas: La Inteligencia Divina.

También posee el ser humano la Sabiduría de su Espíritu (Inteligencia Divina) en su Alma para discernir las cuestiones que le Enseñará el Camino para acercarse a Él.

La Mentira de las tinieblas del mundo inventa por medio del hombre astucias que a él le traerá confusión y deja que esas falacias continúen viviendo pegadas a su Alma para que ésta no las pueda penetrar porque no escucha a su Espíritu. Por ejemplo, el pecado de Adán y Eva, su Creación. Es decir: Eva nació de la costilla de Adán. Y de esa manera miles de mentiras que viven por medio de las épocas pegadas a las Almas de la humanidad de lo que pensamos que creemos firmemente. La Mentira del Hipócrita es tan grande que el mentiroso vulgar se las cree, por ejemplo la calumnia de siempre: Jehová el dios de los judíos y también de los católicos permanece en la historia de la Humanidad como un "criminal". Los judíos le levantan una Calumnia a Jehová y los creadores del Sacro Imperio romano la confirma también (Concilio Vaticano 2º); Otra más actual: Cristo se casó con Mª Magdalena. El que ha inventado la Calumnia no tiene, en principio el mínimo Conocimiento de quien es él y menos de Quién es Cristo. En segundo lugar para desgracia de él, no sabe quién es; irresponsable pero astuto en el mundo de las tinieblas para confundir a las personas y enriquecerse con su Cinismo. En tercer lugar si se descubriera en su conocimiento, se verá que es hijo de Satanás o gobernado por él que hace su trabajo en la tierra para des universalizar la Obra de Cristo comparándolo como un hombre cualquiera, -diversificándole un contexto-, pero ser humano al fin y al cabo.

De los filósofos agnósticos y ateos (negadores de la verdad) no entro a compartir sus razonamientos cuando éstos no nacen del Entendimiento de sus Almas y menos sus Espíritus.

San Pablo a los Col, Cap. 2: 8, 9,10 dice:*"Mirad que nadie os engañe por medio de filosofías y huecas palabras, según las tradiciones de los hombres, conforme a los rudimentos del mundo, y no según Cristo. Porque en Él habita corporalmente toda la plenitud de la Deidad, y vosotros estáis completos en Él.*

Van a deducir donde están situados en el mundo del Planeta en las sociedades de la tierra. ¿Son hijos de lo Creado o son hijos de la Creación? ¿Son hijos de Satanás en cuerpo y Alma o por el contrario se han vendido a él, (por Interés) para obtener los frutos del mundo que habitan en la tierra? ¿Son conscientes, ignorantes, negligentes de la cizaña plantada de la Mentira o la Verdad? ¿Quiénes son realmente, si se preguntan con Sinceridad? ¿Son juiciosos de Las Enseñanzas de la Verdad? ¿Aunque los cristianos digan que tienen fe, son responsables del Aprendizaje de Los Diez Mandamientos para llevar una vida justa en la sociedad en la que vivan? Si creen realmente en el Hijo del Hombre como enviado a la tierra, (donde reina un mundo de maldad), ¿están completamente seguros que hacen la Voluntad del Padre Eterno Creador de todo cuanto existe para llegar a su Presencia? Continuaría preguntando pero no hace falta. Simplemente, ¿son Sinceros siempre?

En un momento determinado defenderé a mi patria antes que cumplir con la Enseñanza de Cristo que dice: "No Matarás". No se han preguntado nunca: ¿si soy católico o evangelista por qué voy a la guerra a matar personas que nunca me han hecho daño? Y que me dicen de los judíos. Ellos también tienen la Ley de Moisés, ¿qué hacen con ella? Pues tratar de cumplirla siempre mientras no dañen sus intereses. Del pecado están excluido, porque negando la preexistencia de Cristo están exento de él. Desde el momento que un ciudadano judío de la antigüedad hablaba con Cristo para sentirse superior a él y reconocer su error, entonces estaba en pecado. Ese es el motivo por qué los judíos no creen en Cristo para huir de sus yerros, -piensan ellos-, claro. El Ego siempre piensa de acuerdo a su deseo e interés, lejos de su Alma.

El gran tropiezo del ser humano es su "Subconsciente". Pero en este libro voy a hablar sobre todo a los que se llamen cristianos; sean católicos y cristianos, evangelistas, luteranos, testigos de Jehová, etc. La multiplicidad de sectas que se llaman cristianos.

Ya que la ciencia del hombre no arregla el problema del ser humano borrando el temor y el miedo, el único que sí lo puede hacer es Cristo. Escrito está: "*El Amor aleja el temor*". El temor y el miedo viven en todos los seres humanos: sean creyente en Él o no. Han pasado los siglos y nadie les ha enseñando como perfeccionar sus Almas para alcanzar el Amor como Enseña San Pedro.

El Temor y el miedo vive en los niños hasta que son jóvenes pero llegar hasta esa edad ha aprendido otros miedos de sus padres, amenazándoles para que se comporten bien en sus hogares y en la sociedad. De niños y jóvenes -según las diferentes doctrinas- continúan escuchando el castigo Divino de sus acciones. El temor a Dios por incumplir sus enseñanzas, etc. ¿Cómo van Amar a sus semejantes, si el temor y el miedo son dueños absolutos de sus Vidas? ¿Cómo van Amar a sus afines si guardan en sus corazones los Rencores, Orgullos, Soberbias, Vanidades, Egoísmos, Codicias, Celos, Ira, etc.?

Todos los religiosos en general creen en el mal; el mal del mundo. Cristo dijo: *"Mi Reino no es de este mundo"*. Pero confunden diariamente en su lenguaje que el mundo y el Planeta sea igual. Confunde uno con el otro. El mundo es de Satanás y el Planeta es la Creación Divina. Todas estas Palabra que he mencionado anteriormente son del mundo: desde el Rencor hasta los Celos y muchísimas más, (era para mostrar un ejemplo) que viven y gobiernan nuestra personalidad humana: están en el subconsciente y a través del inconsciente dominan nuestra personalidad humana, la cual no la deja desarrollar como Seres humanos. Todos los creyentes de las diferentes religiones llamadas cristianas, están llenas de "Opiniones" una más adelantadas y otras más atrasadas; como la católica que no tienen una Verdad de Cristo, -como veremos más delante de acuerdo a los evangelios- y los que leen y estudian se instruyen en la Biblia como los Testigos de Jehová y los evangelistas tampoco conocen el Amor de Cristo porque no han perfeccionado sus Almas (como dice San Pedro) porque están llenos de temores y miedos y la "Luz" de Cristo no viven en sus Almas. La "Luz" de Cristo no es una metáfora. Como la "Luz" de la Sabiduría de la que habló Salomón, anteriormente a Cristo, tampoco es una ilusión o una quimera, es tan y más Real que el Sol Planetario. ¿Cómo pueden Amar si están rodeados de Rencores? ¿Cómo es posible que todavía se sientan rencores a personas que han fallecido? ¿Cómo es posible que siendo cristianos se sientan llevados por los Rencores, Vanidades y los Celos? ¿Dónde se encuentra la "Luz" de Cristo en las diferentes religiones y sectas cristianas? Ustedes se llaman así: cristianas. ¿No comprenden que son gobernados por los inconscientes de tantas opiniones y creencias que cada cual dentro de sus oscuridades se han nombrado dirigentes de Almas? ¿No se dan cuenta que son utilizados, programados, persuadidos por todos aquellos que fundaron las diferentes religiones; los sacerdotes y obispos, hasta el mismo papa, confiesa que el *Amor es un misterio*? Pues que el "papa" lea a ver si lo entiende desde su cristalizado Ego. **Primera Epístola Universal de San Juan Apóstol. Cap. 4 vers 18**: *"En el Amor no hay temor, sino que el perfecto Amor echa fuera al temor; porque el temor lleva en sí castigo. De donde el que teme, no ha sido perfeccionado en el Amor"* Lea a **San Juan Cap. 14 vers: 21**.*"El que tiene Mis Mandamientos, y los guarda, ése es el que me ama; y el que me ama, será amado por Mi Padre, y Yo le amaré, y me manifestaré a él"* ¿Cómo van alcanzar el Amor de sus Almas (los católicos) y su representante dice tal cosa? El vive en las tinieblas del gobernador del mundo. ¿De los ministros evangélicos? ¿Cómo no han enseñado a la "Luz" de la Biblia cómo alcanzar la "Luz" de Cristo? Porque aunque crean, no están "Convencidos" de lo que leen y estudian. No, no lo están. Porque no luchan con sus almas con los intereses o egoísmos de sus Egos, siempre vigentes. Ya analizaré más adelante estos versículos.

Dios es Luz y no hay ningún Tiniebla en Él

los Vivos y los Muertos

YO Soy el que Soy: "Yo Soy el Dios de Abraham, el Dios de Isaac y el Dios de Jacob".

"Mis Caminos no son vuestros caminos ni Mis Pensamientos vuestros pensamientos"

"Yo os he Creado a Imagen y Semejanza Mía"

"No tendrás dioses ajenos delante de Mí"

"No te harás imagen ni escultura de lo que está en el cielo, ni en la tierra, ni debajo de las aguas de la tierra, ni las adorarás ni las venerarás" (Deuteronomio Cap. 5)

Salmos Cap. 82 vers 6. "Yo dijo vosotros sois dioses y todos vosotros hijos del Altísimo"

Juan Cap. 10 vers 34. "Jesús les respondió: ¿No está escrito en vuestra Ley?: Yo dije, "dioses sois"

Primera Epístola de San Juan Cap. 5 vers 15. "Hay que obedecer a Dios antes que a los hombres"

San Mateo Cap. 22 vers 34 al 40. "...y uno de ellos, intérprete de la Ley, preguntó por tentarle, diciendo: "Maestro, ¿cuál es el Gran Mandamiento en la Ley?

"Jesús le dijo: "Amarás al Señor tu Dios con todo tú corazón, y con toda tú Alma, y con toda tú mente".

"y el segundo es semejante: Amarás a tú prójimo como a ti mismo"

"De estos dos Mandamientos depende toda la Ley y los Profetas"

"Mateo Cap. 5 vers 17. "No penséis que he venido para abrogar la Ley o los Profetas; no he venido para abrogar, sino para cumplir"

Mateo Cap. 7 vers 12. "Así que en todo traten ustedes a los demás tal y como quieren que ellos los traten a ustedes, de hecho, esto es la Ley y los Profetas".

Gálatas Cap. 6 vers 2. "Ayúdense unos a otros a llevar sus cargas, y así cumplirán la Ley de Cristo.

El Sermón del monte: Las Bienaventuranzas. Mateo Cap. 5. Vers 1 al 12.

Estos capítulos y versículos son para que tomen nota en un principio todos los seguidores de las diferentes religiones evangélicas que dicen son cristianas.

La secta (religión) católica y cristiana para tener un nombre tan ostentoso lo único que esconde es la "secta del mal". De lo que han leído, la católica no tiene nada de Dios ni de Cristo.

Las evangelistas-cristianas y similares más de lo mismo.

San Juan Cap. 8 vers 12. "otra vez Jesús les habló diciendo: "Yo Soy la Luz del mundo"; el que me sigue, no andará en Tinieblas, sino que tendrá la Luz de la Vida".

San Mateo Cap. 22 vers, 31, 32, 33. "pero respecto a la resurrección de los muertos, ¿No habéis leído lo que os fue dicho por Dios, cuando dijo: Yo Soy el Dios de Abraham, el Dios de Isaac y el Dios de Jacob? Dios no es Dios de muertos, sino de vivos"

Las sociedades del Planeta a 2.000 años de la venida de Cristo a la tierra, están esclavizadas (siendo dioses) al mal por la desobediencia de todos los dirigentes religiosos desde los judíos; la de Constantinopla; la católica romana; todas las evangelistas llamadas cristianas.

Un caos en el mundo del Planeta.

Por la razón que no se, Dios abrió una puerta de nuevo a la generación que conocemos (por ser parte de ella) Adámica que vivimos todos los seres humanos desde hace más o menos 12.000 años. Desde ese tiempo hasta ahora se ha enseñado a la Humanidad el Camino a seguir para que las Almas apartasen las tinieblas del mundo que los someten a la ignorancia de la crueldad.

Cómo habrán leído Dios no es de muertos sino de vivos.

Durante miles de años los judíos han subordinado a esa parte de la Humanidad al vasallaje de su dios castigador, matando a mujeres, hombres y niños para que les temieran -como ahora- al pueblo elegido de Dios. (Lean el Antiguo Testamento).

Durante esos 1.500 años mataron también a todos los siervos y Profetas enviados por Dios a su Creación para ayudarles en el progreso de las Ciencias y de las Artes. Incumpliendo el Mandamiento de Moisés: No matarás. Pero claro ellos muy listos como los católicos actuales y evangelistas también, van a las guerras a servir a Satanás en la destrucción de la humanidad y el Planeta. Ellos se inventaron "el ojo por ojo y diente por diente" hasta la fecha presente. La iglesia romana saturadas de crímenes físicos, morales y espirituales: "A Dios predicando pero con el mazo dando". Así 1.700 años que no se pueden contar los crímenes cometidos por estos servidores de Satanás que se llaman cristianos como dice su actual papa: Representante de Satanás en el Vaticano. ¿Qué dice Cristo del mal del mundo en el Planeta?

"Satanás, padre de la mentira y homicida desde siempre."

Ningún dirigente religioso desde los judíos prehistóricos hasta las religiones actuales han respetado la Ley de los Profetas, Mateo Cap. 7 vers 12. Lo que significa una desobediencia total al Padre de la Creación. Tampoco olvidaremos a Lutero y Calvino creadores de nuevos sistemas religiosos: Dirigentes cristianos llenos de sangre como los otros con una "Lengua" que han encendido un bosque imposible de apagar porque continúan metiendo rastrojos para que no se les apague. Tampoco han leído al Apóstol Santiago. Seres demoníacos, ocultadores de la Verdad de Cristo.

La iglesia de Constantinopla hizo lo que le dio la gana al confeccionar la Biblia. La católica romana igual. Mismo perro con diferente collar. Nombran a Lucas y Marcos como apóstoles. A Pedro le dedican 4 páginas y a Pablo 14 libros. Hijos del diablo.

San Pablo a los romanos que debiera ser el último libro lo ponen creo unos de los primeros. Multiplicando los Temores y los miedos a la humanidad con sus dioses castigadores que llega hasta hoy en día que una madre le dice a su hijo: "pórtate bien porque Dios te castiga" Creo que el infierno es poco para todos estos servidores de Satanás. Para no ir más lejos el anterior papa cambió el Padre Nuestro por lo que él se le ocurrió. No lo cumplía como el actual. Ni ninguno en esa dinastía de mentirosos y falsos prehistóricos. Cristo, lo repito: <u>Satanás, padre de la mentira y homicida desde siempre</u>.

Han pasado 1.700 años desde el Sacro Imperio romano. Ésta secta de mentiras y escarnio tampoco respetan la "Ley o de los profetas" ni tampoco "Los Diez Mandamientos", además ellos creen que no sirven para nada. Ignorantes de la Cultura del alma.

Los diablos reencarnados -guiadores de la Humanidad- han sometido a los seres humanos a la astucia de Satanás utilizando el castigo divino para multiplicar la energía del mundo: su mundo, con los temores y miedos de su ancestral vida.

El Santo evangelio según San Juan. Cap.8 vers 39-47 (Leedlos).

44).- "Vosotros sois de vuestro padre el diablo, y los deseos de vuestro padre queréis hacer. El ha sido homicida desde el principio, y no ha permanecido en la Verdad, porque no hay Verdad en él. Cuando habla mentira, de suyo habla; porque es mentiroso, y padre de la mentira".

La iglesia católica asesinaban a todos los seres humanos (Mujeres y Hombres) que venían a la tierra para enseñar a la Humanidad en los Ciencias y en las Artes y a todos los hombres y mujeres que iban en contra de sus mentiras: "La Reencarnación", etc.

El judío Schalom Ben Chorín, un científico de la religión de la iglesia, escribió: "El pensamiento de la reencarnación en el judaísmo de los tiempos de Jesús una evidente creencia popular. Por eso la gente consideró a Jesús como uno de los antiguos Profetas que volvió a venir".

Jerónimo (345-420) el escritor de la Biblia, recibió en el año 383 el encargo del Papa Dámaso I. De ahí surgió la Biblia latina; la llamada "Vulgata".

La Enseñanza de la reencarnación estaba viva en sus orígenes.

Orígenes (185-254) fue el erudito conocido y significativo del cristianismo antiguo.

Los escritos de orígenes estaban ya falsificados a finales del siglo IV y fueron destruidos por representantes de la iglesia.

Su doctrina se divulgó por grandes partes de Europa a través de Arrio (260-336) y Ulfilas (313-383) bajo el nombre de Arrianismo. Ésta "herejía" para la iglesia incito la mente diabólica de Justiniano (482-565). El emperador del Imperio romano de Oriente a declarar la guerra en Italia a los godos orientales, seguidores del arrianismo hasta llevarles al exterminio. En un sínodo de la iglesia oriental en Constantinopla, en el año 543, Justiniano hizo prohibir la Enseñanza de Orígenes, por medio de nueve altisonantes y marciales anatemas.

¿Por qué ocurrió esto? Porque la creencia en la reencarnación libera al ser humano de todos los dogmas y leyes de la iglesia. Se convertirían en Libres pensadores buscadores de la Verdad. Porque en ellos -los seres humanos- vive su creador, mientras las iglesias del ostracismo predicaban que Dios estaba muy lejos y no oía sus oraciones. Por esa razón se inventaron los santos para que mediara como la virgen María para que el Padre la escuchara y cediera a sus peticiones. Si digo y no me equivoco, ustedes no alcanzan el perdón por muchos siglos que vivan en el infierno.

San Mateo Cap. 15 vers 48. "Sed, pues, vosotros perfectos, como vuestro Padre que está en los Cielos es Perfecto".

¿Es necesario escribir lo que ustedes vienen sembrando siglos tras siglos sobre el ser humano? ¿Qué adjetivo describirían en ustedes al verse engañadores del Dios Vivo?

A 1.700 años los ciudadanos de todo el mundo vivirían más felices llevando sus Vidas bajo sus responsabilidades por Las Enseñanzas de "La Siembra y la Cosecha" del Apóstol Santiago; "La Rueda de la Creación" del mismo Apóstol. El refrenar la "Lengua": "Porque inmundo no es lo que se come, sino lo que sale de la boca, porque esto contamina al Alma". Por lógica creyendo en estas Enseñanzas, nadie utilizaría a su prójimo para nada; ayudarle en lo que fuera necesario en su vida social, moral y espiritual porque así cumpliría la Ley de Dios: La ley y los Profetas.

¿Qué han conseguido los diablos reencarnados de la iglesia católica de un principio en 1.700 años? Lo que está escrito en páginas anteriores: Ser unos desgraciados como seres humanos sin comprender que son "dioses"; Se asustan si uno se los dice, con el riesgo de llamarle loco. Pero indudablemente es una Verdad: "Yo os he Creado a Imagen y semejanza Mía". Por medio de los siglos culpando al Creador de la Humanidad. ¿En dónde estaba, como dijo el papa romano Ratzinger cuando la destrucción del pueblo judío? ¿Qué dice el vulgo? ¡Lo mismo! A éstos se les perdonan pero al papa con toda su ciencia de Satanás ahí le esperarán. A piedrita va a ir: Al Reino mineral. El que tengo oídos para oír oigan.

"La ascensión de la virgen María al cielo de ellos"; (Mirar historia) Una indescriptible falacia. La madre de Dios dice estos prosaicos rectores del catolicismo o sea que es la abuela de Cristo. Por que Él, Cristo nunca dijo que lo fuera: Salí de Él y vuelvo a Él. Han llenado el Planeta de imágenes inventadas desde el Cristo planetario, los Apóstoles, María y santas /tos de cada pueblo y en ocasiones dos o tres santos en cada municipio para llevar a los ciudadanos al fanatismo religioso. Eso sí lo hacen bien: Robarles la piedad (Satanás) a las personas para dejarles el "fanático" - energía del mal- adorador por la tremenda invención que se halla escrito en el Planeta tierra.

El papa se queja públicamente que su religión no se expanda mejor en el Planeta por culpa de las iglesias evangélicas. Éste Ratzinger debe ser un monstruo en el astral porque es imposible que su astucia de mal le quepa en ese cuerpecito frágil por sus años. Es un cínico porque él sabe que la ascensión de María al cielo es un embuste. Por medio de los siglos hasta ahora le han dado un de mérito, protagonismo superior al Cristo planetario, contrario a Las Enseñanzas divinas de Dios Padre de la Creación. ¿Ya ha estudiado el papa la astucia para comunicarle a sus seguidores (fieles) que la misión de María fue la misma que la madre de Abel o la madre de Moisés o la madre de Krisna o de Siddhartha Que ellos no han tenido la culpa de aquellos obispos,

Cardenales de la antigüedad Porque a raíz de quitarle todo el señorío a ella, habrán de suprimir todas las imágenes que hay en las iglesias católicas porque también van en contra del Mandamiento de Dios Padre: "No te harás imágenes ni escultura de lo que está en el cielo, ni en la tierra, ni debajo de las aguas de la tierra. Ni las adorarás ni las venerarás.

Ustedes no existían pero sí la iglesia de Constantinopla. ¿Por qué razón no existe ningún dibujo con el rostro de Cristo, ni de María ni de ningunos de los Apóstoles? ¿Saben ustedes donde fue enterrada la Madre de Cristo? Miles de preguntas que no podrían contestar. ¿Por qué? Por que ni ellos: formadores del sistema o iglesia de Constantinopla, creían en el mensaje de Cristo. Sí se preocuparon de excluir la reencarnación de los cientos o miles de papiros de las Enseñanzas de Cristo no sólo prescindir los escritos dedicados por completo a matar a todos aquellos -miles de personas- que creían en la reencarnación y la Buena Nueva de que el Padre había enviado a su Hijo para enseñarles la Verdad. Pero como aquellos, ustedes le tienen más miedo a Satanás que a Cristo. Ustedes todos los domingos o en cada misa piden la Misericordia de Dios, incumpliendo otra Enseñanza de Él. Dijo: "Misericordia quiero y no sacrificios" Pero para ustedes esto no es forma de llevar un negocio de miles de años. Ocultan la Verdad para arruinarles las Almas a sus seguidores y llevarles al infierno donde ustedes van a parar.

¿Qué clase de siquiatría van a inventar para sacarles de los subconscientes de los millones de seguidores la astucia de la maldad que viven en sus cuerpos físicos incrementadas por los años (cristalizadas) con un cuerpo formado a imagen y semejanza de la espeluznante mentira? ¿Qué dicen los católicos fanáticos, mujeres y hombres? ¡María, es mi madre! Cuando ven la imagen les brotan las lágrimas. No hay siquiatra en el Planeta que les pueda corregir esa tremenda falsedad porque ese cuerpo construido en sus materias -ustedes son los responsables- es mucho peor que lo que el ser humano admite -por sus deseos irrefrenables- en su cuerpo físico la Entidad de la lujuria. Ustedes han creado en el Planeta tierra, miles y miles de millones de personas esquizofrénicas

La Infalibilidad de los papas –Concilia Vaticano I (1.869-70);

Como van leyendo han ocultado Las Enseñanzas del Padre de la Creación que las trajo –las que quedan- su Hijo el Cristo Planetario para que la Humanidad comprendiera por qué y para qué han nacido en este Planeta atrasado de maldad, gobernado por Satanás que tanto defienden las iglesias y los feligreses de todo el mundo en diferentes Continentes. Los seres humanos son esclavos de la mentira porque se las creen en seguida y cuando niegan la reencarnación no se lo piensan, dicen: No creo y ya está. El mentiroso -energía del mundo- está tan cimentado en su cerebro solidificado en el mal que no se pide una explicación. Allá él.

"Dios no es un Dios de muertos sino de Vivos", lo han leído. En San Juan Cap. 8 vers 12 también habrán leído que Cristo dijo: "...Sino que tendrá la Luz de la Vida. En toda la Creación Planetaria Dios ha puesto en todos los Reinos la Esencia de su Vida para que la Vida permaneciera en el Planeta y posteriormente en sus habitantes. Por todo ello el Alma posee la Vida de la Creación de su Reino como humanos que habitan en él. Pero, ¿Qué ocurre con el ser humano? Bueno, nombro el Ser aunque sabemos que ningún religioso que se llame cristiano no conoce a su Alma y por tanto a su ser, ni cree en Él y se llaman seres humanos cristianos.

Todos los que se llaman cristianos (miles, miles y miles de millones de habitantes que están en el Planeta tierra, viven de la oscuridad porque sus Egos mantienen en penumbra a sus Almas - ignorantes ellos- otros en la cerrazón de sus Egos, aparte de que no los dejan ver su realidad se obstinan en querer tener razón sin conocer nada de la Sabiduría sobre su Alma y menos su Espíritu.

Salomón. Cap. 1: 7; 2: 8. "Los insensatos desprecian la Sabiduría y la Enseñanza". "El que guarda las veredas del juicio y preserva el Camino de sus santos".

Salomón Cap. 4. Vers 19. "El camino de los impíos es como la oscuridad; no saben en que tropiezan".

Salomón. Cap. 19 vers 2 y 3. "El Alma sin ciencia no es buena". "La insensatez del hombre tuerce su Camino. Y luego contra Dios se irrita su corazón".

¿Por qué están muertos todos los dirigentes evangelistas y eclesiásticos religiosos? Ya lo escribí: No respetan ni aman la Ley y los Profetas; No respetan ni aman Los Diez Mandamientos; No aman ni respetan El Sermón del monte: Las Bienaventuranzas; No aman al prójimo como a sí mismo; Hablan, hablan, cientos de años y tampoco saben como amar al prójimo. El Amor dice el papa en Brasil es un misterio. Dicen que Aman a Dios a quien no ven pero sí, no aman al prójimo al que ven aunque sea de su congregación. La locura de los Egos evangelista causa terror. Lo están porque han ocultado La Verdad de Cristo durante 2.000 años el Imperio romano y los luteranos, y calvinistas 600 años hasta hoy (más o menos) con sus mentiras y falsedades. Llevan 3.500 años con su dios castigador; su Ira; el fuego del cielo; el ejercito de Jehová. Miles de mentiras en los subconscientes de los seres humanos viendo los ciudadanos del mundo como el Dios Amor se comporta de esa manera: Atrasados.

La Vida está en las Enseñanzas de San Pedro en su segunda epístola. Después de la fe, como seguir escalando las Virtudes para crearse un cuerpo incorruptible Celestial en principio desarrollar la Esencia de la Vida que Él ha puesto en esa Alma para acercarse a su Espíritu a Imagen y Semejanza de su Creador.

Los evangelistas como los católicos no hacen caso ni a Dios ni a Cristo. Ellos son los seguidores de San Pablo. El pobre Pablo que han tergiversado sus enseñanzas que las actuales van en contra de lo que dijo Cristo. No tienen sentido común. Las negruras de los hombres las creen más que las pocas que hay de Cristo: Cobardes, porque les gustan más al dios castigador de los judíos que el Dios Amor de la Sabiduría. Del Ego (del mundo) que la ciencia actual llaman "Emociones". La inteligencia de las emociones. Natural, porque "ellas" piensan por y para sí mismas.

¿Qué son los seres humanos hoy en día? ¿Qué hay en sus Egos? En sus mentes no está el Creador de Universos solo el gobernador del mundo: "El Interés". Llenos de Temores y miedos; el Interés gobierna todas sus energías para esclavizar -como lo están- a los seres humanos de todos los países del Planeta agobiados por los rencores; del que dirá; de quereres; mentiras, hipocresías, cinismos; egoístas, ambiciosos, codiciosos; Orgullosos, soberbios, iras; vanidosos; envidiosos; criminales; rateros; traidores (mujeres y hombres); homosexuales, lesbianas; prostitutas; pederastas; negociadores de órganos, dragaditos;

alcohólicos; etc. "Dioses sois" dice el Cristo planetario. ¿Qué ocurre con ustedes hijos de la Creación? ¿El ser humano se olvidó para qué nació en este Planeta? La única misión del ser humano es alcanzar la Integridad de su alma realizando la Voluntad de su Creador para consumar su Camino. Cristo dijo: "Yo Soy el Camino la Verdad y la Vida y nadie va al Padre sino es por Mi".

Las religiones actuales tienen unas facturas importantes que pagar a la Justicia Divina, ésa que claman a través de la historia de la humanidad para matar a los ciudadanos obligándoles a creer en las mentiras, falsedades; llevar con sus religiones a los hombres a la guerra para asesinarse entre ellos; los demás -los pocos- ganan el dinero con la vida de sus hermanos de Creación. ¡Terrible! Siglos con las amenazas del castigo divino; de la ira de Jehová; del fuego eterno; del pecado por no cumplir con sus herejías de dogmas. Eso sí son herejías, no la Verdad, hipócritas del diablo.

Esto es lo que han establecido en la Humanidad las religiones actuales: seres al servicio de Satanás: Padre de la mentira y homicida desde siempre.

Cuando Él dijo que no había venido para abrogar la Ley de los Profetas sino cumplirla. Los judíos eran conscientes de esa Enseñanza de Dios. Tres mil quinientos (3.500) años enseñando las astucias de Satanás. ¿Por qué siempre culpan a Cristo y no a Satanás? Es para pensarlo, ustedes no yo. La Humanidad tiene un grave problema con su subconsciente. De inconsciente tiene un prisma materializado al creer tanta mentira de siglos discutiendo sobre ellas porque están escritas en la Biblia. Pero ¿ustedes qué saben realmente de la Verdad? ¿Para qué sirven las Virtudes? Porque si les hablo de los Rencores, seguro que están hablando más de una hora incluyendo sus astucias de venganzas, por nombrar a un yo-es del Ego de Satanás. Pero, ¿cuánto tiempo invertiría hablando de la Verdad? Prueben en sus casas para que nadie los oigan y demuéstrense que no saben nada.

Los católicos y evangelistas se olvidan de lo que dijo Cristo: "Coge tú Cruz y sígueme".

Primera Epístola Universal de San Juan Apóstol. Cap. 4 vers 18. "En el Amor no hay temor, sino que el perfecto Amor echa fuera al temor, porque el temor lleva en sí castigo. De donde el que teme, no ha sido perfeccionado en el Amor".

San Mateo Cap. 16 vers 24. "Entonces Jesús dijo a sus discípulos. Si alguno quiere venir en pos de Mi; niéguese a sí mismo, y tome su Cruz, y sígame"

Como comprenderá la Secta católica Él Hijo de Dios deja al Libre Albedrío de cada cual, -según su Voluntad- de acompañarle predicando la Buena Nueva de la Verdad. Escuchándole para aprender primero; analizar sus Enseñanzas para que el Entendimiento (inteligencie de sus Almas) reflexionen y hagan de ellos su Luz al admitirlas como Verdad. Aprendan católicos de la jerarquía eclesiástica y sus fieles: ¿Dónde se encuentran los castigos divinos? ¿En dónde está la ira de Dios? ¿Dónde se encuentran los pecados veniales? ¿Qué pecados hay si no acuden a misa en tres, seis o doce meses, veinte años, o nunca? ¿En dónde se encuentran los pecados mortales por no cumplir sus dogmas? En fin, ¿Cuál es la obligatoriedad para amenazar a sus fieles con el castigo eterno?

Como Cristo sabía que saldrían al paso los diablos reencarnados para destruir Sus Enseñanzas, toda su predicación se cimentó en el Amor del Padre de la Creación a la Humanidad.

¿Cuál es la Cruz de la Humanidad? La desobediencia a Las Leyes y Enseñanzas eternas y la indiferencia al esclavizarse al "Ego" del príncipe de éste mundo.

Mateo Cap. 9 vers 13. "Porque no he venido a llamar a justos, sino a pecadores, al arrepentimiento"

¿Qué hace la secta católica desde tiempo inmemorial? Bautizar a los niños con las amenazas a sus padres de que si no lo hacen y mueren los llevan al Limbo.

¿Dónde está el limbo? Porque Cristo rodados de niños les dijo a los Apóstoles dejad que ellos se acerquen porque de tales es el Reino de los cielos. La secta católica a través de 1.700 años ha sembrado la tierra de crímenes, asesinatos, traiciones, mentiras, calumnias, difamaciones, pederastas; casar a las monjas con Cristo. Desde luego que los siquiatras del Planeta deben reunirse y comprar una isla para meter allí a todos estos esquizofrénicos porque dejarlos solos por la tierra son más peligrosos que la mente satánica de Justiniano, que está todavía en el infierno.

La Reencarnación

Malaquías Cap. 4 vers 5.

"He aquí. Yo os envío el Profeta Elías antes que venga el día de Jehová, grande y terrible"

San Lucas Cap. ver 7, 8.

"Herodes el Tetrarca oyó de todas las cosas que hacía Jesús; y estaba perplejo, porque decían algunos: Juan ha resucitado de los muertos; otros: Elías ha aparecido; y otros: Algún Profeta de los antiguos ha resucitado.

Desde Herodes el Grande creía en los enviados por Dios, sus profetas. Cuando se enteró del nacimiento de Jesús, mandó a matar degollados a todos los inocentes.

Herodes Antipas, también fue el que mandó a degollar a San Juan Bautista. Éste mismo tetrarca fue el que recibió a Jesús llevado ante él por Pilatos.

Herodes Agripa I, se le atribuye el encarcelamiento de San Pedro y la condena a muerte de Santiago, hacia el año 72.

Santiago el menor, murió lapidado por orden de Anás II (62). Autor de la Epístola bíblica dedicada a los judíos que vivían en la dispersión.

Mateo Cap. 11 vers 13, 14. "Porque todos los Profetas y la Ley profetizaron hasta Juan" "y si queréis recibirlo, él es aquel Elías que había de venir"

Mateo Cap. 17 vers 11, 12, 13.

"Respondiendo Jesús, les dijo: A la Verdad, Elías viene primero, y restaurará todas las cosas"

"Más os digo que Elías ya vino, y no le conocieron, sino que hicieron con él todo lo que quisieron; así también el Hijo del Hombre padecerá de ellos"

"Entonces los discípulos comprendieron que les había hablado de Juan el Bautista".

Cuando escribí en mi blog en Internet sobre la reencarnación, un avispado seguidor de San Pablo dijo que estaba equivocado porque a Elías se le llevó un carro de fuego y está vivo en el cielo en carne y hueso. ¿Qué quiere que les diga? Cuando más grande es la mentira superior para creerla. El carro de fuego lo pudo llevar a otro lugar del Planeta, hasta ahí de acuerdo. Pero, ¿al cielo en carne y hueso? Éstos son como los seguidores católicos que todavía se creen que la Virgen es madre de Dios, no de su Hijo, de Él y también -según ellos- la ascendieron de boca. Todos los obispos -como siempre- van madurando la idea haber que beneficios pueden tener sin pensar en la gravedad de su fantasía que llega hasta los hombres de hoy en día -supuestamente inteligentes- para crearse tal barbaridad expresando por su boca la alegría del fanático: Ella es mi madre.

Éste seguidor de Saulo de Tarso no se da cuenta que a quién llama mentiroso no es a mí: sino a Cristo. Creen como afirman que la Biblia es inspiración divina del Espíritu Santo. Pues es a Él a quién le llama así, yo solo me limité a escribirlo. Así son todos los seguidores evangelistas con su dios vengativo; la irá de él, el diablo que no lo nombra como los católicos sin perfección de ninguna Virtud; con sus intereses, temores y miedos principales ejecutores de Satanás.

San Mateo Cap. 16 vers 13, 14, 15, 16, 17 y 18.

"Viniendo Jesús a la región de Cesarea de Filipo, preguntó a sus discípulos, diciendo: ¿Quién dicen los hombres que es el Hijo del Hombre?

Ellos dijeron; uno, Juan el Bautista; otros, Elías; y otros, Jeremías o alguno de los profetas"

"Él les dijo: Y vosotros, ¿quién decís que Soy Yo?

"Respondiendo Simón Pedro, dijo: Tú eres el Cristo, el hijo del Dios viviente"

"Entonces le respondió Jesús: Bienaventurado eres, Simón, hijo de Jonás, porque no te lo reveló carne ni sangre, sino Mi Padre que está en los cielos"

"Y Yo también te digo, que tú eres Pedro, y sobre esta Roca edificaré Mi Verdad (Iglesia); y las puertas del Hades no prevalecerán contra ella"

¿También los discípulos de Cristo se equivocaron o fue en éste caso Cristo? Los evangelistas de cualquier sistema son unos cobardes como su fundador Lutero seguidor de las doctrinas católicas. ¿En qué se diferencia una dictadura católica a una evangelista? La institución católica creada por los hombres llena de lujos: oro, plata, majestuosidad terrenal, solemnidades, ritos, ceremonias. Esos vergonzosos cálices de plata y oro; Las esculturas prohibidas por Dios con trajes tan suntuosos que no hay en el cielo ninguno igual ni en el infierno tampoco, ni en los Planetas de castigos menos todavía. Bueno esto último no lo entienden. Han copiado de los evangelistas la alegría de cantar en las iglesias a Dios. Tampoco confiesan a sus seguidores para perdonarles los pecados -algunos pastores si la plagian-; o bautizan a sus hijos, ni los confirman y desde luego no existe la primera comunión. Invención de la Santa sede. Bodas de primara, segunda y tercera. Entierros igual. Cuando muere alguien importante van todos los sacerdotes y obispos hasta cardenales para demostrar lo importante que era. Como es lógico lo envían directamente al cielo (infierno). Los evangelistas no creen en la reencarnación porque son seguidores de la católica; ni practican La Siembra y La Cosecha; ni Los Diez Mandamientos. Ni las Bienaventuranzas. Ellos igual que los otros con creer en Cristo es suficiente, pero la "Lengua" a unos y otros no se les frena en la boca, incumpliendo la Ley y los profetas.

Lean el capítulo siguiente con sus versículos.

Hechos Cap. 7 vers 47, 48, 49.

"Más Salomón le edificó casa; si bien el Altísimo no habita en templos hechos de mano, como dice el profeta": "El Cielo es su Trono, y la tierra el estrado de Mis píes" "¿Qué casa me edificaréis, dice el Señor? O, ¿Cuál es el lugar de Mi reposo?

San Lucas Cap. 9 vers 55, 56 "Entonces volviéndose Él, los reprendió, diciendo: vosotros no sabéis de qué Espíritu sois"

"Porque el hijo del hombre no ha venido para perder las Almas de los hombres, sino para salvarles, y se fueron a otra aldea".

Entonces, ¿existe o no la reencarnación? Los seres humanos tenemos –lo repito- el Ego del mundo impregnando el alma. El Alma para perfeccionarse por medio de las existencias (coge tú Cruz y sígueme) y nuestro Espíritu Creación de Dios cuando dijo: "Yo os he Creado a Imagen y semejanza Mía" Cristo dijo: No os dije: "dioses sois". También dijo: "No serás probado más allá de tus fuerzas". Lo que quiere decir: sea lo que suceda que viva en el ser humano tiene poder para salir adelante liberándose corrigiendo su manera de comportarse. La Lengua es la mayor traicionera. Cristo dijo: "Lo que entra por la boca no contamina el Alma, sino lo que sale de ella". Así pues hay que convertirse en gladiadores Humildes, pero guerreros para estar en este mundo y aprender lo malo que vive dentro del ser humano y a su alrededor: La astucia de Satanás. Tener Temor o Miedo no conduce a ningún sitio a esclavizarse estando dominados por el Mal. El que tiene miedo es el miedo para que no lo descubran y vivan de la sumisión. Creyendo en Cristo no se puede vivir como un ciudadano normal que no creen en nada: Yo Soy el que Soy protege a sus hijos nacidos de la Creación o los seres Creados que vienen constantemente ayudar a la Humanidad desconocidos por la mayoría de los ciudadanos donde nazcan. Los buenos han de progresar en el Conocimiento de la Sabiduría y los que se creen malos algún día serán buenos. Aunque aquí en la tierra sólo Dios conoce el corazón de sus hijos. Por ésta razón Cristo a Juan y a Jacobo: Él había venido para salvar a las Almas. Recuerdan: "el sano no necesita de médicos sino los enfermos" ¿Los corrigió o no? Si a sus discípulos no lo hizo estaban diciendo Verdad aunque los nombrados no eran Él.

San Mateo Cap. 19 vers 28, 29, 30. (Pueden leer el capítulo completo)

"Y Jesús les dijo: De cierto os digo que en la regeneración cuando el Hijo del Hombre se siente en el Trono de su Gloria, vosotros que me habéis seguido también os sentaréis sobre Doce Tronos, para juzgar a las doce tribus de Israel"

Y cualquiera que haya dejado casa, o hermanos, o hermanas, o padre, o madre, o mujer, o hijos, o tierras, por mí Nombre, recibirá cien veces más, y heredará la Vida eterna"

"...que en la regeneración..." "...cuando el Hijo del Hombre se siente en el Trono de sus Gloria..." "vosotros que me habéis seguido también..."

Todos estos diablos guiadores de humanidades hablan siempre mal de los Apóstoles como para decir fue gracias a Jesucristo que los levantó de lo más bajo de la sociedad. Ya leerán el Cap. y vers. Para vergüenzas de todos ustedes (católicos y evangelistas) quiénes eran los Apóstoles.

Vosotros que me habéis seguido, ¿se refiere al tiempo presente que vivieron con Él en la tierra o por las sucesivas existencias para limar sus males y purificar mejor las Virtudes para completar una obra digna de sus Espíritus al Padre Creador que ha puesto en sus manos con el Espíritu de la Verdad de Cristo llevar su Luz a las Almas?

Mírense ustedes católicos y evangelistas. ¿Creen por pura lógica que están capacitados para vivir en las Moradas que Cristo prometió?

¿Creen por la misma lógica que todos los errores, negligencias y pecados que cometen todos los días tienen la Luz de Cristo suficiente para vivir en su Presencia?

Cristo dijo: "Sed perfectos como Mi Padre que está en los cielos es perfecto". Ustedes piensan que son imperfectos porque así los han enseñados y Cristo los vendrá a recatar. ¿Salvar de quién?

Ustedes crean todos los días por sus ignorancias de la Verdad (La lengua) tantas injusticias en los otros seres humanos. Sus mismas familias cometiendo graves daños en las Almas de los mismos congregantes de sus iglesias. ¿A ustedes los salva Cristo? y a los demás que están sufriendo por su culpa (así unos y otros) quien le vienen a sustituir su salud, su dinero perdido por las calumnias, a los pobres que han dejado de lado porque no son de sus congregaciones, a los que no fuiste a visitar en los hospitales agobiados por el trabajo; por sus intereses. Las visitas de médicos (me refiero al tiempo invertido) en casa de los familiares o hermanos de la fe en su casa enfermos permaneciendo con ellos diez minutos y con prisas siempre.

Ustedes piensan que van a comprar a Cristo para ir al Cielo, porque si digo otras cosas no lo van a creer. Es un regalo de Navidad sin más mérito que el Creer: "El que cree en Mí tendrá que hacer las cosas que hice Yo, más hará porque voy al Padre" Ustedes que no conocen a sus Almas ni a sus Espíritu y tampoco se preocupan por saber qué es la Vida y cómo llegó a sus Almas en el Reino humano, con un desconocimiento terrible de la Sabiduría de sus Espíritu van a ser recibidos por todas las mentiras aprendidas y divulgadas, culpando al Dios de la Creación como si de un vulgar criminal se tratara, con sus Jehová de los

Ejércitos, etc. ¿Van a ir a dónde?, durante 1.700 años -hasta hoy- no saben diferenciar el "querer" del "Amor".

La Epístola del Apóstol San Pablo a los Gálatas. Cap. 6 vers 7,8.

"No os engañéis; Dios no puede ser burlado; pues todo lo que el hombre sembrare, eso también segará"

"Porque el que <u>siembra</u> para su carne, de la carne segará corrupción; más el que <u>sembrare</u> para el Espíritu, del Espíritu segará Vida Eterna"

Séneca escribió:

¿No avergüenza poner las Virtudes bajo el patrimonio de los vicios?

Cristo dijo: "Lo que entra por la boca no contamina al Alma sino lo que sale de ella"

El Apóstol Santiago: "Atentos al escuchar, tardío en contestar y más tardío en airarse"

San Mateo Cap. 13 vers 52.

"Él les dijo: Por eso todo escriba docto en el Reino de los Cielos es semejante a un padre de familia, que saca de su <u>Tesoro</u> cosas nuevas y cosas viejas"

¿Cuáles son las viejas? ¿Las aprendidas en su pubertad, en la juventud, cuando piensan que ya son hombres? No será la enorme pérdida de tiempo en las facetas de su Vida que posiblemente son hombres mayores de 60 años y piensan que el pasado fue mejor. O se alegran de vivir actualmente porque en el pretérito fueron víctimas de calamidades, etc.

¿Quiénes de todos los dirigentes eclesiástico en el mundo del Planeta ha levantado la voz para comunicar la Verdad en la historia de la Humanidad? Ninguno. No solo en esta época (2.000 años) sino en los diferentes Continentes con sus religiones tradicionales más antigua que la era cristiana y continúan con falsedades de Abel, de Krisna. De Siddhartha, (Buda) Moisés y naturalmente Cristo. ¡Ninguno! Todos esos dirigentes de humanidades en las diferentes religiones de las naciones son los encadenados a la maldad por las "mentiras" que sueltan por sus bocas por no ser sinceros con ellos mismo. Porque sus Espíritus les están llamando la atención sin palabras para que vean dónde se encuentran sus verdades, pero no, la mentira los convierten en cobardes envolviendo sus Almas a la ignorancia de sus Vidas sujetos a las Tinieblas de la maldad.

También hay que decir que los seguidores de Krisna y Buda creen en la reencarnación con la "Rueda de la Creación" de la enseñanza de Krisna. La misma enseñanza dada por el Apóstol Santiago -la Verdad es la misma en el Planeta- pero la Curia romana y éstos pusilánimes evangelistas son más listos - inteligencia del diablo, el "Ego"- para hurtarlas del Conocimiento de sus Almas para comprender la evolución dentro del mundo del Planeta. "La Rueda de la Creación" del Apóstol Santiago, finalizara cuando el Ciclo planetario llegue a su fin (regeneración). El tiempo que el Padre de Cristo y el nuestro tenga previsto para la Humanidad.

Segunda Epístola de San Pedro Cap. 1 vers 5, 6, 7, 8 y 9. (Léanlo)

"Creo que es el último, dice: "Pero que él no tiene éstas cosas tiene la vista muy corta; es ciego; habiendo olvidado la purificación de sus antiguos pecados"

Escribí cuando me referí al Enseñado por Cristo: El docto en el Reino de los cielos saca de su tesoro cosas nuevas y cosas viejas, etc. Sin embargo San Pedro se refiere en este caso al hombre desobediente que vive del mundo por su atraso. Preexistencia tras existencias continúan vegetando de sus antiguos pecados los cuales están escritos en el "Libro de su Vida", multiplicándolas en sus Almas porque las energías del mundo siguen alimentándose de las energías vitales y de la Luz de sus Almas hasta que llegado el tiempo –si ese es el caso- por las tinieblas que ocupan su cuerpo espiritual se convierten en nuevos diablos al servicio de Satanás.

San Mateo Cap. 16 vers 24, 25, 26, 27 y 28. (Los pueden leer)

(28) dice: "De cierto os digo que hay algunos de los que están aquí, que no gustaran la muerte, hasta que hayan visto al Hijo del Hombre viniendo en su Reino"

Como es fácil de entender Cristo profetizaba a sus apóstoles de las personas que permanecían con ellos para un futuro (llevamos 2.000 años) que se cumplirá porque en Él está la Vida del ayer, hoy y mañana.

Para el ciudadano normal que vive en el Planeta le pregunta, ¿qué edad tienes? Y enseguida le contesta. Sin embargo para aquellos "Libres Pensadores buscadores de la Verdad" que están viviendo de acuerdo a sus Almas, le mirará, se sonreirá y si tiene la suficiente amistad, le gastará una broma real pero al que escucha lo tomará como salida de tono. Pues, creo 25.000 mil años más o menos. Para el Alma existe como aprendizaje las diferentes épocas de su preexistencia o el recuerdo de las mismas si es necesario para resolver algún conflicto de su medio ambiente. Conocer la Causa por la cual se creó en esta existencia para resolverla. Sin embargo para el Espíritu, su Luz; ver el futuro incluso dentro de la materia no es ningún problema si la Sabiduría alcanzada le permite registrar ese dato. Por ésta razón vaticinaba de los humanos presentes que ellos continuarán temiendo a la muerte hasta que Él llegara a pisar de nuevo la tierra. ¿La causa? Cristo la sabrá para hablar de ellos en un tiempo impensable para el ser humano.

Los seres humanos que se llaman cristianos viven de las Tinieblas aún creyendo en Cristo porque no hacen su Voluntad en sus Mandamientos y Las Enseñanzas eternas de la Verdad. Se levantan cada día con los temores y los miedos. Se acuestan igual llenos de ellos pensando en los intereses los cuales rodean sus mentes para no encontrar la Verdad. Cuando les conciernen cuestionan las Enseñanzas de Cristo, de hecho están en las ciudades las diferentes religiones evangélicas seguidoras de no sé quién o quiénes. Allá ellos con sus responsabilidades por no ser sinceros con sus vidas y creencias, porque si éstas no les conceden paz, conocimientos y Sabiduría, ¿qué hacen los evangélicos llamados cristianos repitiendo lo mismo siglos tras siglos que llevan más de 600 años?

Por lo visto se nace y se muere hasta la resurrección, se olvidan que Dios, es el Dios de los vivos, no de los muertos incluso los testigos de Jehová creen que en la resurrección hay que llevarles vestidos para que no estén desnudos. ¿Se puede creer esto? Hasta ahí llega la mentira que se las cree el Alma humana o éstas están tan agobiadas en los cuerpos de materia terrenal por la astucia de Satanás rodeados de las Tinieblas de su perfidia para llegar hasta creerse ese pensamientos del diablo que la fantaseo y la divulgó.

¿Qué serán de los miles de millones de personas que habitaron el Planeta antes del advenimiento de Cristo? Según las iglesias pensando siempre con el corazón de Satanás estarán condenadas a los avernos o infiernos como se creía antes de su llegada. Estas mentes preclaras del Vaticano como la de Justiniano, ¿no previno este hecho que como toda Verdad saldrá a la Luz tarde o temprano?

Vamos a leer lo que dice la Biblia.

San Mateo Cap. 17 vers 1, 2, 3 (Pueden leer hasta el versículo 13)

"Seis días después, Jesús tomó a Pedro, a Jacobo y a Juan su hermano, y los llevó aparte a un monte alto; "y se transfiguró delante de ellos, y resplandeció su rostro como el sol, y sus vestidos se hicieron blancos como la Luz" "Y aquí se aparecieron Moisés y Elías, hablando con Él"

Este pasaje escrito en la Biblia se cree por los religiosos. Entonces, sino fuera así dirían que permanecerán en las tumbas hasta que el Cristo planetario venga para resucitarlos. Ahora me dirán que eran Moisés y Elías profetas de Dios y no pueden morir. Explicaciones de las tinieblas las que quieran. Lo cierto es que ellos estuvieron en la tierra, sufriendo más que ningún humano porque cuando tú espíritu es más elevado, las fuerzas de Satanás están presentes para destruir tu Vida e intentar todo lo posible para que no hagas la Obra que has venido a realizar. Por esta razón haciendo la Voluntad del Padre de la Humanidad se eternizan vivos.

¿Qué me dicen del seguidor de San Pablo cuando dijo que Elías está en el Cielo vivo en carne y hueso?

Con sinceridad, ¿ustedes (católicos y evangelistas) creen que Moisés escribió los cuatro libros que se les atribuyen llenos de crímenes y asesinatos? Ahora lo ven (1.500 años después de Moisés) junto al Cristo planetario resplandecientes como el sol. Dios es Dios de vivos, no de muertos. Y del profeta llamado Juan el Bautista escribieron lo que les dieron la gana.

San Juan Cap. 3 vers 3, 7, 12. (Pueden leer desde el vers 1-15)

"Respondiendo Jesús y le dijo: De cierto, de cierto te digo, que el que no naciere de nuevo, no puede ver el reino de Dios"

"No te maravilles de que te dije: Os es necesario, nacer de nuevo"

"Si os he dicho cosas terrenales, y no creéis. ¿Cómo creeréis si os dijere las celestiales?

Las explicaciones de los evangelistas las que quieran menos la Verdad. ¿Qué van a pensar con una mente oscura sin ningún conocimiento de sus Almas ni de sus Espíritus haciendo la Voluntad del mundo? La de Cristo para que reciban el "Espíritu de la Verdad" para que lleven una Vida de acuerdo a la Voluntad del Padre de la Creación, no a la cabezonería de sus Egos.

Lo que Cristo le explicaba a Nicodemo que creía en Él porque ningún hombre en la tierra podía hacer lo que realizaba sino estaba Dios en Él. Buena persona Nicodemo. Los evangélicos lo interpretan al agua del bautismo y al Espíritu que alcance. Pero ellos mismos deben ser sinceros, por mucho bautismo sino cambias tú vida en el Conocimiento del Él te estás engañando. Nacer de nuevo es cambiar totalmente la Vida que llevabas antes cumpliendo las astucias de Satanás. Vivir para el Alma hasta alcanzar su Memoria y Voluntad despejando o limpiando del Alma todas las energías del mal, desde el Rencor hasta la Lujuria ya escritas. Pero ellos piensan que será Cristo quien los transforme sin mover un dedo en ello. Otra invención del hombre. Qué Cristo purifique al ser humano que actúa en su vida Él lo convierte en puro como Él es, indudablemente, pero el trabajo lo debe hacer el ser humano, no Cristo. Él le ayudará para que vea dónde está su mal: Sus errores, su negligencia y sus pecados para que lo advierta y sea Prudente para prevenir el mismo o cualquier deficiente porque estaba acostumbrado a vivir de él. De todas maneras Nicodemo ha tenido hasta hoy tiempo suficiente para encontrarse y conocerse mejor e incluso alcanzar a su Espíritu. Seguro que lo habrá conseguido. ¿<u>Existe o no la Reencarnación</u>?

San Mateo Cap. 26 vers 17 hasta 29.

(Vers 29). "Y os digo que desde ahora no beberé más de este fruto de la vid, hasta aquel día en que lo beba nuevo con vosotros en el Reino de Mí Padre"

San Lucas Cap. 22 vers 7 hasta el 23. (Vers 16). "Porque os digo que no la beberé más, hasta que se cumpla en el Reino de Dios"

(Vers 18). "porque os digo que no beberé más del fruto de la vid, hasta que el Reino de Dios venga"

¿Han leído estos versículos? Reléanlos de nuevo.

En el primer versículo dice: Con vosotros en el reino de Mi Padre.

En el segundo dice: Hasta que se cumpla en el Reino de Dios.

En el tercero, dice: Hasta que el Reino de Dios venga.

Significa lo mismo porque si han leído Las Bienaventuranzas los mansos de corazón tendrán la tierra por heredad. Es decir, cuando se cumpla el tiempo para esta Humanidad del Ciclo planetario, Dios apartará la maldad del Planeta tierra y lo habitarán los "mansos" de corazón. Las Tinieblas no gobernarán a sus habitantes porque desaparecen de sus materias y sus Almas estarán libres de las influencias del mal y por tanto esos cuerpos brillaran de acuerdo a las Virtudes que posean estando en el Reino de Dios.

¿Ustedes pueden imaginar por un momento que sólo son el Bien, la Bondad, la Misericordia de la Luz de sus Espíritus en sus Almas de cada cual, las que deberán progresar en la Sabiduría del Padre eterno sin los influjos del mal? Viviendo libres en el Planeta tierra, sin ladrones, ni criminales, ni rencores, ni ambiciones de ninguna clase, ni vanidades, ni soberbias, sin mentiras ni calumnias, sin celos ni iras, etc. El Planeta tierra si será un Paraíso: El Reino de Dios. ¿Recuerdan la oración del Padre Nuestro?..."Venga a nosotros tú Reino..."

La Parábola del Hijo Pródigo

La mayoría de las personas que han leído la Biblia conocen la Parábola del Hijo Pródigo. Y bastantes otras que sin leerla la saben. El hijo que se marcha de su casa y el padre siempre sale al camino para ver si vuelve. Le entrega la parte de la herencia que le corresponde para que tenga dinero en su vida diaria, etc. Al cabo de los años regresa; alegrándose su padre le hace una gran fiesta, etc., etc.

De la mala interpretación surgió en la secta católica que Dios necesita al hombre. Han puesto al Padre Eterno al nivel del padre humano. De igual modo a María en un lugar preferente antes que Cristo para hacer pensar a las personas que la madre terrenal intercede por su hijo con su padre para cualquier requerimiento. Igual sucedería en el Cielo. Vaya mentalidad más obtusa la de éstos teólogos del interés. Estos son unos hipócritas-mentirosos gobernados por estas Entidades. Continúan con el negocio de las tinieblas, del príncipe de este mundo. Lo que ellos buscan siglos tras siglos es llevar más Almas a los pies de Satanás. Acaban de leer *"Yo Soy el Camino la Verdad y la Vida y nadie va al Padre sino es por Mí"*. Todo lo que los católicos ven son ilusiones y utopías del poder terrenal, nada que ver con el Celestial. El fundamento de la llamada Iglesia católica no es más que una secta porque en ella no hay ninguna verdad. Ellos mismos no saben dónde está María, ni siquiera el último papa que ha muerto. A estos hay que ingresarlos en un hospital siquiátrico porque a la muerte de éste, los sacerdotes y obispos que transmitían la ceremonia lo estaban viendo en la ventana de la casa del padre; será el de ustedes: Satanás.

Escuchen o lean doctores de la secta, que siempre van copiando lo que ven en otras religiones a través de los años para incorporarlas a la suya "secta". No escribo por escribir porque soy testigo de los protestantes que vinieron a mis Islas cuando tenía 14 años vigilados constantemente por el Obispo de Tenerife enviando a la Policía Armada hoy 091 para alertar que ocurría en esas casas particulares en las cuales se celebraban los cultos para informar después al Obispo y estos al Cardenal Tarancón y éste como es lógico al papa Pablo Sexto. Durante años asistí con mi padre a dichos cultos, después por razones de mí juventud me aparté pero nunca perdí el contacto con los amigos de mi padre que venían incluso a su casa. Hoy lo <u>poco</u> que tiene la secta católica de <u>bueno</u> es copia de los que ustedes llamaron protestantes.

Explicaré el hijo pródigo.

El hombre que sale de la "Casa", ¿a dónde va? Al mundo a conocer los que sus ojos no han visto antes. ¿A divertirse? Posiblemente le saldrá lo primero que en él hay. ¿A gastarse todo el dinero en parranda? Al principio no lo pensaría así pero después va sabiendo que si quiere alcanzar cosas lo más fácil es comprarla porque dispone del dinero suficiente. No piensa en robar porque tiene la herencia de su padre. ¿A desacreditarse? En principio lo dudo mucho porque lleva la enseñanza pero en el mundo se tropezará con bastantes pruebas -que él no lo piensa así- y empezará a ceder porque desconoce la violencia que a su alrededor le obliga. Y no encontrando en dónde dirigir sus pasos se le acaba el dinero. Cansado de peregrinar de un lado para el otro regresa a su casa para que su padre lo recoja, prometiéndole que no lo volvería hacer.

El malestar que dejó en su hermano a su regreso por el comportamiento de su padre con él, que jamás le había hecho una fiesta y ahora lo es para él que se lo gastó todo, mientras él continuaba ayudándole día tras día. Y él su padre la alegría que siente porque su hijo ha vuelto a su hogar cuando pensaba que lo había perdido. Este es el comportamiento del Ego humano con su familia. Ustedes dirigentes de humanidades lo trasladan al Cielo para explicar la llegada del hijo perdido a la Casa del Padre.

Veamos ahora:

El hijo pródigo son los Seres Creados llamados Ángeles, Arcángeles, etc. A la humanidad que van a visitar son a los seres Creados de la evolución. Cada uno de Ellos trae a esa humanidad una enseñanza de Las Artes y de Las Ciencias. Ellos en las Almas de sus Espíritus o en sus Espíritus viene el Conocimiento para lo cual visita -en este caso- el **mundo** de este Planeta. Cómo es lógico nacen en una familia que nada o mucho tienen que ver con ellos. Así pasa la infancia rodeado de maldades de sus mismos familiares, hermanos, primos con sus tías y demás familiares, es decir: la violencia general de todos ellos. Desde sus **Rencores familiares**, sus **Vanidades, Soberbias, Orgullos, Egoísmos, el Qué dirán** etc. Sus amigos de infancia etc. La **Envidia** es la primera en aparecer de sus mayores (la familia). Bien el padre o la madre quieren más a su hermana/no que a él. No lo mismo en general. El mal de los padres empieza a crearle el mal de los **Celos** en el Ego de la personalidad o la **Envidia** que quiere el príncipe de este

mundo para cuando sea un joven. En la escuela se encontrará al maestro que la tiene cogida con él por cualquier motivo dado su carácter y empezará todos los días de Dios a descargarle sus **Rencores, Envidias, orgullo y soberbias**, etc. Así como los padres y familia en general no ve la Luz que posee, tampoco el maestro la percibe: solo siente que le molesta y no saben por qué. A la joven o al muchacho todo se le hace un infierno. No mencionaré la dictadura eclesiástica. Dejémosla de lado. Cuando llega a su juventud no sabe para qué está en la tierra y empieza a vivir como cualquier joven, amigos suyos que tratará de seguirle robándole por la **Endivia** de ser más guapa/o, más inteligente y se convierte en un atleta que le da lo mismo 8 que 80. Él no se encuentra. Bien estudia una carrera universitaria o se dedica a holgazanear. Pasan los años dedicado a mil asuntos de su sociedad pero nada que sus padres se sientan feliz con él porque inicia muchas cosas y no termina nada. Así hasta que llega <u>su hora</u> que nadie la sabe sino él porque ha encontrado el inicio de su verdadera Ciencia: la de su Alma. Entonces termina la carrera universitaria porque con ella se podrá mantener y va enderezando sus pasos a lo que es el motivo de su visita al **mundo**. Que duda cabe: posee una gran experiencia de la sociedad y cómo se desenvuelven las personas en la misma: <u>La hipocresía</u>.

Durante estos años ¿qué ocurre con el Padre que lo envió a la tierra? ¿Lo ve? Naturalmente que no. Lo siente indudablemente sí, porque vive en él. Mira para el Planeta y observa una Luz aquí otra allí, algunas más alejadas. Pero, ¿dónde están todos? Ellos han nacido en el mundo de este Planeta acompañado por sus Ángeles para que lo protegieran. Los Ángeles han recogido todo lo malo que él no hubiera podido soportar porque las oscuridades del mundo habrían acabado con él. *"No serás probado más allá de tus Fuerzas"*. El Padre sabe que duda cabe del Libre Albedrío.

De esta manera empieza la lucha en contra de sus sombras intelectuales y físicas que almacenó el Ego en su cuerpo, manteniéndola en las tenebrosidades para impedirle que realice el fin que trajo al Planeta para ayudar a la humanidad y ésta se acercara más a Las Ciencias que el Padre Celestial ha confiado en su Hijo para esclarecer su Pensamiento a las Almas de su Creación.

Reinicia (como enseña San Pedro) su Camino del Alma alejado de la religión, de la política, del poder económico. Vive como puede con su familia y sus hijos (casado) preocupado por ellos pero no olvidándose de su camino. Casado con sus hijos, Inicia un nuevo camino terrenal con otra familia: la de su esposa que aporta a su Alma más oscuridad que Luz. Otra nueva herencia para estudiar con la Luz de la Sabiduría que hablaba y Enseñaba Salomón. Al cabo de los años la "Luz" empieza tenuemente a marcarle mejor el camino. Ya no vive de las tenebrosidades: en penumbra. Va siendo Fiel asimismo; no a las leyes sociales de los sentimientos, emociones y deseos que ocupan a las personas que conoce y a las que se tropieza en las calles o puntos de reunión. Poco a poco en estas luchas pierde muchas batallas pero gana algunas. Hace lo posible para No participar en nada que no sea su vida interior. Los problemas de Entendimiento se le multiplican aún más porque sabe que el mundo le está exigiendo: o perteneces a él o acabaré contigo y tú familia (el primer temor que utiliza la energía de la maldad para que se acobarde). Empiezan las amenazas (los temores y los miedos) del príncipe de este mundo porque no participa de sus astucias y así muchos años. Pero el confía en la Luz que ve porque marca su Camino hasta que transcurridos los años empieza a brillar su Luz y el Padre que lo Creo lo vuelve a ver y Envía ahora una señal descifrable para su Alma y alentarle más aún con su Voluntad a seguir; Entiende lo que escribió Mateo de Él (Cristo) cuando les Enseño: *Amad a vuestros enemigos, bendecid a los que os maldicen, haced bien a los que os aborrecen, y orad por los que os ultrajan y os persigan; para que seáis hijos de vuestro Padre que está en los Cielos, que hace salir su sol sobre malos y buenos, y que hace llover sobre justos e injustos.* Éste es el júbilo –sí, ésta es la palabra de Él- que recibe del Padre que lo ha Creado para apoyarle dentro del **mundo** de las tinieblas para que finalice lo que ha venido a cumplir. La alegría del Padre no se puede explicar con palabras humanas. Pero él las recibe porque Entendió que no se equivoco al Reiniciar su Camino. La alegría de la casa es el Cielo porque desde allí lo están viendo ahora todos los que presencian la Luz. (Ésta si es la alegría del padre del hijo pródigo)

Ahora empieza a vivir, aprender los que los Ángeles guardaron para protegerle de las oscuridades que no podía soportar por carecer de Entendimiento. Empieza una nueva faceta para su Alma pero vieja en el tiempo terrenal. Comienza a instruirse de como los Ángeles habían soportado durante el tiempo que transcurrió al Reiniciar su Camino al tiempo pasado. Ha concurrido muchos años terrenales pero se encuentra preparado para enfrentarse a lo que Satanás quiso que fuera y no es. Así pues está al mismo nivel del mal. Los Ángeles empezarán a dejarle pasar todas las astucias -incluso de niño- que su familia, sus vecinos, el mal regente en la tierra, personas desconocidas pero conocedoras de su "Luz" le han robado para vivir mejor socialmente, triunfar en la sociedad económicamente con su

"Luz", porque las tinieblas jamás podrán progresar en la tierra viviendo su mundo en ella, sino roban la "Luz" de los enviados del Cielo. Por eso progresa el Mal porque roba la Luz del Cielo a los hijos que el Padre envía a la tierra. Poco a poco aprende que es necesario recoger las *Aguas de su Manantial (Las reencarnaciones)* para llevarla poco a poco -en vida- a su Espíritu. El sabe que su Espíritu es el padre de su Alma y como hijo dócil a de devolvérsela o incrementarla si puede un poco más con sus sufrimientos. El la guardará mejor en el Cielo que él en la tierra. Con la que tiene es suficiente para desenvolverse en las negruras del mundo de este Planeta. **San Mateo Cap. 6 vers 19, 20, 21**. *"No os hagáis tesoros en la tierra, donde la polilla y el orín corrompen, y donde ladrones minan y hurtan" sino haceos tesoros en el Cielo, donde ni la polilla ni el orín corrompen, y donde ladrones no minan ni hurtan" "Porque donde esté vuestro tesoro, allí estará también vuestro corazón"*

San Mateo Cap. 6 vers 24, dice: *"Ninguno puede servir a dos señores; porque o aborrecerá al uno y amará al otro, o estimará al uno y menospreciará al otro. No podéis servir a Dios y a las riquezas"*

El ejemplo es un símil del Cielo a la tierra o de la tierra al Cielo. En las noches miramos al Cielo y vemos algunas como muchas estrellas. Pues es igual del Cielo a la tierra. Lo que permanece oculto y no se ve son las Almas de las personas de la humanidad que viviendo de la oscuridad no se ven. Aquellos que la han alcanzado brillan entre ellos y el Cielo es su Protector. Hay un versículo genial para este caso, como son todos los que se me van ocurriendo para ensamblar lo que he vivido y visto después en ellos. De nuevo **Salomón (4:18)** dice: *"Más la senda de los justos* *es como la luz de la aurora, que va en aumento hasta que el día es perfecto".*

Los cristianos me podrán decir: si Dios está en los corazones y tiene su Templo en nosotros, ¿cómo es que no nos podrá ver?

La iglesia católica enseña que Dios está muy lejos y es necesario rezar a la virgen y los santos que ellos han elevado al cielo sin conocimiento alguno de la realidad espiritual (Enseñanza de Cristo) Sin embargo los evangelistas llamados protestantes de mi tiempo, creen que efectivamente El Padre Eterno hará su Morada con el Hijo en el Templo que el cristiano formó en él. Más o menos: *"los que hagáis mi Voluntad el Padre y Yo vendremos y haremos morada en él"*

Es cierto. ¿Cómo construyen los católicos y los evangelistas las Moradas en su Templo? No respetan ni Aman Los Mandamientos y jamás se han preocupado por perfeccionar las Virtudes de sus Almas para alcanzar la "Luz" de Cristo enviada por el Padre con sus Enseñanzas. A los evangelistas les ocurre igual: será salvados por creer en Cristo. Pero tampoco hacen caso de las Enseñanzas de San Pedro para purificar sus Almas. Lo dejan todo en las manos de Cristo, pero ellos no mueven un dedo ni siquiera para despertar con su Palabra las oscuridades de otras religiones. Hay un vers, el 3 aunque ya está escrito. **Primera Epístola Universal del Apóstol San Juan. Cap. 3 vers 3:**" *Y todo aquel que tiene esa esperanza en Él, se purifica así mismo, así como Él es puro".*

¿Qué quiere decir? Pues lo mismo que hice yo en mi búsqueda. Sin saber nada -para no repetirme- indague con la Paciencia y me encontré con el mentiroso y así sucesivamente toda mi vida. ¿Qué haría Cristo en esta situación? Así días tras días, meses tras meses y años tras años. No estaba todo el día orando, como aconseja Pablo. No, soy responsable de mi vida equivocado o no. Menudas sorpresas. Ah, ahora recuerdo una de Las Enseñanzas: *"Cuando descanses tu mirada en el Infinito no te faltaran las Divinas sorpresas"*.

Ahora están luchando católicos y evangelistas para solucionar los problemas de los gay y lesbianas. Si están o no enfermos. Es increíble que no conozcan *Los Mandamientos* y tampoco unos y otros se han desarrollado en ellos. La lujuria es igual que el ladrón. Éste que siente no lo puede hacer; lucha para no cometer tal delito. La tentación le sigue todo el día y la noche (hablando de la Tentación, equivocados están los que creen y dicen que Nuestro Padre, el Padre de Cristo tienta a nadie Cada uno es manipulado de acuerdo a su concupiscencia). Mantiene una lucha con lo que no quiere hacer hasta no aguantándolo más se dedica a robar y la justicia lo arresta. Igual sucede con el individuo que se siente atraído por la vecina pero sabe que es la esposa de un amigo. Cada día se le hace imposible el poderse cruzar en la escalera o ascensor con ella. Tiene un altercado constante con la tentación hasta que por fin decide cambiar de piso para no perder a su amigo cometiendo tal torpeza. Algunos no, se dejan llevar y traicionan a su amigo, después vendrá la calamidad porque la **lujuria de la furia de los celos** puede matar a uno o al otro. La lujuria que soportan las mujeres y hombres realizando actos contra natura, no es igual al deseo ni a la tentación. Lo único que sucede es que sobrepasando la escala del deseo animal natural de ambos, han profundizado de tal manera en el escalafón del Reino humano, superando el límite humano-animal (aunque hay animales que los consuman) llegando a los abismos donde conviven estas "Entidades" que sus Almas está atrapadas con ellas: la lujuria. Pero el animal no posee el instinto natural de diferenciar lo bueno de lo malo. El animal humano sí. El ser humano por su antigüedad lo conoce perfectamente. Para el animal humano no se le atribuye la palabra pecado porque no lo ha aprendido (hay que tener Misericordia) sin embargo para el ser humano sí, porque transgrede las Enseñanzas de la Verdad, es decir: las de su Ser, "Espíritu".

Bien. Intentemos entender con la lógica del Alma o del Espíritu. Aunque en la lógica del Alma vive su Ego que se asusta o niega todas las vivencias de la Verdad hasta que por fin se vea con algunas de ellas y no le queda más remedio que admitirla. Sin embargo el Entendimiento de su Alma deduce al del Espíritu, - aunque éste está a un nivel superior- a la "Luz" del "Ser" que vive en el Alma del ser humano, y Él ya pertenece a la Sabiduría. Hay que aclarar bien los términos.

Los cristianos saben que tienen Almas: Vamos viendo por tener solo fe y no hacer nada en la perfección y purificación de las Virtudes (Entendimiento) permanecerán en la oscuridad por causa del Ego que está sujeto al **mundo** de la tierra. El **mundo** pertenece a Satanás. Cristo dijo: *"Mi Reino no es de este mundo"* ¿Cuáles son los hábiles malos de Satanás? El Rencor, la Vanidad, el Egocentrismo, el Orgullo, la Soberbia, los Celos, la Ira, el Qué dirán; el Egoísmo, la Ambición, la Codicia; el Interés, la Mentira, la Calumnia, la Hipocresía, el Cinismo; el Desear lo que no es de uno; los deseos contra natura: la Ira y la Lujuria. Los Ladrones materiales y los Espirituales.

También ahora me acuerdo de Pablo que todos estos colectivos gay aquí en España dicen que en la Biblia nada dice de ellos, un momento que voy a buscarla:

Pablo a los romanos (1: del 25 hasta el 32 lo pueden leer)

Escribiré el versículo, 27: *"y de igual modo también los hombres, dejando el uso natural de la mujer, se encendieron en su lascivia unos con otros, cometiendo hechos vergonzosos hombres con hombres, y recibiendo en sí mismos la retribución debida a su extravío".*

En el versículo anterior, o sea en el 26 habla de la mujer. Y los demás hablan del **mundo** en el Ego humano. No hay desperdicio.

Todas estas palabras (las mías aprendidas del **mundo** actual y las de Pablo en su época) vienen a decir lo mismo. Están en los comportamientos humanos pegados a sus Egos y por ende en muchos casos a sus Almas.

Es decir: El Alma está prisionera por no hacer su Voluntad y el Ego entenebrecido la oculta.

El Alma es la poseedora de la Fuerza de la "Luz" que da vida a su materia, pero en ella también está el Ego que acompaña por Interés lo que éste le va sugiriendo para ir robando la "Luz" del Alma y hacerse más fuerte dentro de la materia por la limosna que va alcanzando. Si sumamos a la Vanidad, un poco de Mentira, Hipócrita a veces, el Qué dirán también, Desear lo que no es suyo aunque lo piensen, es decir: me estoy acordando de unos versículos que lo van a resumir mejor. Cristo Enseñó: **Mateo (6:22)**: *"La Lámpara del cuerpo es el ojo; cuando tu ojo es bueno, también todo tú cuerpo está lleno de "Luz"; pero cuando tú ojo es maligno, también tú cuerpo está en tinieblas. Mira pues, no suceda que la luz que en ti hay, sea tinieblas. Así que, si todo tú cuerpo está lleno de "Luz", no teniendo parte alguna de tinieblas,* *será todo luminoso, como cuando una lámpara te alumbra con su resplandor.*

Así pues el hijo que regresa es la Luz adquirida por sus sufrimientos, desinterés, Paz alcanzada, Amor al Padre y al prójimo. Ha vencido al **mundo** alcanzando la *Corona de la Vida* por ahora en la tierra; éste que escribe es hijo también de la carne y no sabe que ocurrirá en su futuro.

Esta es la meta final de un tiempo para los que se llaman cristianos realizando en su vida diaria la Voluntad de su Alma que en Ella está la "Luz" de la Voluntad de Cristo y lógicamente la del Padre Eterno que la ha Creado.

¿Pero que le ocurre al Ego que tiene encarcelada al Alma? Solo vamos a pensar desde el tiempo de Pablo a estas fechas. Nombro a Pablo porque él vivió y escribió estas conductas en los ciudadanos que veía. Si ya en ese tiempo éstos (humanidad) tampoco creían en Él incluso posiblemente no le conocieran, han tenido sucesivas reencarnaciones para corregir esos defectos y limpiar sus almas de su mal vivir. (*Las Enseñanzas de La Verdad y de la Ley: Los Mandamientos de Dios*).

Como bien habrán leído el versículo anterior: "*La Lámpara del cuerpo*" Cristo explica: "*Mira pues, no suceda que la luz que en ti hay, sea tiniebla*". Es fácil de entender una vez que hemos venido leyendo hasta ahora. ¿Por qué no nos ve Nuestro Padre? Porque la luz que hemos adquirido es congénita al Ego que venimos arrastrando por permitirle que el haga la tozudez del mundo y no la Voluntad del Alma. Cada vez que nacemos ya nos estará esperando (para que el Alma rectifique su pasado) para tomar la materia y reiniciar su Camino o el Ego (el mundo) su obra de decadencia. El Alma de nuevo se verá encarcelada por no recibir *Las Enseñanzas de la Verdad* y la luz que en ella hay pertenece a su materia es la luz de las energías del mundo que son tinieblas: oscuridades de su Ego.

¿Entendemos mejor la Parábola del hijo pródigo? Los Seres Creados son los Hijos Pródigos. Todos aquellos que han matado (secta católica) a través de la historia de la humanidad por traer una Enseñanza en Las Ciencias y en las Artes que permanecen en los libros de historia y de otros tantos que perduran en el anonimato, no sabiendo quiénes son y acordándose de ellos los que tuvieron la fortuna de conocerlos también a través de la tradición y en el presente siglo. Los seres que han nacido de la Creación son todos los millones de Almas en evolución que una vez recibieron la Vida en el mar y tras largos millones de años, se encuentran ahora como humanos o seres humanos por medio de *Las Enseñanzas de La Verdad*.

Al final del Ciclo Planetario podamos (hijos pródigos) acercarnos (me incluyo) algunas de las Moradas que habló Cristo: **Las Bienaventuranzas.**

El peor enemigo que tiene hasta hoy el ser humano es la televisión. En sus diferentes programas apoyan enormemente al Ego porque de él viven los que crean los programas para que las gentes que no piensan les sigan. Ahí están todas esas películas enseñando el mal comportamiento de padres e hijos y viceversa que les imitan en las sociedades causando una gran desesperación, porque sus hijos quieren formar partes de esos grupos alejados del respeto de sus padre, pero luego son los esclavos del jefe de grupo haciendo sus voluntades que van en contra de toda lógica humana.

También está la juventud actual que sigue un patrón de conducta porque los considera superiores -no sé en qué- dejándose llevar por la avenida de la prostitución.

Los padres ya no pueden con sus hijos porque las leyes de los gobiernos les protegen de tal forma que los padres se ven impotentes para demostrar en sus hogares que ellos tienen la autoridad. Los hijos quieren hacer lo que ven en los otros sin oír ni respetar a sus mayores. También están los padres que les importan muy poco sus hijos y les dejan que caminen ellos solos sin tener -por su edad- ningún conocimiento del mundo que piensan llevados por sus padres que deben triunfar. Son tan ignorantes que les dicen: <u>tú tienes que comerte el mundo</u>.

Todos los seres humanos que habitamos en la tierra estamos sujetos a La Ley *de los* Profetas. *"Yo no he venido a la tierra a abolir La Ley de los Profetas, sino a cumplirla"* dice Cristo. Pero los cardenales, obispos y sacerdotes católicos cada vez van inventando más mentiras mientras transcurren los años. La virgen María dicen, es la madre de Dios, y se quedan tan tranquilos. La virgen María es la madre de todos los católicos (sus fieles). Si es la madre de Dios entonces en la abuela de Cristo. Ahora si tienen a Cristo como Dios, levantan otra calumnia. Todos éstos rectores del catolicismo viven en la astucia de Satanás para impedirles que encuentren el Camino de la Verdad y la Vida. Oigan ustedes –protectores de las tinieblas- Cristo vino a la tierra a Cumplir un Nuevo Mandamiento de su Padre, que es el Nuestro. *"Entrego mi Vida para volverla a tomar, ese Mandamiento recibí de Mi Padre.* ¿No les caben en sus cabezas? A recordar sus *Mandamientos y Las Enseñanzas de la Verdad*. Alcanzar su Luz perfeccionado las Virtudes de las Almas para convertirse en "dioses" –leerán los versículos- No me estoy inventando nada, pero aunque lo lean tampoco los van a creer porque admiten más las mentiras de Satanás que la Verdad enseñada a través de los siglos por los siervos, Apóstoles y Profetas de todos los tiempos. Todos éstos que no llegan a la categoría de "siervos", empiezan a explicar la diferencia que existe entre Cristo, el Padre Eterno (Dios) y el Espíritu Santo. ¡Que desvergüenza! No han perfeccionado ni una Virtud, ni siquiera la Purifican. No saben quiénes son, de dónde vienen ni a adónde van y explican lo inexplicable. No saben cómo llegó Cristo a convertirse en Hijo del Padre, como miles o millones de Seres que viven en su Presencia y se ponen a revelar lo que no conocen ni han visto jamás. Atrasados de la Luz; seguidores de las "Tinieblas"

Despierten a la Verdad

Una vez leído los artículos anteriores y aquellas personas que han podido leer mí anterior libro estarán más atentas a sus vidas: Almas. Sean cristianos religiosos, cristianos que van por libres o laicos; no cabe duda que si lo leen los agnósticos y ateos tendrán un concepto distinto de la Vida y el mundo. Vamos a profundizar un poco más para comportarnos con más sensatez porque sin querer (Ego) ni pensarlo lo dejamos ahí sin darnos cuenta de la gravedad de vivir en el **mundo** de este Planeta.

Las personas utilizan las "palabras" para entenderse. Pero estamos aprendiendo a ser astutos como dice Cristo. *"astutos como serpientes y mansos como palomas"*.

Entendemos que tenemos el Ego (<u>Yoes</u>) el Alma y el Espíritu. Son tres lenguajes distintos. Ya conocemos casi la totalidad de palabras que pertenecen al **mundo** y causa gran malestar: enfermedades del Ego (materia) físico y las del Alma (síquico) aunque éstas en muchas ocasiones no repercuten en la físico, por lo cual el Ego se expresa y desea diariamente. También sabemos la gran cantidad de Palabras que son de nuestra Alma y practicándolas habitualmente fortalecemos nuestras vidas: Almas. Aprenderán las Palabras que son de nuestros Espíritus porque éste las comunicará a las Almas para engrandecerse con Ellas y formarse como Mujeres y Hombres espirituales -con cuerpos propios- que es semejante a Ella o Él (*Yo os he Creado a Imagen y Semejanza Mía*). Por la razón de la Entidad Vanidosa, lleva a mujeres y hombres a embellecer y prolongar la juventud de la materia porque desconocen las <u>Bellezas de sus Espíritus</u>.

Conocemos a las personas celosas, envidiosas, rencorosas...etc. Simplemente con mirarlas a los ojos. Quizás ustedes mismos las padezcan sino éstas, otras. Pero nos quedamos ahí. Podemos incluso hablar con familias y amigos de sus comportamientos, pero repito ahí queda. Cuando tienen una conversación cualquiera siempre se nombra a la que no está presente y dan una opinión de ella, de él según el alcance de la gravedad de los hechos. Enjuician; levantan falsos testimonios; se toman venganzas de palabras y en algunos casos se pasan de un extremo a otro igual que el detractor, por ejercer una justicia. Todos los Egos exponen sus Iras, sus Soberbias en defensa de la victima incluido los familiares equivocándose muchas veces; incluso los medios de comunicación arruinando moralmente a la persona. Y si piden perdón es de boca para afuera. Nadie va entrevistarse con el perjudicado para excusarse con él personalmente.

También están las diferentes charlas entre familiares, amigas, amigos, compañeros de trabajo, supuestos enemigos etc. Salen a relucir sus rencores, el Qué dirán, y cada cual según el grado que tenga de enfado con la otra o el otro salen por la boca los insultos, las amenazas, etc. Y algunas/nos utilizan la hipocresía para salir airosa del entramado que se trate. Por lo que vemos en este ejemplo son los Egos que alojados en los diferentes cuerpos dentro del humano o ser humano se expresan y las personas creen que son ellos mismos, no cabe duda.

Por lo general no tienen el conocimiento de sí mismos; el Rencor es una Entidad que está gobernando por medio del Ego al Alma de esa persona, que vive en ella o él, que le acompaña a todas partes enterándose de lo que hace en su relaciones humanas dentro del mundo (que es de él) de la sociedad en la cual viva. La materia es suya, la gobierna y aún permaneciendo sola/lo le saca a relucir lo que le han hecho mal para verla molesta y seguir viviendo de sus Fuerzas: el Alma o de su energía vital si el mal es provocado después de sus relaciones sexuales. Es decir la mujer que sigue <u>pensando</u> en el hombre una vez finalizadas sus relaciones o al hombre le suceda lo mismo (toman venganzas) están posesionados por esa Entidad en cualquiera de los mundos de su materia. El Ego (del deseo) les abrió la puerta para que vivan de ella o él. Y así en todas las relaciones familiares desde sus padres hasta el último conocido que no sabe tampoco quién es; no se lo pregunta al mismo la treta que empleó el otro hasta acercarse a ella o él. No poseen la "Luz" de Cristo en sus Almas para verlo venir antes que se presente y comprobar que es un/a enemigo, no su Alma: El Ego.

El Ego de una persona que está hablado con el Rencoroso de la otra no se da cuenta de nada, al final tratar de ayudar en una conversación, el Rencor le ha engañado, porque no encuentra la solución para sacarlo de su cuerpo. ¿Qué dice la persona? Bueno no somos perfectos, pobre hombre o pobre mujer. Lo dejan así. Sin embargo si fuera el Alma, el Rencor tendría mucho cuidado para no darse a conocer, porque el Alma de la otra persona lo está vigilando, para esclarecerle la mente y hacerle ver en la astucia que vive en su cuerpo que le amarga la existencia. El Alma no hablará con el Alma de él o ella, lo hará con el Rencor y el Ego (materia) pensando que se dirige a él se molestará para que reaccione la materia y se enfrente a la persona-Alma que tiene enfrente (su amigo) o desconocido y lo deje en paz cuando es el (el rencor) quién la está haciendo sufrir mujer u hombre; deja la conversación y se marcha. El rencor (que es su dominante) se lo lleva a otro lugar.

Mientras el Alma está despierta el otro vive de la oscuridad que le está provocando la Entidad del Rencor. Éste medirá al Alma para ver si es superior: No lo es. Le ayudará la Soberbia que se ha fortaleciendo al robar las energías del enfermo y el Alma se está enterando de lo que está sufriendo pero el Ego de nada y la materia del que padece la ansiedad desafiara a su mejor amigo para que le deje en paz.

Vemos como la ignorancia es mucha entre los hombres también razonadores universitarios o catedráticos. Ahí están los sicólogos y siquiatras atrasados en conocer las enfermedades del Alma provocadas por los Egos. No creen o no le interesan porque también tienen temor de saber quienes son ellos mismos en realidad y es más fácil indagar en los demás fortalecidos desde la razón de sus Egos. Menos mal que la nueva ciencia (sicólogos y siquiatras) que vienen caminando con pasos lentos pero seguros han cambiado la forma de pensar sobre las enfermedades que provoca el mundo en el ciudadano al perfeccionarse en sus vidas particulares, comprendiendo que ellos han despertado su Entendimiento abriendo el abanico a otros hechos que vienen ocurriendo desde que el humano pisa la tierra. No todo es una alucinación.

Muchas enfermedades físicas y orgánicas son provocadas desde el Rencor, la Ira hasta la Lujuria, siendo necesaria la química para poder solucionar o aliviar tales problemas. Simplemente en una charla la "Luz" del Alma arranca la raíz del problema cuando vive el Ego de las tinieblas del **mundo**. Este acontecimiento para la siquiatría antigua es imposible, para el

Ego todo es inadmisible cuando lo muestra la Verdad. Tampoco se admitía la mentira como enfermedad: el alcoholismo, la drogadicción, el juego en las máquinas (ludópata) y en general, y ahora un gran sector de la ciencia no admite que la lujuria sea una enfermedad. Siempre el carro pesado. Se parecen a la secta católica: Se pronuncia cuando pasan los años, los siglos, entonces ellos fueron los que descubrieron los hechos; no lo copiaron, no, lo manifestaron. Como ustedes ven y escuchan la cantidad de especialistas que estudian al ser humano para ver sus mentiras en sus rostros, en la expresión de sus ojos, etc. Pero naturalmente no, como perfección para sus Almas, sino para que no les descubran, desarrollando el cinismo. Ahí tienen a los políticos preocupados con sus sicólogos, practicando para que las personas no les descubran: ¡Qué ignorancia al practicar la mentira de la hipocresía o del cinismo!

Cuando era joven acompañaba a mi madre al médico-siquiatra de mi ciudad en varias ocasiones durante varios años. El médico siempre le decía lo mismo, los consabidos consejos; su enfermedad era de los nervios, que no se preocupara. Entonces siempre le recetaba "Valium". No sé cuantos gramos y la cantidad de pastillas. Al paso de los años yo tenía en aquel tiempo 18 años. Por circunstancias visité a un amigo que se encontraba enfermo y conocí a una anciana que trabaja en su casa y conocida por ellos desde que mi amigo era un niño. Siempre vivía con esa familia. En una ocasión la anciana me dijo que estaba sufriendo una brujería. Imagínense como la miré que la pobre mujer me dijo. Ya veo que no cree en eso, pero me parece que es su casa. Así dígaselo a sus padres si quiere que vaya a verla. Bien le contesté. Se lo diré a mi madre porque con mi padre no tengo la misma confianza. Efectivamente la anciana (tendría 60 años) fue a la casa. Mientras ella rezaba en la cocina, mi hermana y mis padres juntos a mí permanecíamos en el recibidor. Pasó bastante tiempo cuando la oigo decir: Falo puedes abrir la puerta (se refería a que da a la calle) si desde luego, le contesté. Volví a sentarme junto a mi hermana. Todos lo vimos: una sombra de tres metros más o menos se dirigía a un metro de nuestras cabezas a la calle. Cuando salió, no sé porqué me lancé contra la puerta y la cerré. Es indescriptible la alegría que sentimos todos. Parecía una gran fiesta. Un enorme peso de años estaba sobre mis padres, mi hermana y yo. Ninguno nos dábamos cuenta de eso, excepto el malestar -sufría mi madre- que siempre reinaba en mi casa con mi padre. Mi madre jamás padeció de nervios hasta que falleció, mi padre cambio su carácter con la familia. Al poco tiempo mi padre encontró otra casa y nos cambiamos. El siquiatra que le decía a mi madre: no se preocupe que su enfermedad son provocada por los nervios. Lo que hay que ver y oír. Repito que a mí -desde muy joven- me gustaba la siquiatría, no la estudié por los motivos explicados en mi libro anterior, pero desconociendo la carrera fue el motivo que hablara con mi madre para su curación.

Han pasado muchos años sobre todo desde los 26 que empecé a buscar (bajo promesa a mis amigos) que encontraría mi Verdad. No nacemos solo para disfrutar con las mujeres, ganar dinero y tener una familia; la razón será otra. Han pasado muchos años hasta hoy pero si contamos los años por lo vivido entonces tengo 250 años más o menos.

También he vivido una gran experiencia con mi tía. Cumplió los 80 años y ya venía padeciendo la enfermedad de Alzheimer. Estuve con ella durante 3 años diariamente. Las personas que acompañan a su familiar enfermo que siempre están quejándose de la poca colaboración del Estado en sus ayudas porque necesitan más personas para su cuidado, desde luego carecen de Misericordia. No existe la Paciencia sino el interés. Este le aleja y se convierte en una pesada carga de vivir siempre con el enfermo; le aparta del amor que pudieran tener por la persona (familiar). Esto es una pequeña introducción.

Cuando cumplí los 40 más o menos me hice cargo de mi tía por asuntos familiares. Mis padres y hermana estaban en Madrid. Desde los 26 años hasta los 40 tenía grandes conocimientos espirituales pero no bastantes, nunca se tienen suficientes. Siempre tengo la sensación que es lo indispensable para cada momento pero sí miro -no me gusta ir al pasado- porque Pitágoras dice: <u>Volver al pasado es encontrar tu personalidad anterior</u>. Desde luego hay una enorme diferencia. Y ahora desde los 40 años hasta los 66 que les voy a contar.

Para mantener a mi tía entretenida durante los atardeceres y llegada la hora de acostarla en su cama; era la hora más delicada para ella, porque siempre quería ir a su casa y la protegía cerrando la puerta para que no se me escapara en un momento de descuido.

El tema de conversación siempre era el mismo. Se me ocurrió un día y continué siempre igual hasta que sucedió lo que les narraré.

Un día le dije: ¿Por qué no me cuentas tú viaje a la isla de La Palma? Parece que se abrieron los cielos. Empezó a contarme las historias con su familia que procedían de allí, pero el relato fue corto. Luego empezó con otras historias, los que hayan vivido estos casos lo comprenderán.

Cuando anochecida nos sentábamos en una pequeña mesa que había en la cocina. Ella a un lado de la mesa y yo al otro; le hacía la misma pregunta. Para sorpresa mía me iba ampliando su estancia allí con nuevas historias de sus cuentos familiares. Cada vez nombraba nuevos familiares (comprobados posteriormente) y nuevas amigas y amigos, algunos conocidos. Vivía asombrado de su memoria. ¿Cómo es posible que se acuerde si han pasado más de 60 años? Entonces en mi experiencia no dudé que en ella había dos memorias: una de su Alma y el otro de su Ego que no se acordaba de nada al cabo de los segundos que olvidaba una cosa.

Así estuve bastantes tres años. Ella jamás se acordó que le hacía la misma pregunta. Nunca me dijo: ¿por qué siempre me haces la misma pregunta? Pero claro se despertó en mí el conocimiento de saber cuando entró a formar en ella más fuerte el Ego que su Alma. ¿Por qué había perdido su memoria natural? Como les dije le hacía la misma pregunta. Pero un día me sorprendió:

¿Sabes que estuve enamorada?

¿Y qué ocurrió?

Pues que tú abuelo no le gustaba y me apartó de él. Mientras continuaba comentando la narración de esos momentos (Me agarró desprevenido porque ella me confundía siempre con su hermano, mi tío, que viajó a la Argentina cuando yo era un niño) me llené de alegría porque estaba recobrando su memoria.

Seguía mirándola (la costumbre de no apartar la mirada sobre quienes están a mi lado o enfrente como en este caso) pero de pronto interrumpió su relato. Apartó la mano de su cara y enderezo su cuerpo. Se quedó un largo tiempo mirándome fijamente que los segundos me molestaban porque no hablaba. Cuando le iba a preguntar porque guardaba silencio viéndola tan erguida y tan extremadamente seria, jamás en toda su vida y en la mía vi tanta seriedad en un rostro. Una voz de hombre desagradable salió por su boca preguntándome por qué me interesaba por ella. Durante mi vida espiritual me he enfrentado a hechos paranormales o extraterrestres pero siempre estaba con un conocimiento de causa. Ahora no, no lo esperaba. Se acabó la conversación distendida y entonces me puse en mi lugar para hacer frente a lo que tenía delante que no sabía quien o que era.

Pues, es mi tía y quisiera saber lo que le pasa. -le contesto-

Ya lo sé. No se esfuerce tanto porque no lo va averiguar. (La voz parecía que venía de ultratumba)

Lo que había dentro del cuerpo de mi tía desapareció. No sé si se marchó o se escondió. Mi tía volvió a tomar el mismo comportamiento de siempre. Una persona alta, fuerte pero ahora se encontraba más débil, encorvada y lógico triste. Las amenazas nunca me gustaron ni aún cuando era joven, no se las permitía a nadie y ahora no pudiendo ejercerla como cuando era joven por el desarrollo espiritual he tenido que aguantar muchas porque siento de forma distinta. Me quedé con el relato de mi tía. Tenía 16 años cuando se enamoró. Vivía lógico en la dictadura de Franco y la de la secta católica y romana, peor que la de Franco. El respeto a los padres era antinatural. A los padres se les trataba de usted. Puedo imaginar el respeto, más bien temor al estar en su presencia. Ella fue viendo que sus hermanas y hermanos se fueron casando a medida que pasaba el tiempo y por qué yo no me pude enamorar y casarme también. Su carácter se fue endureciendo por el Rencor a su padre y a sus hermanas y hermanos, creándosele un odio que soportó muchos años. Aconsejada seguramente por quien conversé en aquella noche (el Rencor o el odio). Éste era el causante de su dolor, ella sería su esclava durante tantos años que no sé por donde la habrá llevado por el mundo de éste Planeta. Siempre la he visto solitaria. Cumplía con su trabajo hasta muy avanzada edad. Era una estupenda cocinera. Ese fue el calvario que la llevo a su padecimiento. Primero el Rencor después el Odio. Estos sufrimientos no se resuelven con pastillas. Su mal puede ser tan duro que bien podría decirse que era una enfermedad del Alma.

Recuerdo que la llevé al siquiátrico de mi ciudad para que la viera un médico especialista del mismo Centro, porque el tratamiento que le habían facilitado no tenía los efectos que le comentaron a mi madre cuando en su momento la llevó a consulta.

La conversación que mantuvo al iniciar la consulta por parte del médico con mi tía fue de pena y burla. A todas sus preguntas le contestaba que no se acordaba. Pero cuando siguió el ignorante-arrogante interrogando, le hizo otra pregunta: ¿Quién gobierna en España? Sin vacilar le contestó: Felipe V. Le vi la cara de sorpresa con la firmeza que la dijo.

No le asesté una trompada pensando en mi tía primero, porque no había quien la cuidara, y cuando veo el mismo tratamiento, le pregunto: mire usted doctor ese es el tratamiento que llevaba hasta ahora. Pues no hay otro, dijo. Si supiera curar a su tía ya me habrían dado el premio Nobel. Me quedo mirando para aquella cucaracha y le contesto:

Con los conocimientos que tiene hasta ahora seguro que no, adiós. Levanté a mi tía y salí lo más rápido posible de aquel centro de donde han vivido tantos médicos a costas de sus enfermos más de 100 años. Jamás han curado a nadie hasta ahora. Solo el negocio de las medicinas y el pago de los impuestos a los ciudadanos.

Han pasado los años y hablan de nuevos medicamentos pero cada vez hay más enfermos seniles, pero ahora no tan mayores. Hay más infectados con menos de 40 años. Éstos no lo llaman virus pero yo sí. El mismo que ha vivido a costa de mi tía una vez muerta seguro que habrá ido a parar a otro cuerpo para continuar con su labor de destrucción.

Si hubiera estudiado siquiatría inequívoco que no tendría los conocimientos que hoy poseo en mi Alma. Que hacen su labor no cabe la menor duda pero llegar a su verdad para curar definitivamente a las personas seguro que no. Pienso que hay que conocerse a uno mismo para comprender a los otros. Las Entidades están continuamente engañando al profesional, con las astucias del mentiroso-hipócrita o el cínico. Ahí está el ejemplo de lo sucedido con mi tía.

Cualquier humano y ser humano puede ser instrumento del mentiroso. No robarás (del primer impulso) como el que mata a una persona para despojarle su reloj o su tenis. El mentiroso puede llegar a ser tan inteligente en su Ego que idea la forma mintiendo, utilizando al hipócrita y cínico para quedarse con la herencia de cualquiera, matándola por la codicia y tratar de pasar por un ángel.

Igual ocurre con el rencor que pasado mucho tiempo se le ha multiplicado esa energía en sus mundos internos formando parte del odio hacia personas pudiendo incluso si se le presenta la ocasión de matar. Ejemplos en el mundo no nos faltan, empezando por los asesinados en los colegios.

Para no extenderme mucho quiero decir con ello que todas las energías que se adueñen del Ego son para conseguir algo del mundo de las personas que viven a su vez en el mundo externo del Planeta. Solo la lujuria y la Ira es la que se adueña de la materia en su totalidad. Lógicamente son mentirosos, hipócritas, cínicos, orgullosos, celosos, mal tratadores y criminales, sí, también asesinan, etc. Pero todos esos males viven de la materia: Alma y Energía vital. La lujuria ayudada por todas las energías del mundo viven en cada poro de la materia animal-humana porque con la ayuda de su Ego ha formado una Entidad a imagen y semejanza de lo que le acompaña, encarcelando a su Alma. La infecta en su totalidad. Solo fortaleciendo al Alma con sus Virtudes, nace su Voluntad para apartar todas las oscuridades que les hacen ver que esa es su vida en este Planeta. La lujuria también existe en las mujeres, sean éstas casadas o solteras. Igual en los hombres. Las mujeres pagan a los hombres el servicio prestado para satisfacerla; igual los hombres sufragan también a las mujeres para complacerse -piensan ellos- de los beneficios facilitados. La lujuria en los homosexuales y lesbianas también tienen un precio por dichas ayudas. Para no olvidarme de los matrimonios que se reúnen en casa de amigos y las suyas propias para dar una fiesta y terminan todos con las mujeres de sus amigos y mañana no pasa nada. Todos tranquilos. Sigan alimentando a la lujuria.

Es necesario la responsabilidad de las familias cristianas sean católicas y evangelistas y todas las doctrinas que lleven el Camino de Cristo.

Hay que analizarse en cada momento y sentir en primer lugar cuando se siente *ofendido*. Éste es el farolillo rojo para que el Alma empiece a ser su Voluntad, dejar en nosotros mismos que el Alma sea la guía de nuestra vida vigilando siempre al Ego para que no incumpla los Mandamientos de Dios a los hombres y practicar las Virtudes del Ama.

Hablar con la esposa o los hijos para que ellos nos rectifiquen y analizar de nuevo la conversación. También podemos ayudar a nuestras esposas cuando cometan un error en el lenguaje del Ego y emplear otra palabra del Alma. Generalmente en las fechas que estamos viviendo (Final de Año) las personas se *desean* Feliz…La palabra desear es de nuestro mundo animal. El mundo animal desea…la Palabra desear debe cambiarse por el anhelar, aunque es un sinónimo no está tan vulgarizada. La Palabra Amor no la pueden emplear hasta que la conozcan de Verdad. Da la sensación de Hipocresía. Los ignaros analfabetos del mundo la utilizan en sus más viles lascivias. No tienen respeto, obediencia, ni amor por si mismos.

Hay un versículo importante en **Mateo 15: 11,18, 19 y 20**

"No lo que entra por la boca contamina al hombre; más lo que sale de la boca, esto contamina al hombre".

"Pero lo que sale de la boca, del corazón sale; y esto contamina al hombre".

"Porque del corazón sale los malos pensamientos, los homicidios, los adulterios, las fornicaciones, los hurtos, los falsos testimonios, las blasfemias…"

"Estas cosas son las que contaminan al hombre; pero el comer con las manos sucias sin lavar no contamina al hombre".

Así nos ahorramos palabras y tiempo. Después quieren (Ego) que el médico les aparte las enfermedades, porque si éstas vienen del Alma hasta que no pague el tiempo destinado por la Justicia Divina se gastaran el dinero suficiente y las medicinas necesarias para su curación; una vez cumplida la sanción se curaran solos o morirán.

Una ley la gobierna Satanás para devastar y otra Ley es del Cielo para el perfeccionamiento y purificación de las Almas; si éstas cometen su injusticia tendrá que pagar su desobediencia. Si cumplen la Ley para las Almas, ésta le amparará.

El cristiano participará siempre que le inviten algún lugar, no dejar su asiento libre para que lo ocupe otro, porque no sabrá para lo cual ha sido convidado aunque sean de otras confesiones incluso laicistas. Cualquier ser humano que pisa la tierra es su hermano aunque su Ego piense otra cosa en esos momentos. Él no es juez de nada ni siquiera parecerle bien ni mal. Asistirá siempre que le atraigan para que vean su asistencia pero jamás se integrará si va en contra de su Alma.

Mateo Cap. 5: 46, 47,48 dice:

"Porque si amáis a los que os aman, ¿qué recompensa tendréis? ¿No hacen también así los publicanos?"

"Y si saludáis a vuestros hermanos solamente, ¿qué hacéis de más? ¿No hacen también así los gentiles?"

"Sed, pues, vosotros perfectos, como vuestro Padre que está en los Cielos es Perfecto".

El cristiano es libre porque conoce su camino y no hay energía maligna sobre la tierra si en él está la Voluntad del Padre Eterno. Llegará a conocer quienes son los intrusos (yo-es en la materia) que provocan los miedos, temores, obsesiones, angustias, manías, fobias, concupiscencia; a los que inducen a robar en los seres humanos; quienes son los que provocan en su deseo sexual las apetencias de otras mujeres y éstas aprenderán los que la inducen con otros hombres; se instruirán a conocer si esa energía maligna se encuentra en su mundo mental, afectivo, emocional o sexual; se ejercitarán a separar los deseos en su materia: los suyos y los de los otros, sean mujeres y hombres. No en todas las mujeres está su femineidad y en los hombres su masculinidad. Encontrará muchas sorpresas en la vida del humano (no me refiero a los gay y lesbianas) Escuche para saber siempre quién le está hablando en cada momento. Sea un espectador de su vida. <u>Cultive el ingenio en definitiva para soportar las pasiones de sus hermanos.</u> Si al principio no se encuentra bien en una reunión pida disculpas y márchese. Las energías que rondan por allí no le están haciendo ningún bien. Poco a poco su Alma se engrandecerá y soportará lo que le echen encima, después se despejará con la ayuda del Maestro. *"Venid a Mí todos los que estáis cargados y pesados que Yo os haré descansar"* más o menos dice el versículo que no sé donde se encuentra ahora. Usted es Libre y no tiene porqué estar sujeto a leyes internas de hombres en su iglesia. Las que fueren. Cristo Creo la Roca (Buscadores de la Verdad) con Pedro y nadie en la tierra la cumple porque no existe; así usted debe comprender primero y Entender después a quien pertenece: a su iglesia o a las Enseñanzas de Cristo. Ya hablaré cuando llegue al versículo.

Primera Epístola San Juan Cap. 5 vers 15.

"Hay que obedecer a Dios antes que a los hombres"

Hay que estar muy atento a las reacciones, porque si va alguna reunión porque le mueve el Interés, entonces debe quedarse en casa. El que le llevaría sería la energía del Interés en su Ego material, no su Voluntad en un acto desinteresado por usted mismo.

¿Dónde se encuentra *La Comunidad Universal de San Pedro*? Cristo le dijo a Pedro: **Mateo cap. 16: 13, 14, 15, 16, 17, 18, 19, 20.**

"Viniendo Jesús a la región de Cesárea de Filipo, preguntó a sus discípulos: ¿Quién dicen los hombres que es el Hijo del Hombre?

Ellos dijeron: unos, Juan el Bautista; otros, Elías, y otros jeremías, o algunos de los profetas.

Él les dijo: Y vosotros, ¿Quién decís que Soy Yo?

Respondiendo Simón Pedro, dijo: Tú eres el Cristo, el Hijo del Dios viviente.

Entonces le respondió Jesús: Bienaventurado eres, Simón, hijo de Jonás, porque no te lo reveló carne ni sangre, sino Mí Padre que está en los Cielos.

Y Yo también te digo, que tú eres Pedro, y sobre esta roca edificaré mi Iglesia; y las puertas del Hades no prevalecerán contra Ella.

Y a ti te daré las llaves del Reino de los Cielos; y todo lo que atares en la tierra será atado en los Cielos; y todo lo que desatares en la tierra será desatado en los Cielos.

Entonces mandó a sus discípulos que a nadie dijeren que Él era Jesús el Cristo".

Sabemos que la católica no es. La católica monopoliza la palabra de cristiana porque no le queda más remedio -seguir engañando- por eso dicen:…"católica y cristiana…"

El que se ha interesado en saber la verdad de las religiones la principal que hurta el nombre de Pedro es la romana. Representante de Pedro en la tierra. A ver cuando le dijeron a Pedro: San Pedro o santo padre a Pedro; todos llenos en sus Egos (los papas) de temores y miedos. Ocultando lo que queda de Verdad en la Biblia a todos los ciudadanos del mundo porque ellos (obispos, arzobispos, cardenales) eran los únicos que la podían interpretar. Hijos de Satanás que usurpan como llegar al *Conocimiento de la Verdad* porque todavía hoy día tampoco lo saben ni les interesan; ése es su padre (el Interés). Hablan de la Palabra de la Verdad porque es importante, *un misterio como el Amor*, que sigue siéndolo, no solo para este papa Ratzinger, sino todos los anteriores.

El profesor Piero Marietti se encargó ayer (El Mundo 18 de Enero presente año 08) de leer el discurso del papa en los actos de apertura del 705º año académico de la Sapienza, dijo: "no vengo a imponer la fe, pero si a pedir el coraje para la verdad". Imponer la fe eso pertenece a un pasado no muy lejano (30 años) para España fin de la dictadura militar y eclesiástica. Pero aún hoy en día continúa infiltrando los temores a las gentes que creen en ellos. ¿Del coraje para la verdad? Tiene dos lecturas. Es muy sagaz este papa después de haber cometido errores graves en las Ciencias y en la creencia mahometana. Han comprendido mal mis palabras, sale por la tangente como es la Entidad del Hipócrita. Aquí en esta frase hace lo mismo. Lo que no es blanco es negro. Que va, no quería decir esto sino lo otro. Por ejemplo: el coraje para la verdad, ¿se refiere usted al coraje a la Ciencia, que usted ha negado siempre como en toda la historia la curia romana para mantener a la humanidad en la tosquedad o la emplea (coraje) para alcanzar el Conocimiento del Padre de Cristo? Como sé que usted se me va a escapar porque conozco muy bien a la Entidad del Hipócrita y al Cínico, le diré que el coraje es la irritación o la ira de las Entidades del Orgullo y la Soberbia por la impotencia de no poder realizar la voluntad de su Ego, la terquedad de su Ego de gobernar a la humanidad desde su endiosamiento espiritual del mal.

En Lucas leemos cap. 21: 19.

"Con vuestra Paciencia ganaréis vuestras Almas".

Recuerdan a **Juan 3:21.**

"Más el que practica la Verdad viene a la "Luz", para que sea manifiesto que sus obras son hechas en Dios"

La Paciencia es el Maestro Invisible que nos llevará a sentir y a Conocer el Amor en el Alma. Se escucha y parece una verdad de la ciencia moderna que el amor es una combinación de hormonas y química. Si ustedes lo dicen es porque no Entienden la Verdad del Amor, el Ego desde luego se queda tranquilo y admite la mentira como cierta.

A la Paciencia, (Virtud de nuestra Alma) ni la Misericordia ¿cómo los puedo convencer para explicarles que éstas Virtudes les llevan a empezar a Comprender la Humildad? Aquí no valen las interpretaciones del Ego que hace de algo que lee, que desconoce o lo ponen en duda una tremenda discusión.

Mientras se practica la Paciencia, al mismo tiempo también deben practicar la Sinceridad, Virtudes del Alma para alejar a la más peligrosa en este mundo: La mentira: ustedes la conocerán muy bien son la Impaciencia y la apariencia. Recuerdan lo que dijo Cristo que no encuentro ahora los versículos más o menos: *"No he venido al mundo a que me sirvan sino a servir"*, Así mismo hay otro que dice a los Apóstoles: *"que siempre ocupen los últimos sitios o asientos en las Sinagogas"*.

En los versículos anteriores: *"¿Quién dice los hombres que es el Hijo del Hombre?"* Ellos dijeron: *"Unos, Juan el Bautista; otros, Elías; y otros Jeremías, o alguno de los profetas"*. En ningún momento Cristo los rectificó. Los escuchó y lo dejó como supuesto que Él no era pero no les dijo: ¡No creáis en esas enseñanzas! Los escuchó y no les modificó su manera de pensar, que lo hubiera hecho si no era cierto. Entonces siempre me he preguntado, quién dijo a los evangelistas "La reencarnación" no existe. ¿En que se basan los cristianos evangelistas para continuar el juego de la secta católica? Esta es una de las razones que la secta católica continua haciendo lo que le de la gana. Ellos saben que la pusieron en marcha en el Concilio de Nicea o de Éfeso u otro Concilio para bajar el Cielo a la tierra y para ascender a María; la humanidad no despertara al Conocimiento de su Carrera del Alma hasta que el ciclo venciera. Los evangelistas copian a los católicos que han sido unos mentirosos y criminales desde que se fundó el Sacro Imperio Romano matando a todos los cristianos llamándoles herejes y fue Mahoma quién vino a sacar a los últimos cristianos escondidos en las cavernas, para que no los asesinasen. Entonces, pues, si no creen en la reencarnación, ¿cómo van a evolucionar las Almas?, ¿cómo van a alcanzar la "Luz" de Cristo corrigiendo los errores a través de las Virtudes? Díganmelo ustedes. En verdad todavía no se han afinado en *Los Diez Mandamientos* para alcanzar el Conocimiento del Alma y de ésta las Virtudes que posee desde la antigüedad, ¿cómo son capaces de decir entonces, (los evangelistas) que María nada tiene que ver en la Obra que hizo su Hijo? La secta católica se inventa la mentira de que la reencarnación no existe ¿y la falsedad de ascender a María al Cielo? Ustedes les siguen en una y en otra no. ¿Por qué no continúan creyendo lo que explica la secta católica? Pues sencillamente que los versículos especifican la labor de su madre. Es decir: la madre de Jesús (Según el nombre que le puso su padre, José) vino a la tierra con una misión: traer al mundo de este Planeta el Hijo del Hombre que se llamó Emmanuel. Bien, entonces ¿por qué no creen en los versículos que he escrito en páginas anteriores, cuando los hombres dijeron: posiblemente era uno de los Patriarcas de la antigüedad? Pues simplemente es el Ego: Les dominan la materia y les hacen pensar más en la mentira que en La Verdad. De corregirse nada de nada, en absoluto. Ustedes (ni unos ni otros) son de Las Enseñanzas de Pedro. ¿Que dirán ustedes si escribo estos versículos?:

¿Para qué tanto sacrificio de Lutero al ver la mentira y lujuria de los papas de aquel tiempo? Han transcurrido -creo- 600 años de que lo acusaran de "protestante" que gracias a los Príncipes alemanes salvó su vida. Hoy en día continúan igual. La secta católica lleva con su misa -con algunas variantes- 600 años y tampoco han permanecido en el Camino de Cristo que eligió a Pedro que sería la Cabeza de su Sabiduría y ésta por las bravas se apoderó de su nombre sin más. Habrá que dar un cambio de 180º para estar en Las Enseñanzas de Pedro. Qué harán los evangelistas y la curia romana en este caso el papa, "para atar y desatar tanto en el Cielo como en la tierra". Porque lo que trasmitió Cristo a Pedro es un Don de Él. Desde el momento que lo dijo, esa "Luz" entró en el Apóstol para la Obra de Él. No solamente en esa existencia; cuantas fueran necesarias para continuar con la Palabra de Él en la lucha con el mundo de éste Planeta. Ahora, me pregunto: ¿Serían ustedes capaces de atar y desatar lo que está en la tierra para que surta efecto en el Cielo? Con sinceridad creo que no. Aquí no entra el capricho del Ego: Ahora hago esto, no mejor será que haga lo otro. Hay que aprender en el Alma, como he mencionado la Paciencia que habla Lucas, porque esta Virtud como todas lleva aparejada la Justicia. Así pues, quien toma la Justicia es el Espíritu. En este caso de lo aprendido cuando Cristo les habló que recibirán -ya estaba en ellos- el "Espíritu de la Verdad" para que supieran lo que debieran hacer en cada momento en su Obra. ¿A 1.700 años de la secta católica quién ha recibido el Espíritu de la Verdad? Ninguno. Esa secta inventada por la fuerza de las armas matando a las personas siglos tras siglos es una nave sin rumbo ni destino: Solo la calamidad será su fin. De igual manera les sucederá a las evangelistas que tampoco difieren mucho de la secta romana.

CAMINEN CON SU VERDAD

El hombre bueno se fortalece a sí mismo, y luego fortalece a los demás;

Investiga por sí mismo las causas de todas las cosas

Y luego las da a conocer a los demás hombres

Pues es igual que los artesanos realizan su trabajo sentados en los talleres;

Aquel que tiene un espíritu puro cumple con sus deberes aprendiendo,

Para poder luego difundir la verdad.

Transmitid pues esta cultura a todo el mundo,

Sin distinción de razas ni categorías.

Confucio.

Cuando hablo de Cristo (en este caso escribo de Él) para vernos como seres humanos en el mundo de este Planeta, no es para convencer a alguien de lo que he aprendido.

La secta católica enseña todos los domingos en sus misas, que Dios necesita del hombre; Que el hombre por sí mismo es imposible que se salve; la iglesia evangelista dice: Creyendo en Cristo serás salvo. No entro en otras doctrinas: "Testigos de

Jehová", porque si dices que eres "Testigo", te alineas en decir que Jehová es un criminal. El Dios de los judíos, de los Testigos de Jehová y de los católicos (Para la Institución eclesiástica la Biblia, tanto en el Antiguo como en el Nuevo Testamento, está inspirada palabra por palabra por Dios. Textualmente, el Concilio Vaticano segundo del año 1.965, dice: "En base a la fe apostólica, para nuestra Santa Madre Iglesia tienen validez de igual modo tanto el Antiguo como el Nuevo Testamento en su totalidad y con todos sus detalles como santos y canónicos, porque han sido escrito bajo la obra del Espíritu Santo" Y dice además: "Como por lo tanto todo lo que han escrito los autores inspirados viene de la boca del Espíritu Santo, se puede deducir de los libros y escritos que ellos enseñan la verdad fielmente y sin equivocación". ¿Qué quieren que les diga? ¿Qué Jehová dio potestad a los judíos para matar durante 1.500 años a todos aquellos que no creían en su dios?: "Ojo por ojo y diente por diente hasta la fecha actual". ¿Qué los católicos perseguidores de las Ciencias y las Artes de todos los siglos hasta la católica y cristiana actual?; Ratzinger confiesa que está de acuerdo con los que juzgaron a Galileo y ¿todavía piensa que Copérnico les debe una explicación por matarle?; cientos de mujeres y hombres que han dejado su inteligencia en hechos que hoy disfrutan la Ciencia del Espacio, como a Kepler. Se acuerdan: "A Dios predicando con el mazo dando" ¿Cuántos crímenes han cometido desde sus inicios (trescientos años después de la muertes de Cristo) con el Sacro Imperio Romano? Matando a los cristianos (judíos) acusándoles de herejes por creer en la "Reencarnación". Después ¿con su Iglesia Católica, apostólica y romana?, ¿Cuántos crímenes con sus persecuciones por toda Europa y en América? Años siguientes: Iglesia Católica y cristiana hasta hoy. ¿Cuántas asechanzas y encelamientos sufrieron los comunistas por tacharlos de rojos? (incluido un tío mío) que le ayudaron a salir de mi tierra de noche para qué se fuera a América de la cual nunca regresó. Igual y en menor escala los evangelistas. Todos estos millones de ciudadanos de todo el mundo que habitan en la Tierra siguen pensando que Jehová fue un criminal, porque ninguno lo han denunciado para quitar esa Calumnia al dios de los judíos. La mayoría de los ciudadanos culpan a Cristo de lo que han hecho y escrito todos los hombres en sus religiones. Mentiras, ficciones, falsedades, para enriquecerse en el nombre de Moisés unos y de Cristo otros, llenando sus cuerpos de Codicias.

Para no extenderme más en este Tema: todos tienen la esperanza (los creyentes) que Dios en su Misericordia los perdonará, (como dicen todos los domingos en misa). Pero, me pregunto, ¿de todos estos millones de personas que creen en Cristo, quienes la tienen consigo mismos, y con los demás? Ningún dirigente: el papa y los papas en toda su historia de catolicismo, que se llaman cristianos, (1.700 años) todavía no han enseñado a sus fieles "El Camino de la Verdad y de la Vida": "*Yo Soy el Camino, la Verdad y la Vida*". Ellos mismos, se mueren y no conocen el Camino. No saben a donde van. De la Verdad -hablan de ella: la Palabra- pero tampoco la explican a sus seguidores porque no creen en Ella: católicos y evangelistas, para conocer en su Vida diaria el comportamiento a seguir para estar en Ella. Y de la Vida, que está en sus cuerpos, tampoco conocen nada: ni sus nombres. Hablan del Espíritu -porque queda bien- y tampoco conocen a los suyos. ¿Quiénes son todos estos hombres que predican "Mentiras" en el nombre del Padre, de Su Hijo y del Espíritu Santo (Iglesia católica) al afirmar que los escritos del Antiguo Testamento fue Inspiración de Él (Espíritu Santo)?

Para la Curia romana: El único que necesita del hombre es Satanás para continuar alimentándose del Luz de las Almas y de las energías Vitales.

Para los evangelistas Cristo Enseñó: "*El que cree en Mí tendrá que hacer las mismas cosas que Yo hice y las hará mayores porque Yo voy al Padre*"

El ser humano vive hoy en día esclavizado a los "Intereses", "Temores" y los "Miedos" cuando vivieron de ellos, desde aquellos tiempos que nacieron por primera vez (como humanos) en la Historia de la Humanidad. Antes de que inventaran el "fuego". Han pasado millones de siglos y éstos permanecen en los seres humanos, por desobedecer "Las Enseñanzas de la Verdad": "*Yo Soy el Camino, la Verdad y la Vida*" Aprenden las Mentiras de los Hombres. La Verdad les causa temor, porque éste en el Ego les influye para que no desarrollen el Valor de las Virtudes: La principal: La Sinceridad para alejar al "Mentiroso" de Satanás. Las Virtudes: Son sus propias Justicias.

¿Cuántos millones de siglos han transcurridos para que la "Esencia de Vida" que permanece en el Reino Vegetal, después Animal y posteriormente humana, (inventores del fuego) conviértase en milenios venideros en "Seres humanos"? Nos llamamos seres humanos pero ni siquiera conocen a sus Almas o a sus Espíritus. Escribo para los dicen que Creen en Cristo. Para los que no creen en Él, los entiendo. Jamás han salido en sus reencarnaciones fuera del mundo del Planeta. Lógico, niegan que exista. Los diablos reencarnados también presumen de la no existencia de Dios y su Hijo llegado a la Tierra. Pero hacen la obra de su padre en el mundo de éste Planeta. También los comprendo. Ellos no pueden dormir un día sin haber efectuado un mal a los ciudadanos. El Bien ni siquiera se preocupa de ello, porque duerme igual. Predicar la Palabra de Cristo en este Planeta, no es fácil porque te puede costar la Vida como le sucedió a Él, a los Apóstoles y los que continúan en esa labor. También les significó la Vida a todos los sabios que han pasado por éste Planeta sin predicar a Cristo. Sólo Enseñar una Verdad en las Ciencias y en las Artes. Hoy en día se les <u>considera terrorista a quien hable de la Verdad</u>. En este mismo Foro hablando del "mundo" surgen las opiniones que respeto, jamás -estoy seguro- se han preocupado por aprender por si mismos la disconformidad -tan simple- de diferenciar el Bien del mal. Es una buena ocasión para demostrase a sí mismos el grado de valentía que hacen "gala" cuando niegan que el mundo sea independiente a las acciones del humano, ni siquiera ser humano. Se ofenden cuando la Luz pretende llegar a sus Almas, para el Conocimiento de sí mismos. Que se expresen así los que no lo creen -repito- los comprendo, pero que lo hagan, los que dicen que creen en Cristo, es aterrador. Sin embargo admiten todos los domingos en sus misas (católicos) que el sacerdote u obispo diga: "La Misericordia de Dios, perdone nuestros pecados y salve la fe de tú iglesia". No hay mayor hipocresía, que roza el cinismo. ¿La fe de la iglesia? ¿Qué fe? En 1.700 años no han hecho la Voluntad de Cristo, ni siquiera cumplir <u>Los Diez Mandamientos de Moisés</u> dictados por Cristo a Él. ¿Fe en quién? ¿En sus Mentiras? Incumplen *Los Diez Mandamientos* todos los días, robándoles la Piedad a las personas de sus Almas, filtrándoles el "fanático" (diablo del mundo) porque ésta energía en los cuerpos humanos son capaces de matar a alguien por defender la "Mentira". Diga usted en la semana santa de Sevilla con una alta voz, que lo que siguen es mentira. Si no llegan las Fuerzas de Seguridad a tiempo, todos esos feligreses se abalanzarán sobre usted costándole la Vida para posteriormente ingresarlo en un calabozo o en una clínica siquiátrica. Tampoco saben por qué unas personas la tienen (fe) y otras no, para poder ayudarlas. Y las que dicen que sí, que tienen Fe en Él, (sin haberle visto) dejan mucho que desear en sus comportamiento diarios que esa fe en sí no existe. Traicionan a sus propias Almas y luego piden La Misericordia de Dios. No hacen el menor esfuerzo en conocer sus Vidas: Almas, y piden la Misericordia de Dios. La hipocresía de las gentes raya en la locura. Piensan que Dios o Cristo que trajo sus Enseñanzas, es cualquier padre de familia, que reprende a sus hijos por embaucar, pero ellos no dejan de ser mentirosos y traicioneros cuando las circunstancias de la vida les aprietan un poco. Las imágenes están prohibidas por Dios en Sus Mandamientos. ¿Hacen caso? Ellos van a lo suyo: llevar a las Almas al infierno.

Los evangelistas quitando los ritos católicos, son iguales. ¿Misericordia? Llenar los bolsillos de dólares. Son pecadores y la "Gracia" de Dios les iluminará de las Tinieblas" ¿Cómo alcanzan -los pasos a seguir- la Luz de Cristo, (católicos y evangelistas) que no son capaces todavía (2.000 años de la llegada de Cristo a la Tierra) de desprenderse de sus Ego (que vive en las Tinieblas del mundo) para vivir en la Paz, como dijo Pedro: **"Busca la Paz y síguela"** ¿Cómo traducen ustedes en Palabras (Enseñanzas) esta frase, sino la han vivido jamás? Por motivos que fueren -no creados por ustedes- cuando ésta, está en ustedes (Paz) y la pierden ¿por qué la pierden? ¿Han enseñado a sus seguidores las palabras necesarias para conseguir la Paz de Cristo y, ésta permanezca en sus Almas? Desde luego que no. ¿Cómo van a soportar las pasiones de sus hermanos jamás han alcanzado la Paz? Si no entienden cómo llegar a Ella, ¿cómo van a estar cargado y pesados por predicar la Palabra de Cristo? ¿Van a ser salvos por Creer en Cristo y esperar la Misericordia de Dios? Si usted va a la Universidad y "no" estudia, ¿tiene derecho a reclamar un suspenso?, desde luego que no. Si ustedes viven en las negruras del Ego (Orgullo, Soberbia, el Qué dirán, Endiosamiento espiritual, Vanidad, Mentira, hipocresía, Ira), etc. Porque hacen su terquedad, ¿tienen derecho a estar en la Luz?, indudablemente, no. Lo estarán en la luz del mundo, la que gobierna Satanás. Ya conocen las energías del mundo y ésta son las que iluminan (oscurecen) a sus Almas. Lo verán más claro cuando lleguen a comprender -sin ningún sacrificio intelectual- los versículos esclarecedores; categóricos. Así pues, cada ser humano se conoce así mismo mejor que nadie. Ella/él debe empezar con su sinceridad para desarrollar el Valor del Alma. Escucharse mientras habla y atender lo que dicen los demás, no para criticarles ni juzgarles sino como aprendizaje de sí mismo. Al mismo tiempo empezar con la Paciencia para comprender a las personas que son sus hermanos de Creación, no enemigos. Los enemigos son sus Egos, no sus Almas.

LA OBEDIENCIA Y LA INTEGRIDAD

Moisés escribió el Mandamiento de Cristo que dijo:

"Honrarás a tú padre y a tú madre".

De Los Mandamientos transcurrieron más o menos 1.500 años hasta que apareció Cristo en la tierra. Ahora leamos lo que escribió Mateo.

Mateo 10:34, 35, 36, 37, 38,39.

"No penséis que he venido para traer paz a la tierra; no he venido para traer paz, sino espada. Porque he venido para poner en disensión al hombre contra su padre, a la hija contra su madre, y a la nuera contra su suegra, y los enemigos del hombre serán los de su casa. El que ama a padre o madre más que a Mí, no es digno de Mí; el que ama a hijo o hija más que a Mí, no es digno de Mí";

"Y el que no toma su cruz y sigue en pos de Mí, no es digno de Mí".

"El que halla su vida, la perderá; y el que pierde su vida por causa de Mí, la hallará"

Efesios 6:17:

"*La Espada es la Palabra de Dios*"

Leamos también este otro versículo:

Mateo 7: 21, 22,23.

"No todo el que me dice: Señor, Señor, entrará en el Reino de los Cielos, sino el que hace la Voluntad de Mí Padre que está en los Cielos".

"Muchos me dirán en aquel día; Señor, Señor, ¿No profetizamos en Tú Nombre, y en Tú Nombre echamos fuera demonios, y en Tú Nombre hicimos muchos milagros?"

"Y entonces les declararé: Nunca os conocí; apartaos de Mí, hacedores de maldad."

En principio estarán muy desorientado (Libre Albedrío) para qué nacen en la tierra. Pasan los siglos, los milenios y solo recuerdan el presente. En cada existencia mantienen la memoria del Ego, aunque en muchas ocasiones se diferencian de otros porque lo que éstos hacen en la tierra con su familia, hijos, vecinos no les parece bien y posiblemente juzguen estos hechos. Son diferentes. Yo no lo haría por supuesto, dicen algunas personas. No es que aquel padezca de alguna enfermedad rara sino que es así, lo que ocurre dicen otros, es que ha recibido una mala educación. Igual ocurre con las leyes de los gobiernos en diferentes países que no cuadra con el sentido moral de muchos ciudadanos creando un caos en el sentido común general. No es lógico porque va en contra de la moral social religiosa formando conciencias irreales de las costumbres. La aprueban porque así sacaran más votos y hace a nuestra patria el hazmerreir del mundo, dicen otros. No son leyes para fortalecer la moral de la juventud: Para degradarla. No la mancillaría si la honorabilidad íntegra de los ciudadanos viva la Verdad enseñada por la Sabiduría.

También tienen la presencia en la tierra de nuevas tribus que hasta ahora eran desconocidas para los seres humanos y ahí están con sus esposas e hijos viviendo de la naturaleza. Indudablemente llevan una educación para su convivencia diaria que muchos occidentales quisieran para sus hijos y éstos con sus padres. Pero la Vanidad, el Orgullo, el Egocentrismo y la Codicia del supuesto civilizado busca primero si poseen alguna riqueza natural que ellos no le dan importancia pero para los occidentales les supondrían una gran fuente de riquezas -para ellos- y su nación. Si encuentran alguna mina se olvidan de sus buenas acciones (hipocresía) dejando salir de sus materias la Ingratitud, la Soberbia y la Indiferencia, ahuyentando lo más lejos posible a estos pobladores para que no repercutan en sus investigaciones, marginándolos y matándolos si fuera necesario para despojarles libremente sus tesoros. No encontrando nada sobresaliente se conforman con dedicarles un reportaje en la tv que para los indígenas no les supone nada pero para quiénes los realizan obtendrían unos beneficios de sus viajes. Estos viajeros intrusos ensimismado en sus Egos presumen luego delante de familiares y amigos contando proezas que jamás han existido, pero quedan bien dentro de su círculo. Comentan luego, ¿cuántos siglos llevan de atraso? si los comparamos con nosotros que sabemos tantas cosas de los Planetas de nuestro Sistema Solar y fuera de él, sean ciertas o no las investigaciones, el hecho es que la inteligencia puesta al servicio de la exploración sí están dando sus frutos para el conocimiento.

Siempre me afirmo en lo mismo, para nada importa el adelanto científico si éste no va equiparado con el adelanto espiritual de la humanidad. Para el presente y futuro de nada les vale a la Ciencia en el progreso humano si éste se siente tan desamparado con lo básico de sus principios no superables aún -por falta del aprendizaje en sí mismo- como son el deseo, (hoy día sometido a la lujuria) Temor, el Miedo y el Interés que gobierna el Egoísmo, la Ambición y la Codicia.

Nos quejamos de algunos Gobiernos porque sus leyes ayudan más a la descortesía y grosería que a la rectitud de la juventud. Estas leyes las copian de otra dirección reconociendo que no son justas para criar a nadie. Pero ellos siguen con la maldad porque están sujetos al reino del mundo que es destruir. Los demócratas se quejan de las dictaduras, porque quieren las democracias, pero éstas dejan mucho que desear porque ponen en la calle, instigando a la juventud a cometer los más variados delitos. Se esfuerzan en ser hijos de la mentira, (la hipocresía), el Cinismo; los corruptos en la escala social, el libertinaje, la impudicia, obscenidad, indecencia; cada uno hace lo que quiera sin llevar una educación para el Respeto y la Obediencia. Solo sus leyes de libertad que no son tales porque el pueblo exige lo que es justo para vivir; salen a la calle las Fuerzas de Seguridad y atropellan a los habitantes como si de una dictadura se trataran.

El respeto y la obediencia de los ciudadanos hoy brilla por su ausencia aquí en España que conozca, en otros países democráticos como los E.E.U.U. todo los demás países saben lo que ocurre, con tantos asesinatos, violaciones a mujeres, niños; raptos; el hambre en los residentes que se ven obligados a delinquir para comer; venta del alcohol ya permitida, pero que asola la materia humana; la astucia de las guerras entre naciones para sustraer lo que no disfrutan; la venta de toda clase de drogas y armas para aniquilar a la humanidad con graves enfermedades; millones de mujeres, hombres y niños muriendo cada minuto y las naciones ofrecen un tanto por ciento mínimo que no cumplen por el Interés de no entregar nada a la miseria, cuando han sido ellos en diferentes épocas quienes las han llevado a esa situación. Los mismos hombres que llaman poderosos en sus mismos países no son capaces de ayudar a los más necesitados porque no son sus familiares, que aún siéndolos tampoco les auxilian.

La Codicia de los diablos en sus Egos les fortalece porque tienen metidos en su cabeza que ellos son los triunfadores y por lo tanto nada que ver con los perdedores. Como si ésta Ley viniera del Cielo. No, ha venido del Infierno para esperarlos a ustedes ahí cuando finalice su tiempo en la materia y empiecen a soportar por los Egoísmos y las Ambiciones olvidándose de los seres humanos que también ante la Ley de Dios son sus hermanos e hijos de la Creación.

En el mundo de este Planeta efectivamente existen los victoriosos y los fracasados. Los seres humanos no han nacido de madre en este mundo para triunfar en nada material sino en el adelantamiento y avance de sus Almas o Espíritus. La trampa está en el que gobierna al mundo; el Mentiroso de todas sus existencias que destila sus soases gases pudriendo las Almas con la falsa ilusión del triunfo temporal dejando en las Almas sus miserias para liberarse de ellas y éstos no pueden caminar en el mundo de su Planeta. Mientras sus elegidos libres de tantas penalidades encuentren con la Luz robada, el camino llano de su mundo. Estos son los triunfadores: <u>Los diablos reencarnados</u>. El ser humano por ignorancia también hace lo mismo. La Envidia y la Codicia quieren quitar a otro ser humano lo que piensa tener y hará todo lo posible para sustraérselo. Tampoco alcanzará el existo de triunfar porque su Espíritu no se lo permite, arruinándose sin saber como le ha ocurrido. Después, todo son lamentos del Ego llegando incluso a vivir en la miseria. La que él dejo al que le ha robado.

No solo a los poderosos porque cualquier ser humano puede desde su capacidad ayudar a alguien que le ve que necesita protección. Esta es la labor del ser humano en el Planeta. El que más conocimientos tiene debe ayudar al más necesitado por falta de inteligencia desde su Ego o por necesidad de su Entendimiento para Comprender los hechos. Esta es la evolución del ser humano en la tierra. Ayudar en todas las facetas de la sociedad. No dejarle morir porque no tienen dinero. <u>A los médicos también deben tomar nota del Interés que les mueve, no la caridad.</u>

Todos los seres humanos poseen en su carácter comportamientos buenos y desinteresados; en cualquier momento los pueden cambiar cuando el Interés (beneficio) es bueno o también extraordinario. No les supone ningún esfuerzo cambiar de postura en esos momentos olvidándose de ellos mismos, por una causa a todas luces vendible para sus Almas sin ninguna Virtud de la Integridad, Lealtad, Obediencia y Respeto que les sujetarán. No hay un ser humano que no tenga su lado Bueno y otro malo. Empiezan a perder la dignidad en un círculo muy negativo, dicen las Fuerzas y Seguridad de los Estados cuando ven a los niños con pistolas en las manos matando a otras personas para desvalijarles; los gobiernos no hacen nada. La ley de ellos les castiguen, pero de arrimar el hombro para ayudar a los pequeños y salvaguardarlos se olvidan.

Llegado a estos extremos, ¿cómo van a ser Obedientes con ustedes mismos (Alma) para convertirse en seres humanos

Virtuosos, ante la Presencia del Padre Creador de la humanidad? Pues sálvese quien pueda de la astucia del príncipe de las tinieblas que su manifestación es la **violencia del mundo**, y ésta dentro de los humanos trasladan la violencia al Planeta. Cualquier signo de violencia en el comportamiento del ser humano (cristiano) es del mal, no del Bien. El día menos pensado en un abrir y cerrar de ojos el mundo desaparece y todos los que han vivido de el y en el.

La Humanidad -ya lo escribí- lleva miles y millones de años sobre el Planeta tierra para evolucionar de Alma animal a Alma Celestial. Conoce su Bien y su mal; Moisés escribe la Enseñanza: *"Honra a tú madre y a tú padre"*.

Tres mil quinientos años después, que es el ahora no lo saben miles de millones de personas y otros tantos miles de millones los saben pero no los han perfeccionados y otros cuantos miles de millones no les interesan conocerlos. Estamos hablando de seis mil millones de personas que habitan en el Planeta. Todos hijos del Padre Eternos que nos ha Creado: la Humanidad.

Los malos (diablos) y los ignorantes, como es lógico se dejan llevar por las sensaciones que les producen en sus Egos el temor, el miedo y los deseos, en un principio. En primer lugar han puesto el Placer como trascendental de sus vidas, no para aprender e investigarlo en el conocimiento de sí mismos. Solo para obtener (piensan que son ellos) el mayor beneficio de el en su materia. Cualquier impulso de deseo sin saber por donde entró en su cuerpo piensa que es ella o él. Y a satisfacerlo si puede. A utilizar a su mujer o ésta a su marido pensando en la fantasía de su ilusión.

Así pues, si viven el Libre Albedrío escogerán lo que es mejor para ustedes, es decir: para sus Almas, no la esclavitud del mundo que quien vive es el con sus Fuerza y la Energía vital del mundo sexual. El ser humano antes que nada debe respetarse y ser obediente consigo mismo. Estas dos Virtudes le ayudaran en gran manera para aquellos no las tengan se comporten con respeto y obedezcan al que las posean. Son los espejos de los demás. El ser humano que ha perfeccionado sus Virtudes no pasa desapercibido en su ciudad. Siempre llamará la atención para bien o para mal. Pero, <u>inadvertido nunca</u>. La Envidia se acercará buscando como poder robarle algo del tesoro que lleva pero se alejará a la más ligera mirada de la Bondad. Luego se aproximaran los Orgullosos y Soberbios para medirse a ese personaje desconocido que tanto mal les está ocasionando con su Presencia. Después de muchos intentos hasta humillarle, la Humildad saldrá vencedora y la energía maligna de Satanás no le puede dominar. Al tiempo vendrán disfrazados con la Indiferencia, -poderoso instrumento del mal para destruir- pero tampoco podrán porque se está enfrentando al Amor. Los únicos que permanecerán junto a él serán los buenos de corazón que no guardan maldad alguna.

El Ego que ha permito vivir en la materia estas energías malignas: El Rencor, La Envidia, el Orgullo, la Soberbia y la Indiferencia, no las comprende porque piensa que ella o él es así y sus reacciones pueden ser muy violentas de acuerdo a la situación social que ocupe. Puede tener una carrera universitaria que le lleva más el cinismo de su educación social que el pobre hombre de baja categoría que éste no tiene la capacidad de contestar porque no entiende las palabras que escucha y es elemento de la violencia. Ellos no sabrán lo que están viendo porque sus Egos guardan silencio para que no les descubran su mal.

El Ser que es Sincero, va luchando para respetarse y obedecerse a sí mismo de lo que él crea es cierto: su verdad, aunque al tiempo entienda que está equivocado. Ésta misma Verdad le aclarará cual es el error que está cometiendo y rápidamente lo soluciona. Sin pensarlo va desplegando la Voluntad del Respeto a la Obediencia como otras Virtudes que están en su carácter de la antigüedad que sufrió para alcanzarlas. Es decir: tiene la Voluntad de la Sinceridad, el Entendimiento, el Perdón, la Humildad y el Respeto a la Obediencia a las Mismas. Estas Virtudes son lámparas para su Alma y por tanto para su materia, amparadas por la Memoria de su Alma.

He escrito que el mal siempre está pendiente en la tierra de lo que Enseña la Verdad en Las Ciencias y en Las Artes para copiar, lo que le interesa; desprestigiar también a quién pueda y llevarle a la desgracia y muerte si las condiciones políticas les favorecen; sino hará también todo lo posible para que acontezca por sus enviados que viven en la tierra.

Pero claro aquí como en muchas ocasiones se ha equivocado por precipitado. El mal siempre es irreflexivo, -analizado desde el Bien- atropellando lo que pueda para ocultar la "Luz" de Cristo en el Planeta.

Cuando Cristo en las palabras de Mateo dice que Él no ha venido a la tierra para traer la paz sino la Espada por causa de sus Enseñanzas; el mal deshizo sobre las familias de todos los países, para que los hijos se pelen con sus padres, éstos con ellos, etc. Lo que ha sembrado el mal es la desobediencia; la indiferencia; la falta de respeto a los mayores; sembrar la Lujuria en casi todos los humanos; llevar a la juventud a destruirse con las drogas, las bebidas y las armas, para cumplir que ahí está la causa de lo que dijo Cristo. La Ley dice por ejemplo: "*No desearás la mujer de tú prójimo*". Ahí está el presente para que el hombre incumpla dicho Mandamiento y aquel que se esfuerza en consumarlo, se dará cuenta que el mal existe desde el momento que verá con sus propios ojos como conocerá a las mujeres más guapas y hermosas que nunca ha visto para obligarle a caer en esa tentación. La astucia del Bien es hacerle frente para cumplir con la Sinceridad y la Obediencia consigo mismo; lo apretará de tal forma socialmente que de él depende si sale o no. Lo mismo con el Respeto a la Paciencia de lo que el aprendiz va entendiendo. Le oprimirá en muchas circunstancias; lo esperará y le hará caer porque no conoce esa astucia. No importa, se levantará y aquí no pasa nada. Nadie le va a castigar. Su Padre que está en los Cielo se alegra porque ha encontrado un luchador en contra de las tinieblas. Ya vendrá otra oportunidad, así sucesivamente en todas las ocasiones para perfeccionarse.

Estos versículos de Mateo cap. 10 desde el 34 hasta 39. Son para las personas que sufrirían las pruebas una vez superadas las Enseñanzas de *Los Diez Mandamientos*. La Ley se convertiría al tiempo en Virtud, prorrumpiría en una familia igual a la de Él cuando vivió en la tierra con su madre y sus hermanos. A los cuales les molestaban su Presencia (su "Luz") en casa -creo que lo habrán leído- en nuestras sociedades sucedería lo mismo. El padre, la madre, los hermanos, en fin no estarían de acuerdo con él y le causaría grandes problemas desde niño, por su forma de ser hacia los demás sin faltarles al respeto a ninguno.

Posiblemente de joven se iría de su casa a donde Dios le iluminare.

Intentemos comprenderla mejor. Cuando Cristo lo dijo para un futuro próximo, era la consecuencia de la perfección de las Virtudes en contra del atraso de la familia con la cual viviría el cristiano. El que progresa es abandonado, sufrido, humillado, marginado por sus hermanos y padres. Pero el mal la toma para demostrar en sus negruras que Cristo tenía razón para engañar a la humanidad, cuando ha sido él, el causante de los destrozos familiares sin ninguna clase de perfección. Ejerce como no, el papel de Mentiroso, recae en los demás su culpa para librarse de su mal. El Hipócrita-Mentiroso.

Igual ocurre ahora en España; todos los obispos se han puesto de acuerdo para manifestarse públicamente en Madrid a favor de la familia. (El Mundo 14 enero 2008) El cardenal Antonio María Rauco Varela en la plaza de Colón de Madrid el pasado 30 de diciembre. "la verdad natural de la institución familiar", dijo: "la experiencia cristiana de la familia se basa y descansa en el reconocimiento pleno de la verdad del matrimonio según el plan de Dios: la de ser la comunidad intima de amor y de vida entre varón y mujer, unidos por el vínculo de la fidelidad indisoluble y abiertos al don de la vida, a los hijos".

¿Qué quieren que les conteste?

Después de ganar Franco la guerra hasta que comenzó la democracia en España transcurrieron 38 años. Durante este tiempo jamás se preocuparon por ayudar a la familia ni responsabilizarlas ante Las Enseñanzas Divinas.

En primer lugar nunca han hecho caso a la enseñanza de Pablo cuando escribió más o menos porque no tengo el versículo a mano: *"Obispos para gobernar vuestras Iglesias, primero tenéis que gobernar vuestros hogares; si no sabéis gobernar vuestros hogares, ¿cómo vais a gobernar la iglesia?*

Ellos realizarán las carreras universitarias que quieran pero jamás sabrán que se concibe cuando se lleva un niño -hijo suyo- al hospital. Tampoco -para no poner muchos ejemplos- que se siente cuando abrazas a tú hijo, en ese amor de padre a hijo o viceversa. El Clero en 1.300 años jamás ha estado casado, por tanto no tienen familia. El sexo era lo prohibido, el gran pecado social. Desde sus perturbadas cabezas veían la Lujuria en los niños. Pero ellos no perdían la ocasión para mantener la sodomía; para acercarse a una viuda o la que fuere para conservar relaciones con ella bajo castigo de su ocurrencia; como ahora desde que se han quitado las sotanas (hace años) se van a los cabarets o barras americanas, y los sacerdotes homosexuales gay tienen sus novios. No son calumnias. Ellos sí han estado dominados por la lujuria: los sacerdotes y las monjas. ¿Cómo se puede entender entonces que a las monjas las casen con Dios? ¿Para qué? Para traicionarle en las relaciones sexuales, como hacen los diablos reencarnados con las esposas de otros o con los esposos de otras o traicionar algún amigo. Ustedes si tienen turbadas sus mentes, durante años, mejor escribir siglos. Recuerden que la coeducación estaba prohibida hasta en los Institutos. Los colegios religiosos para gentes de bien (adinerada). Igualmente separados: colegio para niños y jóvenes y colegios para niñas y también jóvenes. Separados.

¿Les recuerdo Clero romano la persecución que sufría por culpa de sus doctrinas las jóvenes que por casualidad quedaban embarazadas? Si las mujeres de aquel tiempo, hijas de las que hoy tendrán 60 años (lo recuerdan perfectamente) tuvieran el más mínimo conocimiento del Perdón no asistirían a las sectas católicas saturadas de Mentiras e Hipocresía que van en contra de la Ley de Dios y por tanto de la humanidad. Ahí tienen al nuevo papa Ratzinger queriendo celebrar la misa de espaldas al público de nuevo. No se preocupen que dentro de poco les obliguen a estudiar el latín para su asistencia.

En segundo lugar hasta que cumplí 28 años todavía en la dictadura de Franco. Siempre existió la clase rica y la pobre. Los mejores colegios (como dije) regentados por la iglesia eran los más caros y asistían solo los niños de los ricos.

En tercer lugar cuando se celebraba una boda, eran los padres ricos los que casaban a sus hijos en el altar de la iglesia y aquellos padres pobres que querían que sus hijos hicieran lo mismo se reunían los suegros para tener el dinero suficiente para pagarle al cura la ceremonia. Los pobres que no tenían dinero los casaban en la sacristía.

Igual ocurría con los funerales: de primera, segunda y tercera. Ah, las bodas igual.

Y refiriéndome a lo de "Indisoluble" del matrimonio. El Clero que siempre ha vivido de las apariencias (Ente Hipócrita del mundo) casaba y divorciaban a quienes fueren, siempre y cuando había dinero por medio. No solamente los separaban sino nuevamente los volvían a casar.

Desde el comienzo de la democracia en España hasta hoy han pasado 30 años. Tampoco se han preocupado de enseñar a sus feligreses el avance de los versículos que anunciaba Cristo, del problema que surgirían en el seno familiar. O sea en 66 años lo único que han hecho es vivir bien, por no nombrar los siglos anteriores. Ahí está América del sur, como ejemplo de dictadura eclesiástica. Hablan de Dios para sus intereses haciéndoles creer a la población que Dios lo ha dicho, cometiendo un grave pecado: eso sí es una imperfección para el Clero romano. *"No tomarás el nombre de Dios en vano"* y como han leído cualquier parecido no es ni casualidad. Ahora se quejan del gobierno de Zapatero y se agarran como un náufrago a la supuesta familia que ellos jamás han ayudado, ni en las dictaduras de los Reyes, (Monarquía) favorecidos por el clero romano ni en el Gobierno del General Franco ni en la actual democracia, solo porque les interesan (Satanás) como patrimonio de su iglesia.

Particularmente no pertenezco a partido político alguno ni religioso.

Sigamos con nuestro tema.

Cuando inicié mi camino, no sabía si era bueno o estaba equivocado. Pero pronto observé a las personas que me rodeaban diariamente. Me iban mirando -al tiempo- diferente, como si fuera un desconocido. Su apariencia me molestaba y no sabía por qué, aunque lo percibía hasta que fui aprendiendo.

Creo que lo expliqué en mi primer libro. Era un nuevo camino; lo único era escuchar palabras que me insinuaban porque no participo de la vida que estaba acostumbrado, etc. etc. Era un "Libre pensador buscador de la Verdad" pero pronto aprendí que pensar por pensar no me ayudaba en nada sino actuaba de lo que iba cavilando. Las energías de las dudas en el pensamiento vuelan como las nubes en una tormenta. Cada día me planteaba más cuestiones que no me llevaban a ningún sitio: el cómo y el por qué eran interminables. ¿Las dudas? tan grandes como las montañas. Así pues, empecé con las Primeras Palabras para mi Alma: la Sinceridad y la Mentira. Respetuoso y Obediente a estas Palabras. Después fueron llegando muchas más para que mi Alma corrigiera errores sociales que los Yo es del Ego estaban acostumbrado a vivir pero mi Alma no atendía ni se integraba en ellas. Me di cuenta cuando empezó a parecer poco a poco la soledad interior. Para qué quiero saber tantas cosas; solo es curiosidad. Ésta, en este caso no es buena para mi Alma. Practicaré a ver que voy aprendiendo para mi mismo. Así fue hasta hoy.

En las relaciones familiares llegaron las pruebas para verse él mismo si era capaz de amar más a sus padres terrenales que ha su Padre Celestial, cuando Él es el Padre de toda la Humanidad. Para la razón del Ego no tiene lógica pero para el Alma y el Espíritu sí. Recuerdan el versículo cuando le dicen a Cristo: Maestro, ¿ahí fuera están tú madre y tus hermanos que quieren verte? Y Él les contestó: *¿Dónde está Mi madre y dónde mis hermanos? Mi madre y Mis hermanos son los que hacen la Voluntad de Mi Padre.* De la Verdad de éste versículo a la descomunal Mentira que le han puesta a María ascendiéndola al Cielo, madre de Cristo y para más INRI madre de Dios, porque Cristo nunca dijo que fuera Dios sino Hijo de su Padre. El gran Mentiroso Satanás lleva épocas filtrando las Mentiras en los subconscientes de las personas para que adoren lo que está prohibido por el Padre de la Humanidad. Pero como la "mentira" no era suficiente se encargaron el Sacro imperio romano y la iglesia católica y romana de matar a todo aquel que siembre esta enseñanza y así también se encargaría la santa Inquisición. Cada cual vivirá -si está en su alma- esta prueba, posiblemente no, no lo sé. Cada uno es un enigma para sí mismo en su Conocimiento que lo irá aprendiendo para la Cultura de su Alma. Nuestro Padre sabe todas las cosas.

Todos los seres humanos -no religiosos- comprendan que deban corregir de remotos tiempos que parecen improbables para la lógica del Ego, aptitudes y comportamientos del Alma en otras vidas y es cuando cargan la Cruz que se refiere Cristo en dicho versículo amonestando al Ego para que este haga su Voluntad, no es otra que seguir con Las Enseñanzas de Cristo a través de los siglos. Vivir o <u>renacer</u> como Enseña Pedro y el Alma brille como el resplandor de la lámpara que habló Cristo en otra Enseñanza; carguen su Cruz -sus Palabras- para ganar la Vida en caso de perderla por Él.

Hasta las Islas Canarias llegan las noticias de los americanos evangelistas; luchan con los mormones porque éstos creen en la reencarnación. A los evangelistas los conozco muy bien. Tanto como a la iglesia (secta) romana. Dejen la letra, el estudio y perfecciónense más para que aprendan a vivir como hijos del Padre de Cristo. Entonces estarán de acuerdo con los mormones. Particularmente he vivido una experiencia con su Libro hace muchos años. Estaba viviendo mis infiernos para buscar la Verdad.

Una tarde en mi oficina llegaron unos muchachos americanos para predicarme. Los hice pasar a mi despacho y los escuchaba atentamente pero cada vez que miraba a mi interior sentía que no quería llenarme de más dudas. Así un día tras otro. Como es lógico les hablaba de lo que iba experimentado en mi vida y ellos también me atendían con curiosidad. Para no dilatar esta cuestión. A los días siguientes me dejaron su libro. Los acompañé hasta la puerta de la calle y ellos tomaron un camino y yo otro. Me acerqué a una pequeña librería que está cerca de casa para comprar cigarrillos, y mi coche lo había aparcado en la puerta de la misma. Total dejé el Libro sobre el coche y entré en la librería como dije. Al salir no me fijé en el Libro y arranque el coche para ir a mi casa. Cuando llevaba 10 minutos más o menos un taxista se colocó a mi lado y me dijo: Sobre el techo lleva usted un libro. Ah, el Libro, que estaría pensando, le dije al sr del taxi, gracias muchas gracias. Lo reflexioné muchos días. Era totalmente imposible que el Libro no se hubiera caído a la carretera después de tomar no se cuantas curvas bajando en mi coche. Pero no, no se cayó. Ahí estaba en el techo de mi coche a la altura de mi cabeza. Como ha sido cierto, la verdad se cuenta para quien quiera creerlo, pues lo he narrado para que los mormones lean y guarden el estilo directo de un canario que vivió la experiencia del Libro de "Joseph Smith."

El Conocimiento del pasado (vidas anteriores) posiblemente se ha ido dilatando con nuestra forma de vivir en el presente, (las Cía. de Seguros mantienen un slogan que dice: Sólo se vive una vez) la humanidad anda perdida sobre el Planeta, en un mundo de tinieblas que no la dejan ver con la claridad suficiente para <u>reiniciar</u> el viejo -siempre nuevo- Camino de su Alma para acercarse a Cristo que vino a la tierra para traer la "Luz" del Padre de la civilización que vive en todos los países del Planeta.

Este libro aporta la vivencia de un humano igual que todos los demás que pisan la tierra enfrentándose constantemente desde que empezó a los 26 años y hoy no se sabe ni los que tiene por la vivencia de vivir cada día un cúmulo de experiencia para apartar el mundo de sí mismo y de los demás cuando puede y lo dejan las oscuridades de sus Almas.

Este libro trata como vamos viendo del Bien y el mal: la Paz y la violencia. Los que anhelan la Sabiduría para que el Entendimiento del Bien lo comprenda el Alma y el que ejerce la violencia en este mundo es la inteligencia de los instintos (si se pueden llamar así) emocionales del mundo para destruir.

La "Luz "de Cristo: Paz, Amor y Sabiduría, y la luz de Satanás: Odio, Lujuria y destrucción: "la Ira".

Para ello estamos utilizando Palabras del Bien de Las Enseñanzas de Cristo que son luces para nuestra Alma de la Creación de su Padre que es el nuestro.

Aquí no vamos a saber si existen diferentes soles en la evolución del humano. Como el sol dorado que da vida a los Planetas de nuestro Sistema Solar. Si hay otros Soles: Azul o Verde con sus variados Planetas en otras dimensiones desconocidas todavía para la Ciencia. Estos conocimientos no nos llevaran a ningún bien para el progreso de nuestra Alma: Solo la perfección de la misma purificando las Virtudes de Las Enseñanzas.

Igual sucederá lo que dice Cristo en Mateo Cap. 7: 21, 22,23, escrito en la página 70.

Todas estas personas que visitan la tierra con dones de sus Espíritus para consumar la Obra de Cristo en la tierra, generalmente no poseen un adelanto en su Alma; se han dejado llevar (al principio de despertarse en ella o él ese don) por lo que recibe su Ego: alabanzas, alegría en su Ego. Pasan los años y aparece la tentación, bien en su esposa o algún listo del mal que lo quiere manejar para hacerse rico con él monopolizándolo.

No pueden demostrar a las personas de los diferentes países que ellos lo curan todo: Solo Cristo lo hará y el Ángel en la tierra tendrá un don de Él. Esto es imposible porque los dones son muchos y variados y éstos no pueden estar en una sola persona, para que Entiendan que deban desarrollar la Humildad de acercarse a otro Ángel (hermano terrenal) y pedirle su ayuda. Deben sujetar a la Vanidad primero como humanos y después superarlas como seres humanos perfeccionando el "Ser" porque aquí no está evolucionando como Alma sino como Espíritu. Están cayendo en la Vanidad Espiritual y el diablo las sujeta a su mundo sin darse cuenta. Están convirtiendo la "Luz" que pertenecen a sus Espíritus en oscuridad y tiniebla y al final se irán con él. Lógico que sus Espíritus les llamen la atención y en última instancia en sueños; pero ella o él no hacen caso y continúan inspirado en su Vanidad Espiritual del mal (su luz) que los llevarán a la decadencia de sus Almas. No hay que olvidarse que la luz de las Tiniebla también es luz. Hay un dicho popular que dice: piensas mal y acertarás. Pero también está el otro: *"Piensas bien que acertarás del mismo modo"*. Éste no es tan vulgar.

También están las otras u otros que especulan, están por encima del Bien y del mal. Ha vendido la "Luz" al mal por culpa también de la Vanidad Espiritual pensando que ella o Él es único.

Cobran tanto por hacer mal como por hacer bien. Ellos mismos provocan el mal en las personas para que vayan a visitarles, les dicen mentiras, culpan algún familiar o un desconocido que le tiene Envidia, que no se preo cuque que él o ella la curará. Desde luego deja pasar unos días, -según la cantidad de dinero que pagó- le quita el trabajo, (la brujería) -así lo llaman- y la persona vuelve feliz a verle y aún le llevan un regalo. También tendrá su castigo. Está escrito en el versículo y yo naturalmente lo he vivido.

Estas personas no dejan de ir a misa para demostrar que cumplen con la iglesia, que ellos llaman de Jesús dicen unos y otros de María. Practican de tal manera que incluso les dicen que lleven la imagen de un santo a su casa. Les aconsejan las correspondientes oraciones y la humanidad ignorante pone su buena fe en aquella mujer u hombre. No se da cuenta que es una patraña, porque no le va a solucionar nada sino cuando ella o Él quiera. Para que tenga fe en aquella santa o santo, en realidad va invocada otra Entidad que de buena no tiene nada. Adorar, venerar o rezar a las imágenes está contemplado en *Los Diez Mandamientos*.

Por supuesto están las sectas del mal. También viven en el desconocimiento porque no les entra en la cabeza -son Tinieblas- que su príncipe está Juzgado por la Justicia Divina desde el momento que mató en la tierra la materia de Cristo, huyendo de su "Luz". El fin le vendrá cuando acabe el ciclo Planetario. *"El mundo pasará y los mansos heredaran la tierra"*.

Tenemos en cartel a todos estos americanos que negocian con la salud de las personas -algunos curan- pero están más preocupados de su Vanidad y Orgullo -marketing- de los beneficios a final de años que de la Caridad. Recorren los Estados o en campañas televisivas. Al que posee el don lo esclavizan: La esposa, sus hijos o en definitiva el asesor de imagen. Utilizan solo al humano para enriquecerse. También algunos hacen un pacto para que el mal superior aparte al mal inferior y demuestran con ello que fue su don o Jesucristo quien le ha sanado. Cristo dijo: *"Al final de los tiempos engañaran a mis propios Ángeles"*. Significa que sus Ángeles estarán en la tierra, no solo en Espíritu, también en materia; la materia es la que es débil, el Espíritu no. El Espíritu siempre estará presto.

Hace poco tiempo salió en la prensa el censo de brujas (hacedoras de maldad) en Europa. ¡Alucinante!. Para las personas que no creen como yo al principio de toda esta clase de magia de Satanás, mi Ego era el que decía: esto es imposible. Han pasado muchos años viviendo toda esta clase de sortilegios para negar su preexistencia. Desde que el mundo es mundo: muchos millones de siglos siempre el mal ha utilizado su astucia hasta para lo más nimio y he visto demasiados hechos tanto personales como profesionales para explicar en estas breves líneas el alcance tan terrible que repercute en la humanidad el funcionamiento de la maldad. El humano visita la tierra como un extranjero más. De ella no se va a llevar nada material pero lo que fuere espiritual engrandezca su Alma: su Vida, porque aprovechó el tiempo que le han dado para continuar con su Carrera del Alma. Hay que practicar la disciplina con el Ego hasta que éste no tenga energías del mundo para que contemple a su Alma y sea sometido a Ella haciendo su Voluntad, que ésta se encarga al hacerla el Padre eterno.

"Mis Caminos no son vuestros caminos ni Mis Pensamientos vuestros pensamientos"

La Voluntad

La Voluntad, analicémosla porque es importante. Últimamente he leído un escrito sobre la Voluntad a un siquiatra español que desempeña su actividad en los E.E.U.U. Habla de la voluntad como eje principal de la conducta humana. A ésta última frase le contesto: "¿No estará la (Luz) de la Voluntad en la (Luz) del Entendimiento? "En cualquier actividad humana será la voluntad quien lleve a la inteligencia a lograr sus logros. Es más importante la voluntad que la inteligencia (dice él)" Le contesto: Porque la "Luz" de la Voluntad es la que le abre los caminos a la inteligencia del Alma en lo humano para corregir sus errores o pecados hasta que la perfección de las Virtudes aúna sus fuerzas para desarrollar el Entendimiento de su Alma que junto a su Voluntad formen un bastión inquebrantable para su Alma y su Espíritu. "Triunfar en este mundo, no ser un perdedor" (dice él) Me pregunto quién ha sido primero: la cabezonería (testarudez) o la Voluntad; la inteligencia o el Entendimiento; La inteligencia de los Instintos o la razón; Quien define en nosotros mismos sobre el bien y el mal. ¿La terquedad de la inteligencia (Ego) o la Voluntad del Entendimiento del Conocimiento del Alma? Él no nombra para nada al Alma, es lógico. Pero le pregunto a él ¿de dónde nace la Voluntad? ¿De una cabezonería del Ego; tozudo en lo que pretende alcanzar para conseguir sus fines o de la idea de su inteligencia en lo material para que fuere en un principio la voluntad y cuando ésta flaquee sea la obstinación quien lleve a cabo sus fines? Usted no hace diferencia del animal-humano al ser humano. El animal-humano emplea primero la idea robada a otros y él la lleva a su ejecución y emplea para ella toda la tenacidad del mundo del cual está viviendo. Es decir: las energías del mundo (Ego) que viven en él y de él para llevar hasta el final su meta que tampoco es de él, la ha sustraído a alguien cuando le ha escuchado y se anticipa a los fines conseguidos por el otro. (También lo hace el ser humano llevado por la codicia.) No tiene ideas propias; el ansia de lo que pueda alcanzar del mundo. Usted mezcla en su artículo al animal-humano y al ser-humano.

"La Voluntad no se adquiere realizando grandes cosas", dice usted, "sino poco a poco en el conjunto de las pequeñas es como se acrecienta la Voluntad desarrollándola cada uno de lo que quiera alcanzar".

Está usted un poco equivocado. Es decir: según usted para que deje de fumar por ejemplo, tendré que poner a prueba mi voluntad (terquedad) para que cada día continúe con el propósito de ir dejándolo. Así transcurrirá los días o meses necesarios hasta que por fin se venza el plazo de mi intoxicación y lo deje como algo natural porque estaré curado de la nicotina.

Pero si también estoy acostumbrado a tomar un par de whisky todas las tardes con mis amigos para evadirme del trabajo diario antes de ir a casa con mi familia, (que ya soy un alcohólico) ¿tendré que hacer el mismo ejercicio o parecido para cambiar el whisky por un vaso de leche o una limonada con un poco de whisky o leche con whisky e ir eliminándolo diariamente hasta hacer desparecer la costumbre? Usted se referirá a desarrollar la voluntad (cabezonería) en otras actividades, no sé a lo mejor se refiere a que tengo una amante porque me va mejor que con mi esposa y algo en mí me dice que no está bien porque mis hijos se pueden enterar, mi esposa también y llevo la destrucción a mi casa y debo dejarla. ¿Mi esposa o mi amante? ¿Tendré que emplear otra voluntad (Obcecación) para suprimir ese deseo que no está bien que conviva con las dos? ¿Cuántas voluntades (Pertinacia) tendré que desarrollar para ser un humano normal dentro de la sociedad? No sé, a lo mejor se referirá usted que para ser un triunfador de este mundo debo de ir ejerciendo la voluntad (arrojo) para trabajar cada día 12 o 14 horas, abandonando como es lógico a mi familia que los veré los fines de semana y quizás es probable que tampoco.

"La Voluntad es el conjunto de Virtudes del Alma quienes llevaran a un fin determinado a la persona en el engrandecimiento de su cuerpo espiritual que es el Alma". Por eso habla usted que el ser humano flaquea y hay que desarrollarla. La Voluntad del Alma no cede, el Ego es quién la quiere utilizar para realizar cosas del mundo y Ella su Voluntad no se lo permite. Por ello el Entendimiento que es la Inteligencia en su conjunto: Alma; la Voluntad de su Sabiduría (Espíritu) que no permite al Ego que utilice su Inteligencia (Entendimiento) para gastar su Luz en hechos materiales que ha Ella sí la pueden afectar. La única manera de desarrollar la Voluntad es en la perfección de las Virtudes y todas juntas forman la Voluntad del Alma no de la del Ego que depende su testarudez para alcanzar los laureles del mundo, ni siquiera del Planeta.

Como ejemplo estoy yo. Desde muy joven, bastante joven (14 años) leía a Freud. Meditaba sobre sus pensamientos y se pasaban las horas que mi madre me llamaba la atención para que descansara. Está explicado en mi primer libro. Lo que quiero decir que mis amigos con carreras universitarias, cuando hablo con ellos hubieran preferido uno ser peluquero, el otro jardinero, el otro carpintero, el otro tener un supermercado, etc. Uno es capitán de barco; otro como jefe de máquinas en grandes petroleros; otro Teniente Coronel del Ejército, en fin. Se han visto como yo terminar una carrera universitaria, la que fuere para ganarnos la vida; no lo que nuestra voluntad hubiera amado para su materia. Un esfuerzo sobre humano para estudiar. Igualmente le ocurren a los millones de personas que son abogados, médicos, ingenieros, arquitectos, etc. Realizan sus carreras universitarias para seguir con la herencia de sus padres y cada día hacen un esfuerzo ímprobo para asistir a su trabajo. Los pocos (pobres) ahorran para que sus hijos tengan las posibilidades de alcanzar un día ser universitarios porque ellos no lo han podido, por cuestiones de razas o económicas.

Cuando uno ama "algo" para su vida no hay sacrificios. El sacrificio es del Ego en lo que pretende alcanzar y le llaman voluntad para alcanzarlo. No, la tozudez del medio ambiente en el cual vive el sujeto y el Ego esté bajo presión encarcela su Alma para toda su vida, esclavizada a los caprichos de sus padres o de la sociedad que le obliga a hacerse un nombre entre los ciudadanos. Y con ese nombre médico, abogado, arquitecto etc. Llevado es por el Interés (dinero) porque vive en una clase social más elevada, en fin todos sabemos lo que ocurre después. Pero el hombre como la mujer se ven obligados a cumplir con su trabajo cuando en el fondo desearían hacer otra cosa. Y cada año que transcurre cumpliendo con todas las obligaciones que le salen al paso, se ve en una vorágine con algunas complicaciones emocionales que buscará alguna solución para su vida. Pintar, por ejemplo.

¿Qué me ocurrió? Pues igual que todos mis amigos, estudiar una carrera universitaria para ganarme el pan. Pero gracias a Dios en aquel tiempo me expresaba así. Hoy en día digo gracias a Mi Padre que está en los cielos me ha ayudado para encontrar el Camino de mi Verdad, y ésta carrera universitaria del Alma es, ha sido y será la siquiatría que quería estudiar en mi juventud y no me canso nunca de investigarme para encontrar más verdades en los seres humanos, empezando por mí. Por ejemplo, recuerdo que nunca fui celoso y me pregunté: ¿Qué sentirá un celoso para aprender y poder ayudar a los que padecen de esa enfermedad? La respuesta vino enseguida. No con palabras sino con hechos diarios en la vida social. Duró unos cuantos años (creándome problemas conmigo mismo) pero indudablemente lo he aprendido. Me he convertido en un médico del Alma, si se le puede llamar así. De todos es conocido que si uno ama su trabajo siempre triunfará en la profesión o carrera universitaria que elija, porque se levantará de la cama con la satisfacción de ir al lugar que ama: su trabajo.

Para explicar más ampliamente esta cuestión de la Inteligencia y de la Voluntad -aunque en mi primer libro hablo de ello- debo de ir despacio, mientras ustedes lean, conciban y reflexionen sobre lo leído.

Generalmente hablamos del Yo humanos y lo englobamos en el Ego de la humanidad. Yo hago esto; yo voy a tal sitio; yo me molesto por esto o aquello; yo deseo ser; yo quiero alcanzar el amor de; yo voy a ligarme a fulanita de tal, o fulanito de cual; yo le voy hacer un maleficio a este tío, fíjate lo (Yo) que me hizo fulanito de tal, yo no le perdono, yo perdono pero no olvido, etc."El Yo".

El Yo viene desde el mundo animal desde el tiempo que pertenecíamos a ese Reino con los Instintos como guía para subsistir. Estamos cansados de escuchar incluso a personas universitarias decir: gracias a mis instintos salí de esa situación. A mí no me fallan los instintos cuando investigo...etc.

Entonces debo pensar que el Yo animal es muy inteligente cuando les observamos y vemos hacer proezas inverosímiles en construcciones para su habitat. Pero el hombre inventó la palabra "Instinto" para diferenciarla de la Inteligencia del hombre que tiene según el individuo la capacidad de razonar y analizar. El animal no. Bien el animal no sabe diferenciar el Bien del Mal; Tampoco posee un lenguaje para comunicarse con el humano, ni éste con los animales aunque intentos hay para conocer el alcance de su inteligencia o el desarrollo de sus instintos. Sabemos a ciencia cierta que no poseen el talento de resolver problemas que el niño los haría sin complicaciones.

También sabemos que el cerebro animal vive en el ser humano, gracias a él funciona nuestro corazón y también el aparato reproductor y no sé si algún órgano más. Del proceso animal humano la ciencia busca la conexión biológica del mismo sin éxito por ahora pero sí en la cadena molecular.

Pero vamos al Ego o la inteligencia de los yo es.

Después de un proceso de millones de años el humano fue siendo consciente que disponía de otras facultades para vivir su vida y al tiempo la de su familia. El nunca pensó que antes fue un animal, tenía la intuición de sus instintos (tampoco lo sabía) para realizarse en el hábitat que vivían sus padres. Así transcurrió muchos siglos hasta llegar a nuestros días.

No es necesario narrar todo el proceso histórico humano. Continuemos con el Ego.

Diré que para mí el Ego es la palabra que indica al conjunto de todos los Yo es que habitan en el ser humano. Por ejemplo: el Rencor y la Soberbia. No son iguales aunque aparentan serlos y si le sumamos la Mentira entendemos más fácilmente que el Rencor y la Mentira o el Qué dirán nada tienen en común por lo tanto no pueden ser un Yo al conjunto, al de ellos, es decir: Yo es igual Ego.

Voy analizar a las energías del mundo que se han ido filtrando en el humano a través de la historia (millones de siglos) en los mundos de su cuerpo: el mental, el afectivo, el emocional y el sexual. La ciencia dice que somos químicas. La atracción de unos seres con otros, hombre-mujer; hombres con hombres; mujeres con mujeres, es una cuestión de química. Haber cuando investiguen más, nos comunicarán que somos electricidad. Pues a través del cuerpo eléctrico (sistema nervioso) es cuando se siente por empatía como también lo dice la ciencia del hombre; lo que no saben los científicos -porque no se han perfeccionado- (lo comprendo que es un carro pesado), en que mundo del cuerpo físico se cuela la electricidad ajena, traducida por el pensamiento en sentimientos y emociones. Todas las enfermedades síquicas: del Alma, somáticas y sicosomáticas -extrañas é intrusas- que por lo general no hay cualidad para verlas pero sí para sentirlas. Me imagino lo que estarán pensando los sicólogos y siquiatras. La Sabiduría de Dios es locura para el ser humano, no me importa.

La primera energía del mundo que empezó a vivir en el humano fue el temor y después el miedo. La energía sexual ya venía con él del mundo animal como así el temor. Transcurrieron muchos siglos para que empezara la mentira a ocupar su sitio, porque gracias a ella se podía librar de muchos percances, incluida la muerte. La mentira ocupa un lugar prominente en la astucia del humano porque podía señalar a otros de lo que él había cometido. El no entendía la calumnia, si muchos años después. En las sociedades antiguas (las tribus) lo prohibido era lo bueno o lo mejor, como en nuestras sociedades: mejor lo vedado. Y así llegamos a nuestros días no sin antes hacer un alto en el camino para nombrar a los miles de Seres Creados que han venido a la tierra para Enseñar a los ciudadanos las cosas buenas de la tierra y para ellos mismos que hoy todavía viven en nuestras Almas y nos regocijamos hasta que llegó Moisés con sus *"Diez Mandamientos"* para que el Ego sujetara a todos sus Yo es y el Alma empezara a caminar con su materia.

Una parte de esta humanidad que respetara *Los Diez Mandamientos* eran los mismos y algunos otros desde el tiempo de Abel (no el Abel bíblico mostrado en la Biblia). La mayoría seguían viviendo del Ego hasta nuestros días en todas las sociedades del Planeta. Muy pocos respetan y aman "Los Diez Mandamientos" aunque se llamen católicos-cristianos o cristianos; los Agnósticos, los ateos y los libres pensadores que quieren buscar la verdad por sí mismos como las estrellas errantes se convertirán al tiempo igual que los ateos porque no la hallaran. Deberán acercarse con Humildad a Cristo como único guía para sus Almas.

Pero vamos a lo nuestro: El temor dije que fue la primera energía que el humano había adquirido desde sus ancestros como habitantes del mundo de este Planeta, no obstante ya la traía de su mundo animal.

Del temor animal de una liebre a la de un tigre va un abismo. Así los comportamientos humanos se diferencian también en su bondad como en su soberbia o Ira.

El temor sujeta al humano muchas veces o lo hace huir como a los animales, sin embargo el pánico se detecta en contadas ocasiones como así mismo en los animales, solo cuando ve peligrar sus vidas. Aunque algunos la pierden. No obstante el ser humano teniendo la capacidad -se supone- más elevada que la del animal se comporta exactamente igual o peor en determinados casos. No saben del peligro, no lo conocen y sin embargo por oír la voz de fuego dentro de un cine -por ejemplo- salen todos en estampida muriendo bastantes personas, y no ha acaecido nada.

El temor vive en el Ego y para el Ego mientras al miedo le hace estar en aviso de que algo puede ocurrir pero no saben lo que es, al final no pasa nada, pero en esos momentos para él algo extraño estaba sucediendo y es capaz de salir de su casa o de algún lugar. Sin ninguna explicación, si le preguntan.

El Ego no le contesta cuando él se pregunta que habrá ocurrido para que el sintiera temor o miedo. Se queda como se dice mirando al cielo. Pero aquí quedó la experiencia y nada más. Como éstos infinidades de sucesos durante su vida que el Ego sigue sin contestar y él continúa con sus temores y miedos. Por mucho que reflexione no conoce todos los pensamientos que le vienen a la mente o surgen de él para demostrarse cual fue el motivo de su temor. Se pierde en sus especulaciones terminando por dolerle la cabeza. De hecho el animal aún hoy en día es capaz -los perros-de avisarnos y rescatarnos de alguna desgracia. El ve venir el peligro y si fuera necesario corre el riesgo de defender a sus amos cuando cree que los otros animales o personas puedan hacerles daño. El humano se encuentra alejado de el, pero el animal no. El humano ve que anda en peligro su vida y huye, deja al que fuere desamparado. Algunos o bastantes le importan un pito, aún si son sus hijos. El humano que presume de poseer otras facultades superiores al animal deja mucho que desear cuando ha olvidado su mundo animal que vive en él y sobre todo le hace caso en los momentos de su sexualidad; temor y miedo sin saber llegados a la senectud quiénes son.

Vamos analizando mientras podemos dominar por momentos la sexualidad; el temor y el miedo no es controlado por nuestro Ego, somos esclavos de ellos cuando a éstos les hagan sentir su aparición en la materia por medio del Ego o de su mundo animal. El temor y el miedo se parecen a la lujuria que ya hablaremos. El humano tampoco la puede controlar, son sus esclavos como el temor y el miedo. Mientras ésta no ha vivido -la lujuria-en el mundo animal. Es de éste mundo como en la escala inferior el Rencor.

Tampoco el Ego ha aprendido de este misterioso personaje (le doy un nombre ilustre) por los miles de millones de años que vive por la ignorancia del humano en el mundo del Planeta que se involucra en la vida del humano -a veces- desde la niñez, como las mentiras y los celos. Éste comediante para el Ego, por lo visto es muy importante, porque viven en todos los seres humanos. Desde que nacen hasta que mueren. Sin embargo para el que los provoca, no. Sigue vegetando siempre para el que lo recibe como para el que lo comunica de una manera soez, pero nunca para el que vive de él y en él. El que vive de él jamás pierde el sueño y nada le interrumpe su vida, se alimenta (nutriendo) del humano.

Su trabajo consiste en sembrarlo, como el rencoso, el mentiroso y el calumniador simple pero a mayor escala.

La astucia del Rencor en los Egos humanos es inculta de sus padecimientos. No ha entendido nunca el Bien ni el mal y claro, para el humano es la vida quien tiene la culpa. No el mundo sino la vida.

El Rencor es una inteligencia (energía) del mundo que hace su trabajo en los Egos humanos. Es uno de sus <u>Yo es</u>. El temor, el miedo, la mentira y el rencor van de la mano para destruir al humano y no dejarle que encuentre su vida: Alma.

En el ser humano vive su Bien como su mal. El bien debería pensar que es el mal de la otra persona quien le va dejar ese rencor, -la mentira, la calumnia y la traición- y no hacer caso de ella o de él: es su mal y por tanto no puede filtrarse en sus mundos, aunque a alguien le provoque darle una paliza. Es su mal y reírse para su interior. Y decirse por ejemplo: ¿ésta o éste que piensa que va a vivir de mí? Porque ahí están los millones de personas que viven de él y no lo solucionan porque desde luego no se han parado a pensar en esa astucia. El Rencor es del <u>Mal del mundo</u> porque al cumplirse los años utilizado por el, ya no es el Rencor quién se encuentra en sus mundos internos sino el Odio o la Ira de sus venganzas. Se ha alimentado lo suficiente para que el Odio haga mella en él y por consiguiente deteriore algunos de sus órganos que se encuentran en los mundos de su materia. Desde el mental hasta el sexual. El Odio ocupará un lugar preeminente de acuerdo al trabajo que lo destine. El Rencor simplemente le abrirá la puerta. Tantos años viviendo del humano se alimentó lo suficiente para crecer en maldad. Su Ego se ha formado a imagen de él y el Alma se encuentra encarcela dentro de las energías de su mundo incapaz de resolver el daño que su ignorante Ego la ha situado en el mundo del mal. Tarde o temprano las enfermedades harán su aparición en la materia, visitará al médico y éste le diagnosticará una dolencia pero el humano no se cura su Odio; al tiempo le vendrá otra y así hasta que la materia no aguante más y fallezca por algún sufrimiento. Un simple Rencor lleva al humano al hospital. Como es lógico le acompañan el temor y el miedo, tendrá que buscarse otro especialista, porque su médico le dirá que su enfermedad es sicosomática, cuando no aparece ningún mal en su organismo, ni en sus análisis. Pero la o el rencoroso es un adicto a las sensaciones que vive su cuerpo (peor que un drogadicto) y ella o él piensan que son el mismo. Que desgracia. Ya podrá tomarse las pastillas que le mande el doctor que no se curará jamás hasta que comprenda al Rencor y lo aparte de su materia. La única solución es el perdonar. Aquí está el mejor medico que es de su Alma. Perdona al mal y éste se apartará de ti. Incluso ora por el que lo provocó en tú desconocimiento. Sentirás un gran alivio en tú interior. Quizás vuelva al tiempo, debes sonreírte y decirle al recuerdo.

Ah, pero vuelves. Mira que eres pesado. Piensa que es el mal y no puede entrar en tu Bien para robarte tu "Luz" del Alma o las energías vitales de tu mundo.

El Rencor es hijo del Mal y éste no quiere (así se expresa) que lo descubran. El gran mal que gobierna al mundo que vive del atraso de su Ego en el conocimiento de si mismo tiene miedo que lo reveles porque se apartará de tu materia. El que tiene el miedo es él y éste lo lleva a los humanos en general para vivir de sus energías. Llámense Rencor, Odio, Ira.

Así pues tenemos cuatro pensadores en nuestros mundos internos sujetos al Ego en la materia. Ellos piensan como todos los demás, iremos viendo por y para sí mismos. Los dos primeros: el temor y el miedo nos vienen del Reino animal y el tercero es de este mundo como el cuarto el Odio, y el quinto: La Ira. Qué de astucias emplean en nuestro pensamiento sujetos a la memoria de un pasado no muy lejano. Ellos piensan -repito- para sí mismos: continuar viviendo de las energías del humano. Ellos como es lógico monopolizan nuestras facultades: la memoria y la ilusión primero porque son del humano para crearles las imágenes que les interesan; la fantasía es producto del ser humano.

Este escrito es para demostrar que la Voluntad no se puede desarrollar a través del Ego. Ni el temor ni el miedo inicio de nuestro mundo animal. Es igual que tiráramos barro sobre la pared cuando se seca se caerá por sí solo.

En mi primer libro viene más extenso todo el proceso del Ego en el mundo que vive y es el de la tierra.

Imagínense al Orgullo que les puede llevar a la Ira y por consecuencia también al hospital pasando primero por los diferentes médicos para atender todos los padecimientos.

Como la mentira. Por ese camino le acarreara la falsedad la hipocresía y al Cinismo. Entendemos también que estas energías no solo piensan, actúan en un momento determinado siendo muy violentas por defenderse del mal hecho para encubrir su supuesta verdad. Enfermo está el que se cree la mentira y además la defiende.

Como el deseo natural animal-humano por infringir las Leyes viven de la Lujuria, también visitaran al médico principio de la enfermedad porque siguen pensando que es un hecho natural en el humano, terminando posteriormente en los hospitales. Perdiendo su existencia y llevados al cementerio. <u>Al Ego siempre le molesta entender que detrás del placer le viene el dolor.</u> El Ego no comprende que está usurpando la casa de su Alma y quiere hacer lo mejor para el. Además en el fondo no cree que eso ocurra de esa manera. Le vienen unas molestias por causa de los virus que pululan por ahí, nunca es culpa suya. Es igual que si usted invita a su casa a un viejo amigo y éste no respeta su casa ni a sus familiares ni vecinos destrozando su hogar en el tiempo y todavía se queja de que usted es un mal amigo cuando lo eche fuera por no hacer su voluntad.

Vemos que todas las energías del mundo piensan por y para sí mismas, como he escrito y el Alma nada tiene que ver con ellas.

También están escritas las Virtudes del Alma para formarse como seres humanos espirituales con cuerpo propios, motivo de la Creación. El Alma la gobierna su *Entendimiento, Memoria y Voluntad*. Pero llegar hasta ahí hay que desarrollar la Sinceridad primero junto a la Paciencia que también piensan del Conocimiento que su Alma ha adquirido por medio de los tiempos que ha vivido en sus diferentes materias hasta hoy en día.

La Voluntad del Alma sí puede vencer con la ayuda de su Espíritu al temor, al miedo y al pánico porque un Fuerza Superior (El Amor de su Virtudes) domina al Alma en su Materia; jamás harán su presencia en su cuerpo porque temen a la "Luz" dada por Cristo en cada Virtud. Esta es la gran disconformidad de la

Voluntad y la obstinación del Ego que realiza desde el deseo el centro de su vida que comprende cuando tiene voluntad o carece de ella, pero el humano no es consciente que está refiriéndose a Ella: Su Ego la llaman voluntad. Es igual -explicado en mi primer libro- cuando confundimos mundo con Planeta. Hablamos del Planeta y pensamos en el mundo y al mundo como al Planeta. Confundimos a la vida con el mundo; es decir: culpamos a la vida de lo que no conseguimos, o perdemos, pero jamás al mundo, a su gobernador que es quien esclaviza (con los errores, la negligencia y el pecado) al ser humano.

Como es lógico suponer dentro del ser humano está la carga de las leyes sociales de su país: sea una dictadura, una democracia, la religión imperante y si hay libertad de culto cada cual podrá elegir la mejor para su inteligencia o lo que el humano comprenda que posea más verdad de lo que el busca para sí. Como comprenderán no somos iguales aún perteneciendo al mismo régimen y a la misma orden religiosa. Pertenecemos a ese sistema político o no, participamos y concernidos a ese orden religioso también. Pero lo que no cabe la menor duda es que algo nos falta si miramos el problema político como el religioso. Del político es la tremenda diferencia social que hay en todos los regímenes y de la religiosa es la falta de seguridad -aunque digamos que creemos- el temor y el miedo -están en nuestro carácter- seguirán acompañándonos durante todos los días de nuestra vida; amén de la falta de paciencia en algunas circunstancia; hablar u opinar sobre alguien porque no realiza su vida de acuerdo a lo que ve en las diferentes iglesias. Cumplen con los ritos pero a partir de ahí en la calle son un poco diferente a otras personas, con las debilidades que presumen de ellas o se quejan consigo mismos del mal proceder también en un momento determinado. Y así siempre. Nuestros hijos van haciendo su opinión referente a lo que decimos y hacemos quedando ante ellos como unos hipócritas redomados. Somos en el interior lo que vemos de nuestros padres porque hay que cumplir que al morir nos vamos todos al cielo.

Esta generación está encadenada porque no cumplen con las Enseñanzas. No hablo por hablar, en este caso escribir. Nos lo podemos demostrar. No voy hablar de los dirigentes de la iglesia católica. Hablemos de los evangelistas. ¿Por qué no es una sola? ¿Tienen la misma Biblia? ¿Qué les separa? Si todas afectan al cuerpo de Cristo, ¿Qué razón hay para separar los miembros de su Cuerpo Celestial? No lo entiendo, desde luego, ustedes sí lo sabrán. ¿Qué clase de política humana del Ego les desvían? ¿No serán iguales que los dirigentes eclesiásticos que temen más a Satanás que a Nuestro Padre? Porque todavía estoy sorprendido que un matrimonio Presbiterano deje de seguir a Lutero bautizándose en la iglesia católica. El protestantismo nació cuando Lutero fue a Roma y vio a los papas en la Lujuria que estaban metidos y casi le cuesta la vida por separarse del clero romano. ¿Cómo pues ahora al cabo de los siglos se crearan tantas religiones del evangelio? La ignorancia de los dirigentes que parecen más a diablos que cristianos con sus Codicias de ser alguien en el mundo.

¿Dónde se encuentra la Iglesia de Pedro en el mundo de este Planeta? La católica comprendemos que no lo es. Porque ellos se basan en María inventándose toda una historia increíble, casi desmintiendo las Enseñanzas de Cristo. Incluso Cristo hace la separación: *"¿Quién es mi madre y mis hermanos?"*. Además todos los cristianos saben que dijo: *"Yo Soy el Camino, la Verdad y la Vida y nadie va al Padre sino es por Mí"*. Apartemos pues, a la católica.

¿De todo el evangelista-cristiano dónde se encuentra, repito, la Iglesia de San Pedro?

A mí particularmente me es igual, no pertenezco a ninguna religión de este mundo. Pero vamos a la Enseñanza de Cristo. ¿No le dijo Cristo a Pedro -después de su revelación- que él sería la cabeza de su Verdad (Iglesia)? *¿Con Poder de atar y desatar tanto en la tierra como en el Cielo?* Me pregunto, ¿qué poder tienen ustedes, aún juntos, millones de seres humanos que se llaman cristianos de este Planeta para tomar una decisión (<u>atar y desatar</u>) tan importante sobre cualquier hecho del mundo, incluyendo a los humanos? ¿No sienten ustedes una gran responsabilidad ante Nuestro Padre que está en los Cielos por usurpar sus Enseñanzas y utilizarlas para sus intereses y codicias de creerse importantes, sujeto a las leyes que Satanás ha dictado en su mundo desde la Mentira hasta la lujuria? Esto mismo viene haciendo la iglesia (secta) católica hace 1.700 año. Vino Lutero a tiempo para descubrir la astucia maléfica en la cual vivía el papado en su mundo de poder terrenal y lujuria, ¿dónde estarían los evangelistas? ¡Los Protestantes! Ustedes vienen permitiendo a la iglesia católica (secta) que continúen con el engaño a la humanidad. Ustedes llevan muchos siglos sin ser calientes ni fríos, viven de la calidad sin mojarse en ningún sitio, como seres que lo han obtenido todo sobre la tierra. ¿Qué valor tienen ustedes si se comparan a Lutero en su tiempo? Ustedes generalmente viven en democracia, Lutero sufrió la persecución de la dictadura eclesiástica romana, que le pudo costar la vida. ¿Cristo por qué murió o lo mató el sanedrín? Por traer la "Luz" de su Padre y las Enseñanzas de Él a un mundo de tinieblas. ¿Ustedes que han hecho durante estos siglos? Vivir del cuento como están aún disfrutando los católicos con sus mentiras y falsedades de Cristo y ustedes se lo están permitiendo. Ustedes no conocen ni la Verdad ni el Amor del Padre Eterno. No dicen que la Espada de Cristo es su Palabra. ¿Ustedes que han hecho con las suyas durante siglos? ¿Permanece envainada? ¿No tienen el Valor para desenvainarla y denunciar todas las mentiras que durante siglos permanecen en las mentes de los humanos? ¿Para qué son o se llaman cristianos? ¿Una forma de vivir en este mundo? ¿Qué les impiden a ustedes reunirse y poner solo un nombre? A los testigos de Jehová también los dejaremos fuera como a los católicos, no porque no lleven sus enseñanzas que son las del Antiguo Testamento, (igual que ustedes) pero tampoco Respetan ni Aman sus Mandamientos. No respetan a las familias porque algunos no crean en ellos. Incumple también la Enseñanza de Cristo cuando dijo: "¿Qué sabes tú mujer si con tú comportamiento salvarás a tú marido y a éste le menciona lo mismo?". Aquí sujetos a Satanás cada cual hace lo que le da la gana por aumentar en su bolsillo algunos dólares de más. No son que duda cabe nada ni nadie. Van realizando la voluntad de Satanás antes que la de Cristo.

Para finalizar este capítulo diré que efectivamente la Voluntad de sus Almas -supuestamente evangélicas- no es el centro de sus vidas. Por supuesto las energías que el Ego de ellas les dejan para seguir engañando al Alma. Porque indudablemente si fuera la misma Voluntad, la Enseñanza recibida por medio de la Perfección y Purificación de las Virtudes: la Humildad, alcanzaría la antesala hasta llegar a las Enseñanzas que la Sabiduría de Cristo les tengan preparadas para su aprendizaje; no los nombres en los cuales figuran por separados. Si no hemos aprendido a ser la Voluntad, como pues, podemos Entender estas Enseñanzas.

He explicado cómo alcanzamos el Amor: la vida de nuestra Alma. Todas las Virtudes son las mensajeras del Amor. El Amor es la Voluntad: Conocimiento de la Vida que se aprende en este mundo de maldad. La Sabiduría que puede alcanzar de su Espíritu cuando ha aprendido Las Enseñanzas de la Verdad.

Para alcanzar el Amor haremos la Voluntad de Nuestro Padre, que fue lo que enseñó y practicó Cristo, enviado de su Padre, que es el nuestro para sacar las almas de las tinieblas.

<u>Cada Virtud posee su Justicia.</u> No la podemos emplear sin practicarla. Ella es la guía en cada momento social.

El Amor se va fortaleciendo dentro de nuestra materia, en cada acción que empleemos en un momento determinado que las circunstanciales sociales se nos presentan. Enseguida Entendemos que Virtud es la que debe hacer su Bien. El Amor es quien la dirige.

No rehuir en ningún momento cuando uno ve que se presenta, sino se dan cuenta entonces no sucede nada. Esta prueba no es para usted, quizás para su esposa que le acompaña y si se da cuenta de ello.

Aprenderán de todos los Rencores, Mentiras, Hipocresías, Cinismo, orgullos, soberbias y Celos; Vanidad y Egocentrismos; sabrán diferenciar enseguida donde se encuentra la Codicia y la Lujuria. De ellas la Ira.

El Valor se adquiere con la Sinceridad como está escrito.

Me estoy acordando de una conversación que mantuve hace unos pocos días. Me decía: es un mentiroso peligroso, no hay forma de que comprenda que miente.

¿Por qué hablas con él?

Va a pensar que soy antisocial.

La educación social nada tiene que ver con tú Alma. ¿Se preocupa él de las mentiras que dice? Desde luego que no, ¿por qué razón tienes que escucharle? Simplemente le dices, mira si quieres hablar conmigo se más sincero, no tengo porque seguir charlando contigo: "El Valor de la Sinceridad".

Comprende que es un buen amigo de mi familia.

Claro que lo entiendo, no te exijo nada pero él (el mentiroso) se aprovecha de esa circunstancia para llenar tú Alma de oscuridad, mientras él (piensa) aceptas la conversación. Deja la educación social a un lado y mira más por tú Alma.

Seguro que después me va acusar de cualquier cosa.

Si te acusa de algo no es el mentiroso, es el calumniador. Además hay que tener cuidado con el Hipócrita porque éste es el que culpa o disculpa en los seres humanos. El que disculpa tanto al mentiroso como al hipócrita debe asumir que en él también está viviendo dicha Entidad. Fue cuando Cristo dijo: *"no ves tu viga y estás viendo la paja ajena"*.

Todas las Virtudes necesitan del Valor porque es la Voluntad: "La Verdad te hace Libre". "El Amor te hace Fuerte"

"El Amor es la "Luz" de Cristo en cada Virtud": El Alma.

La Voluntad de todas Ellas juntas forman un solo cuerpo: "Su Ser".

"LAS EMOCIONES"

Estamos acostumbrados a hablar y escuchar a las personas. En algunos sucesos emplean las palabras: Positivo y Negativo. Lo "bueno" y lo "malo" pasó a la historia en un elevadísimo número de personas. Cualquier consejo: "Tienes que ser más positivo"; "Contigo no puedo estar, eres una negativa o un impedimento"; "Sí todos utilizáramos más nuestra energía positiva"; "La vida hay que verla desde un lado positivo"; "Tienes que recargar las pilas"; "Debes vivir la vida, es muy corta"; "Lo único que te llevas es lo que disfrutas de ella"; "A mí que me quieten lo bailado"; etc. Este lenguaje se parece a los emitidos por los seguidores de los extraterrestres.

Positivo y Negativo están a la orden del día. Se emplean para cualquier conversación que nada tienen que ver en ello. ¿Realmente empleamos bien éstos términos? Igual ocurre con la palabra "Perdón". Hasta para pedir permiso, se dice: Perdón. También ocurre con la palabra: Amor. "Hasta éste perro amor", por los canales de Tv de una serie de películas; "Vamos hacer el amor"; se están refiriendo al acto sexual. Etc.

¿Qué significan para los seres humanos ser positivo y negativo? Hablan de ellos como si de verdad lo supiesen. Veamos:

Dentro de la materia tenemos el "Ego" y el "Alma", no todos la admiten aunque estén viviendo gracias a ella. La "Luz" de la Vida: Alma. Es la que nos mantienen vivos, entendemos. Luego tenemos la Energía Vital en el mundo sexual que no proporciona la fuerza en casi todos los órganos, desde el cerebro vegetal; animal; humano y también como no a los seres humanos: Mueven el corazón; los pulmones; etc. ¿Quiénes son las o los que interpretan por "emociones" en circunstancias difíciles de la vida de los seres humanos en la tierra les ayudan a salir adelante en sus momentos duros? ¿Emociones? ¿Facultades? ¿Virtudes? Con sinceridad, ¿qué energía utiliza usted para darse ánimos? La positiva, contestará. ¿Dónde está? ¿De dónde la saca? ¿De la flaqueza del coraje cuando no tiene potencias y se ilusiona, dándose esperanzas para intentarlo de nuevo?

Antes de continuar adelante hablé del "Ego" en la materia; su "Alma" en el cuerpo; Y la Energía Vital del organismo en el aparato reproductor.

Las "emociones" dicen y lo creo que proceden de nuestros ancestros los animales porque observando a los humanos no cabe la menor duda; además, los avances que la Ciencia ha efectuado no dejan incertidumbres al respecto. Incluso se estudian a los animales para comprender mejor al ser humano. Increíble pero cierto.

Entonces podemos afirmar que descendemos del mundo animal. Durante muchos millones de años el humano-animal camina con dos patas. Lleno de ignorancia que el tiempo y su abnegación intelectual le ha concedido llegar lejos en las Ciencias y en las Artes que hoy disfrutamos, menos en el Conocimiento de sí mismo.

Como estoy escribiendo de las "emociones" dejaré claro que el cerebro animal se encuentra en la cabeza del ser humano hoy en día. El ser humano lleva muchos millones de años –lo dije- en el Planeta. Se olvidan y dicen que pertenecen al humano o al ser humano. En un parte es verdad. La realidad es que en la otra (del mundo) viven del ser humano. Lo leerán y lo entenderán.

Antes de continuar profundizando en los versículos evangélicos, continuaré hablando del mundo "emocional" que se encuentra a cuatro dedos del ombligo hacia el mundo sexual. Que duda cabe, el cerebro es el transmisor de las energías acumuladas en ese mundo, que se transmiten –como dije- al sexual y al pasional o mundo afectivo. Se piensa que la mente es el núcleo de su estancia. Sin embargo es el sistema nervioso y el cerebro del muscular, quienes descubren las emociones en un determinado momento.

Vamos a un ejemplo sencillo. La "Mentira". A través de los años -los que se han preocupado-estudian y llegan a la conclusión -por diferentes gestos- quien falsea. También se encuentran los dedos de las manos quienes dirigen su acción al rostro cuando está cometiendo un delito consigo mismo. Como así mismo, sus píes y piernas -no tan estudiado- expresan cuando el sujeto está engañando: Esto en la mentira. Pero, ¿quién trata de descubrir al sujeto? Él, en un tiempo no se daba cuenta que su propio organismo le delataba y en la actualidad realizan cursos para convertirse en cínicos para evitar que les revelen. El hipócrita lo tiene duro como el mentiroso. Pero, repito. ¿Quién en nosotros nos delata? ¿Es y será una fuerza superior al Ego que tiene poder para no sujetarse? Una fuerza en su materia que no permite que ésta su Ego- la ponga en un compromiso. La Vida -Alma- que está en la materia, es para "algo" más importante que interpretar papeles en el teatro del mundo. Cuando no está, la materia no sirve para nada y se entierra. Si no es su Alma díganme ustedes, ¿quién es? ¿Una emoción positiva?

La "mentira" por ejemplo, no pertenece al Reino animal como es de suponer ni a los primitivos de la raza; al cabo de los miles de años las energías del mundo empezarían a germinarles esta astucia convirtiéndose hoy en día en Hipócritas y Cínicos, -como está escrito-. Hasta que llegaron *Los Diez Mandamientos* que Cristo les dictó a Moisés para que la Humanidad evolucionara hacia el Conocimiento de Él.

El "Rencor" también fue otra Energía del mundo que el humano por diversas circunstancias de su entorno empezó a pensar -que era él mismo- y decidió llevar a cabo su justicia en su mundo. Como vemos tampoco viene del Reino animal. Nunca he visto a un animal rencoroso.

El "Egoísmo", la "ambición" y la "Codicia" tampoco son de los animales.

La "Hipocresía" y el "Cinismo" ya escritas: son de los seres humanos hasta hoy. Tampoco son emociones animales pertenecen a las energías del mundo.

Los que "Falsean" tanto la Verdad como la Mentira, desde luego corresponden al ser humano.

El "amor propio" que nunca he sabido lo que significa en el humano, es del mundo, no una emoción animal.

"El que dirán" del ser humano con sus problemas de cobardía por no enfrentarse a unos hechos provocados por él, el que fuere desde el más ínfimo hasta el más prolijo: poder matar a alguien para no ser descubierto en sus astucias.

Podría enumerar bastantes más, como los "Celos", el "Interés", La "Ira", etc. Todas estas energías del mundo mueven al ser humano en actitudes y comportamientos, los cuales no fueron aprendidos por los animales. Es decir: el Alma animal en su evolución antes de insertarse en el Reino humano jamás han padecido de las influencias de estas energías, pero sí del "Temor", "Miedo", "Pánico" y su mundo sexual-procreador.

Bien, para no extenderme observamos que las energías que llaman positiva o negativa: "Inteligencia emocional" dominan a los seres humanos, lo están haciendo porque él se deja llevar por el puro interés de la "Costumbre" comprendiendo en su interior que no está bien lo que piensa, hace y difama: El mundo.

Para poner un ejemplo a nivel político, el presidente del gobierno español "Zapatero" se inventó la palabra "sostenible"; economía sostenible y todos sus seguidores -periodistas y políticos- emplean esta palabra para todo. Media Europa se ríe de él aparte de los españoles.

También el anterior papa utilizó una palabra "solidaridad" e igual que el primero la monopolizaban en todos los medios de comunicación. Ahora como comprenderán ni se oye.

Igualmente ocurre con la palabra "emoción", algún filósofo de la antigüedad o científico la habrá inventado y todo el mundo la utiliza hoy en día como un hecho real -sea cierto en algunos casos o no- pero esconde o tapa la palabra que pertenece al mal del Planeta tierra, sean científicos y religiosos. Como la palabra "positivo" o "negativo", ¿qué significan de verdad? Estas palabras no tienen fuerzas para el Alma humana pero sí para el "Ego" que es suya en todas las mentes de los ciudadanos.

Igual que el ejemplo que les narré cuando acompañaba a mi madre a un prestigioso siquiatra hace 50 años en mi ciudad. ¿Qué le decía a mi madre? Su enfermedad está en sus nervios, no le dijo quien la provocaba para que luchara en contra de esa energía y sus nervios se estabilizaran. Es decir, mi madre tenía enfermo el sistema nervioso. Igual que ahora, utilizan 2,000 palabras para sus diagnósticos y todos terminan diciéndoles que se encuentran enfermos con lo grave que supone para el sujeto pensar que jamás recobrará su salud mental. Son unos inconscientes para robarles la fuerza de la voluntad. Pero estos especialistas y los "representantes de dios en la tierra"", como así todos los dirigentes evangelistas y sectas -envían a éstos- sus seguidores a los siquiatras o sicólogos para que les ayuden, convirtiéndose pues, en correctores de las veredas del juicio. Independiente de la labor de los dirigentes de humanidades. Pero ninguno de éstos guiadores les reprenden o les aconsejan o les instruyen para que no mientan. Tan sencillo. ¡Claro! Es una emoción y no tiene importancia. Así se entiende que vivan de las Tinieblas. Pero el que vive de la Mentira o la disfraza también es un enfermo mental.

Así pues llegaremos a la conclusión que ahora en este tiempo el ser humano depende de tres (3) energías principales. La primera, la "Luz" de su Creador que a través de miles de siglos desde que la insertó en el Reino marino hasta convertirse en ser humano la cual llamamos: Alma. La segunda la fuerza Vital de su mundo sexual o reproductor. La tercera, la energía del mundo con su luz que le lleva –de acuerdo a las leyes sociales- a convertirse en un triunfador o perdedor.

El "Interés", es el que mueve al "Ego" del ser humano para todo en su vida terrenal. La principal energía del mundo. Sino hay interés no se mueve de su casa si lo tiene se levanta a las 3 de la mañana y va a dónde sea. Esta es la Energía que mueven a los seres humanos en todas las circunstancias de su vida, sea un ciudadano normal, como a los dirigentes de las naciones.

Pero los seres humanos también poseen otra Energía: la de su Espíritu. Esta es más brillante que el sol que Cristo los llamó: "<u>Dioses</u>": Su Ser-

Se ha hablado mucho de las emociones; se han escrito bastantes libros; infinidad de conferencias; cursos; charlas para dominarlas demostrando con sus aptitudes y comportamientos estar en mejores condiciones para enfrentarse a la vida social. Así piensa también el Dalí Lama porque le he escuchado.

Las personas se gastan el dinero sin pensar por un momento que para nada les sirven porque viven del engaño por una serie de "listos" en todas las ciudades de los países. Éstos "listos" sean incluso profesionales jamás se han interesado por su Alma, buscan "parches" que tarde o temprano el versado o sus seguidores se verán en situaciones impensables -porque desconocen ese mundo, ni lo han perfeccionado- cayendo en la Ira. Pero cuando todos están juntos parecen ángeles caídos del Cielo, con esa alegría hipócrita demostrando que han descubierto la panacea para sus Egos. El único que se beneficia -para continuar con sus oscuridades- es el Ego dominante de su materia, no la Vida de sus Almas que les mantienen vivos. Un lujurioso puede sobreponerse a su enfermedad porque es él mismo, está en él. La Ira sin embargo puede destruir una nación.

Bien, los únicos que dominan las "emociones" son los cínicos. Lo hacen porque no las tienen en apariencia, hasta que por cualquier circunstancia de su vida, vea peligrar sus intereses (%), entonces saca todo su enorme armamento: la Ira de la Cólera para destruir. El cínico es el catedrático de las "Energías" del mundo de este Planeta. No es ni egoísta, ni ambicioso, porque socialmente -para engañar- hace obras de caridad para que los ciudadanos hablen bien de él. Un político dictatorial o demócrata. Su Ego egocéntrico cree que es un dios indestructible. Al cínico no le hace falta realizar estos cursos porque está por encima de esas estupideces porque él aprendió del mundo como utilizar a la Humanidad para multiplicar sus cuentas bancarias. El cínico interpreta todos los papeles, hay que concederle un "Oscar". Bromas aparte.

Seamos conscientes. Las Energías del mundo, viven del humano ignorante y las desarrollan más en el ser humano desde hace miles de años por la cualidad del "Ser "que vive en él concediéndole la Vida: Alma. Hoy en día comprobamos lo que pueden hacer en contra de la Humanidad y su Planeta -sean los incompetentes como los prepotentes- para sus beneficios.

Cuando Cristo dictó *Los Mandamientos a Moisés* no fue para crear una nueva religión. Como así se aprovecharon los judíos; igual que Cristo, tampoco vino para crear religión alguna, pero claro, llegaron los que hoy se conocen como iglesia católica apostólica y cristiana y todo el linaje evangelistas que han utilizado su Nombre desde antes del Sacro Imperio romano para vivir y negociar con el Nombre de Cristo. Es decir: los judíos vienen con este negocio desde hace 3.500 años y como ustedes saben la católica desde hace 2.000 años si contamos los años de persecución de la iglesia de Constantinopla como está escrito matando a todos los cristianos acusándoles de herejes. Entre los judíos y la católica tienen un contubernio del dios Jehová -como así lo ratificó también el papa- con el dios castigador de los católicos

El papa ha dicho: "Que sanen de una vez las llagas del antisemitismo cristiano". Benedicto XVI. Ya escribiré algo a este perseguidor cristiano.

Los Diez Mandamientos fueron dictados por Cristo, no por Jehová para que los humanos y seres humanos perfeccionaran sus Almas -además gratis- fortaleciéndolas con la Voluntad hasta la llegada de Cristo. Pero los judíos lo ocultaron del pueblo como hicieron los católicos hasta hoy en día y apartar de la Humanidad las Enseñanzas de la Verdad. Por esta razón la "Paciencia"; "Compasión"; "la piedad" y "la Misericordia" se encuentra tan atrasada del Conocimiento de su Alma. Por esta razón cualquier persona sea religiosa o no -de cualquier sistema- piensa de Los Mandamientos como algo retrógrado, inservible. Demuestran con ello que tanto los católicos como los evangelistas están alejados de Cristo.

Si los ciudadanos hubieran recibido Las Enseñanzas de Cristo por medio de sus Apóstoles, hoy en día (2.000 años), las Virtudes estarían perfeccionadas por poner en práctica "La Siembra y la Cosecha" y la Humanidad tendría una gran responsabilidad con su Alma, no como hoy en día que son tan ignorantes que les molestan. Nadie con ese adelanto sería cómplice de ningún diablo reencarnado: Éste huiría de él. (Energías del mundo) "No robarás". Hoy el robo está en las mentes de todos los ciudadanos del mundo. Desde el hombre de la calle hasta los dirigentes de las naciones. A los ciudadanos del Planeta hoy en día se le viene reprendiendo y desenmascarando todas sus astucias empleadas por ellos mismos demostrándose la cantidad de dinero desvalijado a través de los años.

Pero el "Robar" no para en el hecho material, va por lo espiritual. Habría que escribir varios libros solo para hablar del Mandamiento: No robarás. Por ejemplo usted cree y defiende una mentira, está sujeto al ladrón porque la ha admitido. La iglesia católica se inventa la fantasía de las imágenes. Usted las cree hace sus promesas, sacrificios, le pide la sanación de algún familiar, por ejemplo o que su hija la admitan en un trabajo prometiéndole a la virgen éste hecho trascendental para usted. Bien, ¿qué sucede? Pues sencillamente el diablo que inventó por el cerebro de algún obispo o cardenal esa falacia, él está sujeto a sus plegarias -las siente como verdad- pero fue él engañador para robarles su fe, su piedad, su misericordia y hasta el Amor de su alma. Esa es la astucia del gobernador del mundo desde el Vaticano. Ya no matan a las personas con sus mentiras y asesinatos, no hace falta. El Temor y el miedo vive en los subconscientes de la Humanidad crean en ellos o no; su mal está ahí. No saben porque asiste todavía misa. Nunca van a ella pero viene la fiesta de la patrona de cualquier pueblo y hacen increíbles viajes para estar presente. ¿Usted cree que es un comportamiento normal sabiendo que es una invención humana y además va en contra de Ley de Dios?: La mentira.

Sigamos con las "emociones". Las emociones viven del humano y ser humano porque las traen de su Reino animal, pero no todas las energías son emocionales (Reino animal). Las energías del mundo que hoy viven en el ciudadano porque no se han desprendido de ellas. Llevan miles de años en sus Almas porque no han querido aprender la razón de sus existencias y por tanto en su desobediencia están lejos de las Enseñanzas de la Verdad. Por esta razón la Humanidad es esclava del "Miedo" del "Temor" la "Mentira", y la "lujuria". Si las religiones o mejor los conductores de humanidades sean católicos, evangelistas, judíos, budistas, etc. cumplieran la Ley de Dios en su Mandamiento: No robarás; No mentirás, ni levantarás falsos testimonios, hoy la humanidad habría dado un paso importante en sus Vidas. No serían esclavos del "Despojo", la "Mentira" "la hipocresía" y "el Cinismo". La Luz permanecería en sus Almas al ejercitarse con la "Sinceridad": Virtud del Alma y el Valor "en su Voluntad". Pero no, son cobardes, tímidos, engañadores, calumniadores, traidores, etc. , a expensas de la Ira. Esclavos de las energías del mundo, en sus "emociones" aprendidas hace millones de años por desobedientes a *"Las Leyes Divinas"* y multiplicadas en sus existencias por sus errores y negligencias. La Ley de los Profetas:" <u>No le hagas a los otros lo que no quiere que se haga contigo</u>"

Algunos autores y también maestros espirituales -según sus discípulos- dicen que la nueva Humanidad que habitara la tierra son los que dominan las "emociones" por medio de aprender de ellas, sometiéndolas. Jamás se podrán vencer las emociones por medio del Ego, porque el humano y ser humano comprende multitud de "Yoes" en su Ego y cada uno de ellos por motivos sociales diferentes, piensan para sí mismos aunándolos en la venganza.

Es una gran pérdida de tiempo y de dinero. Son enseñanzas de las energías del mundo para apartar -una vez más- al humano y ser humano de su verdadero Camino que lleve a su Alma. La única verdad -mentira- es que protegen y fortalecen su Ego.

A ver si lo vemos más claro. Otra energía del mundo, no animal ni humana ni ser humana es el "Rencor" Como dije ésta tampoco es una "emoción" animal. El Rencor si viene al mundo en el humano o ser humano, significa que no lo ha perfeccionado en su pretérita existencia. De nuevo se encontrará con ella desde pequeño en las relaciones sociales: con sus familias, amigos etc. Ésta de nuevo le acompañará toda su vida. Ésta energía se alimentará de la Fuerza de su Alma (Luz) y de las energías vitales, hasta que ya mayor le destruye haciéndole creer que es él porque piensa siempre como llevar una venganza a no ser que acabe en un siquiátrico. El "Rencor" es otra energía del mundo, espantadizo, invade el organismo del humano y del ser humano dominándole incluso en sus momentos de tranquilidad. Le Basta ponerle un pensamiento de lo sucedido ayer, veinte años o cuarenta años, incluso de personas fallecidas, para obligarle a servirse un Whisky o encender un cigarrillo dando un paseo por la casa o salir de ella para buscar a cualquiera con quien hablar para olvidarse. ¡Qué tremenda desgracia para el ser humano al creer que quien piensa es él!

Y, para no extenderme mucho, conocen: "el que dirán"; "el Orgullo"; "la Soberbia"; "la Vanidad"; lo que llaman el amor propio, que es el "Egoísmo" de su "Interés"; los "Celos"; la "Envidia"; la "Ambición"; el "Odio"; la "Ira"; todas éstas palabras en el humano y en el ser humano, como la "Mentira"; la "Hipocresía"; y el "Cinismo" -ya escritas- conforman el Ego. Son sus yo-es. Es decir: su personalidad social. No la Personalidad de su Alma o Espíritu. Bien, todas estas energías son del mundo gobernado por Satanás. No son emociones animales en el ser humano. Las emociones que dominan al ser humano y vienen de sus ancestros el Reino animal, son el "Miedo" y el "temor" aún hoy en día más fuertes en el humano que su verdadera existencia: el Amor. Hablan del Amor como si lo conocieran, pero no es verdad. Ningún religioso de los miles de millones que hay en el mundo de este Planeta conoce el Amor. ¡Qué desgracia para el Espíritu! Y el papa hace un llamamiento para que el cristiano sane las llagas del antisemitismo. ¿Pero, qué cristiano? Si usted no lo es, ni su Curia romana lo ha sido nunca. A quien quiere convencer de su religión anticristiana. Serán a los miles de millones de fanáticos, que ustedes les han robado la candidez. Si usted Benedicto XVI., dice que el Amor es un "misterio" y permite que le sigan llamando "santo padre", ¿santo, de qué? ¿Es que usted no se ha enterado todavía que en su religión no tienen una Enseñanza de Cristo? El Amor al prójimo brilla por su ausencia, aún dentro de sus misas. ¿Cumplir Los Mandamientos de Cristo? Para qué, es una pérdida de tiempo. El anterior papa creó sus 100 mandamientos de hombres. Buscan el Amor de Cristo, pero tampoco se preocupan de poner en prácticas las Virtudes del Alma. Además como usted, quiere ser -según su vocación- padre del mundo. ¿Es que tampoco sabe que el padre del mundo Satanás ya ha ido juzgado, después de la muerte de la materia de Cristo? ¿Qué hablan sus sacerdotes y Obispos en Semana Santa? *"Tanto se apasionó por el hombre que se hizo uno de nosotros"* o *"Con esta Vida que ha vencido a la muerte"* Ya leerá los versículos de su Biblia para demostrarles que de Cristo ni idea. Por tanto, ¿Es que, quiere usted relevarle en el cargo? Difícil lo tiene porque el tiempo es corto y según Pedro -que Ud. tampoco cree en Él- todos pasaran por el fuego. Me parece oír sus carcajadas malignas. ¿Ha llegado usted a comprender por qué cierran las Puertas al Cielo a la Humanidad? Ni entran ustedes y tampoco dejan que los otros se incorporen. Ah, sí claro. Hacen la labor del diablo. Pero ustedes no son muy diferentes a los evangelistas, a los judíos que tanto les ayuda. ¿Le parece poco lo que han hecho después de Moisés hasta ahora? La Justicia Divina sabe que hacer con ellos, no hace falta que Ud. interceda. También va por el mismo tortuoso camino de las Tinieblas. No se preocupe Ud. Va detrás. ¿Le parece bien que hayan ocultado las Enseñanzas de la Verdad de Cristo? ¿Está contento? Pues el mismo que le dirige a usted es el que creó el Sistema: Sacro imperio romano. *"Satanás, padre de la mentira y homicida desde siempre"*.

Cristo le dijo a Moisés que escribiera *Los Diez Mandamientos*, no Jehová. Uno de los Mandamientos, dice: "No matarás". ¿Le cuento su historia -que llama Ud. cristiana-como bendecían los cañones hasta hoy para que mataran al enemigo? Siglos bendiciendo armamento para matar a otros seres humanos. Usted es un mentiroso -como todos los papas- engañando a la Humanidad. Pero sigamos hablando de los judíos. ¿Qué hicieron los judíos? El pueblo elegido por su dios castigador y homicida. Cambiaron el Mandamiento por "el ojo por ojo y diente por diente" Así 3.500 años hasta hoy. ¿De qué se quejan los judíos? y el papa los defiende para que sus cristianos olviden. ¿Olvidan ellos? No, porque siguen matando. Además lo oscurísimo es que aún hoy no reconocen que mataron la materia de Cristo. Y, lógico como usted tampoco "cree" en Él, pues a seguir viviendo de la ficción de unos y otros. Por esta razón de la mentira: católicos y judíos, evangelistas y testigos de Jehová, budistas y Krisnaístas etc. Van a la guerra a matar o morir en el intento. A los difuntos, unos y otros los envían al Cielo. Partida de "iletrados" del Alma.

Continuando con las mentiras; vemos claramente que las energías del mentiroso invaden todos los pueblos y ciudades del Planeta tierra a sus anchas. Es un inconsciente -creador de mal- desde que abre su boca. Es un irresponsable con su Alma, porque recogerá más pronto que tarde la siembra de su "lengua". <u>La mentira es una emoción</u>. El humano y el ser humano que viven en nuestras ciudades en algún tiempo la aprendió y al no corregirla la trae su Alma como algo natural en "ella" o '"el". Por esta razón, todos los seres humanos cuando mienten "algo" en ella o él le hace sentir sin Palabras que está engañando. Sino se responsabiliza consigo mismo la llevará encima cubriendo la Luz de su Alma hasta el final de su existencia. Debe comprender que el Alma (Luz de Dios en él) jamás adulterará y morirá incluso por defender una Verdad como le han sucedido a millones de personas en las Ciencias y en las Artes a través de sus existencias. Como todas las que mataron la iglesia de Constantinopla y la iglesia católica y romana y la católica-cristiana, también la de Lutero. Aquí nadie se queda corto, con su dios vengador de los judíos.

La Ira, es más peligrosa que el Orgullo, la Soberbia y el Odio. Ésta es otra "emoción". La Ira no tiene sentido común ni de lo bueno ni de lo malo. Es peor que el Odio -repito- realiza su venganza sobre las supuestas gentes buenas y ruines; él los considera así y también sobre quien quiere defender a la supuesta víctima. La Ira es una energía del mundo -como la del Odio- porque sienten el "placer" de la lujuria impulsada por ésta se aparta del deseo natural del mundo animal. Sean las energías que fueren del mundo que viven en los humanos y seres humanos se vencen respetando y amando *Los Diez Mandamientos*. Sin embargo, el "Miedo" y el "Temor" se dominarán con el Amor. Porque el Amor es el mago Divino que vence muchos obstáculos.

Para finalizar, ¿ustedes han pedido perdón a los judíos a la persecución que los sometieron por Europa y llevarles a las hogueras? Desde luego que no. ¿Se han arrepentido de todos los asesinatos cometidos por su iglesia católica apostólica y romana? ¡Que va, ustedes están por encima de las Enseñanzas de Cristo! Satanás, ¿cómo va a arrepentirse y pedir perdón? Es mejor que cierre la boca.

EL "SER"

Como hemos venido leyendo poco a poco, las religiones que han existido en otros tiempos, han desaparecido. Las que continúan en este siglo dentro del mundo de este Planeta, jamás han Enseñado como alcanzar el Conocimiento del Espíritu y menos incluso llegar al Alma. Todos los seres humanos de esta inmensa Humanidad, excepto unos pocos, se han preocupado de <u>Reiniciar</u> su Camino en busca de la Verdad y de la Vida: El Amor. Así va la ciudadanía mundial esclavizada al placer y al dinero. Al dinero por el placer. Al placer en la materia, sin creer en el Alma, que debe de conocerla, porque la Vida se la está concediendo su Espíritu.

La Creación en Esencia Divina que a millones de milenios el Padre Creador de Universos impartió en este Planeta en el mar. Su Esencia Divina ha recorrido todos los Reinos sin ninguna dificultad hasta llegar al humano. Desde ese momento él es el responsable de su Vida porque está dotado de una razón y de un sentido común en evolución de Alma animal a Alma Celestial con su <u>Entendimiento, Memoria y Voluntad</u>. La Fuerza de estas Virtudes debería haberlas recibido el Alma por medio de los tiempos; los Dones de su Espíritu en su Libre Albedrío haciendo la Voluntad de Cristo en su Enseñanzas para trabajar en un mundo de maldad por Él. Por muy rico que el ser humano viva ahora en el Planeta comparado a su Espíritu, no es nada. Usted morirá siendo millonario pero para su Espíritu que lo ha estado cuidando desde que nació por primera vez, -ni se sabe cuántos miles de siglos tiene su Alma-, habrá muerto pobre, sin "Luz"; continuar su Vida en cualquier Planeta más atrasado que el nuestro; empezando de nuevo su evolución o por el contrario si es, su última existencia de su Ciclo Planetario habrá desaparecido, no existirá más.

Permaneció en otros tiempos sobre la tierra y está en el hoy; ahora vive dentro de su materia; convertir su cuerpo de carne y huesos a la "luz" de Cristo en la purificación de sus Virtudes que alcanzó en edades pretéritas y en la época actual continuar su lucha en el astuto mundo de maldad que lo quiere atrapar.

Las Virtudes y los Dones son de su Espíritu. Del sacrificio y anhelo para cumplir como hijo amado de su Padre Creador de esa Esencia Divina que el humano ha ido convirtiendo en Alma posteriormente, y de ésta a su Espíritu haciendo la Voluntad en las Enseñanzas que Cristo trajo a la tierra, como a cientos en otros Planetas en evolución. Transmutar su Alma animal a Alma Celestial y ésta Espiritual a *Imagen y Semejanza de su Creador*: Dios, Padre de la Humanidad.

Son muchas las vicisitudes que el padre de familia a través de todos los tiempos ha tenido que sortear o sucumbir por las presiones a las que ha estado subyugado por las leyes sociales y religiosas de cada época en sus lapsus, transmitiendo malas conductas a sus hijos, éstos con los suyos sucesivamente hasta llegar a la sociedad actual.

Obligado por su deseo natural de animal a hombre ha recorrido muchos períodos de su larga Vida fragmentado por los tiempos sin Obedecer y por tanto Entender a su Alma, aún creyendo en su religión. A través de los siglos, ha estado supeditado al Temor y al Miedo de su ancestral Vida como Alma animal y muchos millones de siglos siempre ha vivido en él como humano o ser humano, (para entendernos) pero jamás ha alcanzado su Alma Celestial, sujeto a las leyes de este mundo que siempre le ha inmovilizado al interés en su comportamiento humano. Es decir: el deseo, el temor, el miedo, la oculta Ira y el interés han sido los pilares para construir su casa sin fundamento para su Vida en el Planeta tierra.

El Mal, Gobernador del mundo lo viene esclavizando porque ha desoído la voz de su Alma y los millones de requerimiento que su "Ser" siempre ha estado a su lado para que encontrara su Camino. Ha perdido la razón de su Vida al nacer en el Planeta tierra para evolucionar. El Planeta tierra presidido por las energías de la maldad; es quien lo dirige en el mismo y él lo visita para superarlo en su Alma y posteriormente en su Espíritu; las pruebas que se verá sometido para su progreso en la evolución de su Alma o Espíritu. Se nace desnudo y se muere igual, aunque otros humanos nos vistan. Pues de este nacimiento material y finalizar de esa manera, no es igual lo que ocurre a su Alma: Se nace vestido (la Luz de su Alma) y se muere con el cuerpo que su Ego creara. Ha perdido la Carrera de su Vida por fijarse en la ilusión de su "Ego" de que nacemos aquí para triunfar y saciar la materia que en sí está difunta sin Vida (si ésta no está en él) y muertos para la Vida del Alma y del Espíritu, aunque se tenga la materia.

El que piensa así es su Ego humano, no su Alma. Es una astucia de millones de ellas, que Satanás filtra en los mundos de los seres humanos para mantenerlos entretenidos a su mundo de espejismos, mientras él se va alimentando y recobrando la luz de las Almas, para emplearla en su mal posteriormente: la Ira de su violencia. Destruir todos los Reino, (incluido el humano y el Planeta) utilizando los Egos de los hombres, en ese afán de creerse más inteligentes, cuando dicha energía en la inteligencia de su Ego es la de él: Satanás. (El mundo).

"El Ser" aliento Divino.

A través de los siglos el "Ser" ha dado su "Luz" a su Alma o Almas para que nazcan en la tierra como humanos, para que Ellas se conviertan en Seres Humanos dependiendo de la Obediencia, la Integridad, Voluntad y Humildad de ésta a la Sabiduría de Él. Cuando el Alma ha llegado a la evolución, se inserta en el Reino humano y aquí es cuando su Espíritu se hace cargo de Ella o Ellas para que conozca Quién le ha concedido la "Luz" de Vida.

En la tierra se habla de Almas Gemelas pero muy pocos conocen la raíz. Los son, porque han nacido del mismo Espíritu. Por eso no es lógico para el Ego que nazcan en diferentes sociedades y alejadas una de la otra, (a miles de kilómetros) dos personas se parezcan físicamente. Estas son Almas Gemelas. El Espíritu puede ser responsable de una, dos, veinte Creaciones de Almas para que hagan su Voluntad. Igual que el Padre de familia humano puede tener un hijo como veinte hijos.

Es triste que hayan transcurridos tanto siglos y los que dirigen a los hombres en las diferentes religiones, todavía no conozcan a sus Espíritus. Como el papa Ratzinger que sin conocer al suyo le digan santo padre y el naturalmente lo permite por falta de Humildad. Así todas las religiones de la actualidad. No conocen a sus Almas ni a sus Espíritu y se lían en conversaciones sobre la Verdad, (que tampoco saben como llegar a Ella) viviendo de la mentira; ni siquiera saben -repito- quiénes son sus Almas. El mismo comportamiento que tuvo Jacobo y Juan cuando le pidieron a Cristo que eliminara la ciudad con el fuego del Cielo. Esto es lo que han hecho los creadores del sistema católico que todavía dicen que son cristianos. Una vergüenza.

Los evangelistas por separados llevan una estructura, una jerarquía, cuando deberían tener Una a la Cabeza con Doce Profetas de la antigüedad, para solucionar cualquier problema por ser los más ancianos en la categoría de las Virtudes –no en edad terrenal- y dones de sus Espíritus. La "Comunidad de Pedro en la tierra": "*Venga a nosotros Tú Reino*".

Cuando el Maestro Enseñó: "*Dónde hay dos o tres reunido en Mí Nombre Yo permanezco entre vosotros y si Yo no estuviere enviaré a uno de mis Mensajeros para que oigáis las cosas que deban Conocer*".

Su "Luz" le decía que profetizara porque al final de los tiempos pocos creerían en Él. Dejó en sus *Bienaventuranzas* los pasos a seguir para que los cristianos comprendieran de acuerdo a su carácter en dónde se encontraban en cada una de Ellas al finalizar su existencia.

Él Entendía que la materia es débil y pocos seres humanos serían responsables de sus Vidas porque el humano no se ha hecho a sí mismo. Le han dado la Vida para que aprenda de la Sabiduría de Quien le Creó y prefiere rendir halagos y pleitesía a quien no le da nada, sabiendo que al final se la quitará por llevarse por lo que el comprende que son los deseos de la materia.

El que quiera conocer desde su Ego a Quién le ha Creado debe aprender su Verdad purificando las Virtudes de su carácter. Porque las Virtudes son las que Enseñan las verdades del Amor: Creación Infinita.

Las Virtudes despiertan el Entendimiento (Inteligencia del Alma) para que deduzcan la gran astucia del mundo; andar con cordura como hijos de Luz en este Planeta.

Profundizando un poco más en la charla que mantuvieron Jacobo y Juan para que fuera castigada esa aldea con fuego Divino, Jesús les respondió: *"vosotros no sabéis de que Espíritu sois"*. También está escrito en las Escrituras: *"todo lo que nace de la carne, carne es; y todo lo que nace del Espíritu, Espíritu es"*. Significa que los seres humanos que consideren poseen sus Espíritus y viven en el mundo de este Planeta, reflexionen un poco y piensen que a sus Espíritus les sucedió igual en los miles de millones de años para convertirse en mensajeros de Vida a sus Almas. Es decir: Los Espíritus (con sus nombres) fueron Creados igual que el humano en otro Sistema Solar hace mucho tiempo. Vivian como Almas en esos Planetas, como nosotros lo hacemos en este. Ellos recibieron la Vida como nosotros la tenemos de Ellos. La única razón de nuestras Almas en su Entendimiento: convertirse en algún tiempo venidero en Almas Celestiales y en otro futuro en Cuerpo Espirituales.

La Humanidad está muy desorientada con las creencias de hombres, astutos del mundo del Planeta, llevados por sus Egos confunden a la civilización de creencias inverosímiles para sus Almas. Como es lógico suponer aquí, en este Planeta hay una guerra continua para ver quien se lleva a las Almas. Por un lado toda la humanidad terrestre está Creada por el Padre del

Universo que nos hace vivir en este Planeta en el Libre Albedrío. No somos esclavos de nuestro Padre que nos concedió la Vida: Tenemos "El Libre Albedrío". Por el contrario, Satanás o Lucifer no concede la "Luz" a nadie, a nadie; antes la roba de las Almas para cubrirse él como resplandor de Luz. Satanás o Lucifer no tienen poder de Crear nada, sino el que le da su luz (tinieblas): Destruir, demoler al ser humano y al Planeta con la mentira, la hipocresía, el cinismo, la codicia, los crímenes, la Lujuria en las mentes de los seres humanos, una vez astutamente posesionados de ellos les hace sentir que son ellos mismos -los seres humanos- que están haciendo su voluntad, sin conocer la misma: La Voluntad de su Alma.

Por todo ello para saber si tengo razón o no, es sencillo. Yo, como ser humano estoy hablando. Fui igual que todos los que creen que Satanás es más importante, no porque creyera en él, pero sí me iba dando cuenta (de su existencia) por el mal ejemplo de la Curia Romana de mí tiempo (38 años). Por estas razones, uno es responsable de su Vida como lo fui yo. ¿Seré subordinado de quien crea, o podré mantener mi Libre Albedrío de lo que conozca? Fui un libre pensador en otro tiempo de mi juventud y continúo siéndolo desde el momento que aprendo algo importante para mi Alma y Espíritu e indago para conocer la Verdad que "vislumbré" sin más requerimiento que mi fuerza de Voluntad (las Virtudes de mi Alma) y la Humildad que me acompaña. A ver si ustedes que siguen otras doctrinas, de verdad son mujeres y hombres; cumplan con **Los Diez Mandamientos de Dios y Purifiquen sus Virtudes**, a ver quién se lo impiden: El Padre Eterno o Satanás. Comprobaran por ustedes mismos de quienes son esclavos.

Otra forma de Entenderlo: los seres humanos poseemos dentro de la materia -el Ego, el Alma y el Espíritu-, el Ego es del Mundo, el Alma es de nuestro Espíritu y éste es de Nuestro Padre Quién lo Creó primero como Alma y de su evolución se Creó su Espíritu. ¿Cabe en algún sentido común por muy evolucionado que esté, que Él, el Espíritu, va a responsabilizarse durante milenios cuidando a una o diez Almas para llevarla a la esclavitud? El Espíritu enseña la Sabiduría de lo bueno para alcanzar (la "Luz") de la Paz. Satanás guía a lo malo, para esclavizarlo al Rencor, la Mentira, el Odio, la Ira y la Lujuria.

Sin embargo el Ego sujeto al mundo de este Planeta no le importa llenarse de Orgullo (por ejemplo) para vivir de los mundos en su existencia. Al cabo de los milenios convertirse en diablo al servicio de Lucifer o de Satanás. Pero, ¿ha sido él? ¿Su Alma? Naturalmente que no, no ha vivido su Libre Albedrio, sujeto a los caprichos del Orgullo y la lujuria de Lucifer en su Ego; ser animal llevado por sus instintos primarios que ha desarrollado como inteligencia. Cuando finalice su existencia por desobediente será destruido, no existirá más. Satanás y Lucifer continuaran hasta que el Creador de Universos se lo permitan; pero ellos como seres humanos indisciplinados durante milenios, (Ciclo Planetario) sus Espíritus los exterminarán como creaciones suyas. Ellos mismos (las Almas) serán los jueces de su propia destrucción.

No conocerán jamás la Sabiduría de la Creación de los diferentes Soles y Planetas de los Universos. La Vida de sus creaciones. La "Luz" del Creador de Universos en cada una de ellas. La Vida de la Creación no es igual que la Vida suponemos (desde la ciencia de la tierra) exista. Porque éstos mismos científicos están limitados a la lógica de sus investigaciones, apoyados por sus Egos en evolución, no al Entendimiento de sus Almas en las investigaciones científicas. En otros ciclos (millones de años) también han alcanzado el adelanto científico que hay hoy y fueron mayores (en sus épocas) en otros tiempos. Pero la evolución en el ser humano vuelve a repetir lo mismo o parecido. Está demostrado que antes de los actuales seres humanos había otra civilización en este Planeta u otras, de otros tiempos. Por ahora somos los últimos que pisan esta tierra, llamada por los humanos: Tierra. Ustedes que piensan que los diablos o Arcángeles, nacen así, con esa categoría de unos y otros. Están equivocados. <u>Los diablos y los Arcángeles no nacen, se hacen</u>. La larga Carrera del Alma no ocurre solo en este Planeta, se vive en la inmensidad del Universo viaja siempre bajo la Autoridad del Padre Creador aprendiendo Las Leyes y Enseñanzas que el Eterno marca a cada una bajo la responsabilidad de sus Espíritus para su perfeccionamiento y acercamiento a Él. El Planeta tierra no es el más atrasado en su evolución hay otros inferiores a él, donde sus habitantes están buscando también la Luz para progresar. Como hay otros Planetas que se entienden los infiernos para las Almas que transgrede la Ley de Dios sistemáticamente. Como los Planetas también evolucionan hasta que desaparecen del Universo, pero no su Energía de Vida. A la tierra no le queda mucho tiempo de Vida. Tendrá que evolucionar dentro de poco para transformarse con otro sistema de Vida para la nueva Humanidad, pero después desaparecerá de nuestro Sistema Solar. Pero la nueva evolución de la tierra no será igual que la que conocemos. La larga interminable de enfermedades que padece provocadas por los hombres; la destrucción masiva del Reino Vegetal, animal y humano; la destrucción de la capa de ozono, provocará que el día menos pensado la atmósfera se convertirá en una enorme llama de fuego calcinando todo o lo que queda de los Reinos de la naturaleza. No soy catastrofista para los Egos que leen, ya ocurrió hace tiempo, no más de 12 mil años que la Humanidad vivía igual que nosotros. Llegará el tiempo (solo Dios lo sabe) que finalizará esta evolución para la Humanidad terrestre. Aquí como vemos no hay respeto ni en los conductores de Humanidades sean políticos religiosos; políticos de naciones; políticos económicos. Esta humanidad no se respeta, Solo matan a sus hermanos por ideologías de Satanás, usurpando los bienes ajenos de una manera criminal; muriendo millones de personas cada día por falta del Amor al Prójimo: el segundo y Gran Mandamiento. Pero antes de que esto ocurra tendrá que desaparecer la atmósfera que conocemos ahora y los ciudadanos elegidos poseerán otros cuerpos espirituales para la última evolución como Seres humanos y planetaria.

"Para finalizar este pequeño estudio de lo que puedo escribir, diré:

Siglos tras siglos veo como pisotean la Verdad, se burlan del Conocimiento adquirido de la Sabiduría; abusan y destruyen sus propias Vidas.

De qué están hechos los hombres de esta tierra que aún del Bien sacan el mal y del Amor su propia perdición.

"Las Energías que fortalecen al "Ego" oscurecen los mundos de la materia: sexual; emocional; afectivo; mental. Roba la Energía Vital del mundo reproductor y la "Luz" del Alma del ser humano, endureciendo la mente (El Interés); la incertidumbre de lo que ella o él es, le obliga a vivir del Temor, Miedo y de la lujuria que el

"Ego" somete a su materia, perdiendo la razón de su Existencia; viviendo y defendiendo el "Ego" (defraudador) la materia que no es suya, en contra de la "Voluntad" del Alma esclavizada.

"La Virtud es la "Luz" de Cristo y por tanto del Creador (Nuestro Padre) de la Vida: La Humanidad".

"La "Luz" de la Virtud es un "don" del Espíritu de cada ser humano que le acompaña desde que toma materia para su evolución en cada reencarnación"

"La Perfección y Purificación de cada "Virtud" ilumina su Alma concediéndole la "Voluntad" del Creador: la Sabiduría para soportar sus pruebas de la vida (en el mundo) aportándole la Justicia del Amor".

"La "Luz" de cada Virtud colma al Alma de Voluntad; Conocimientos; Justicia y Amor a su Entendimiento y Memoria".

LA VERDAD DE LOS EVANGELIOS

"La Vida es Eterna, el Amor Infinito, La Ley Inexorable"

"La Sabiduría en su mente, La Justicia en sus labios y el Amor en su corazón"

Salomón Cap. 4 vers 18.

"Más la senda de los justos es como la luz de la Aurora, que va en aumento hasta que el día es perfecto".

Mateo Cap. 6 vers 22.

"La lámpara del cuerpo es el ojo; cuando tú ojo es bueno, también todo tu cuerpo está lleno de Luz; pero cuando tú ojo es maligno, también todo tú cuerpo está en Tinieblas. Mira pues, no suceda que la Luz que en ti hay, sea Tinieblas"

San Juan Cap. 7 vers 24.

"No juzguéis según las apariencias, sino juzgad con justo juicio".

Salomón nos narra en una frase el Camino del cristiano, desde que nació por primera vez en el Reino humano -miles y miles de años- hasta alcanzar la "Corona de la Vida": su última existencia. Una trayectoria de 25.000 o 50.000 años para convertir su alma-animal en Alma o Espíritu Celestial con su cuerpo de Ángel, Arcángel, Querubín o Serafín. Es increíble lo que puede aprender el Alma -su Memoria- de lo que se ilustra desde el recuerdo su

Espíritu. Es muchísimo más fácil ser Ingeniero, arquitecto, médico. La Sabiduría de Dios es locura para el ser humano, cuando viven de las Tinieblas. Su Ego gobernado por las energías del mundo que rodean al Planeta no le dejan ver la Luz de Cristo; éstos empeñados en su creencias de hombres -porque no cumplen con la Ley Divina- permanecen en la oscuridad. El Principio de la Sabiduría es discernir el Bien del Mal. (Salomón). El ser humano de este tiempo sabe discernir la diferencia. Pero se olvida de apuntar en una libretita cada día lo que él cree que no es correcto para su Vida (Alma) y lo deja como un accidente. Tampoco realiza una reflexión cuando en la noche, en su casa hace un repaso del día. ¡Para qué! Él creyendo en Cristo es suficiente (enseñanza de hombres en todas las religiones occidentales mal llamadas cristianas) y continúa viviendo las penumbras de él. Asiste a sus misas, cultos, cumple con ellos y de vez en cuando quizás ayuda a alguien o va a visitar algún enfermo de su congregación. Si va claro o le llama por tfno. No puede perder su tiempo. <u>¿Quiénes se perfeccionan o purifican sus Virtudes alcanzando la Luz de Cristo escrito por San Pedro?</u> Me refiero a los católicos, luteranos y evangelistas. Miren que hay miles de millones de personas en todo el mundo. Pues me atrevo a decir que dentro de estos sistemas de hombres, ninguno. ¿Por qué? porque los católicos tienen a su representante de dios en la tierra -eso creen ellos- y jamás han llevado a las Almas por el Camino de Él, cobrando subvenciones del Estado. Los luteranos igual, pero éstos exigen dádivas a los Estados, crean o no en ellos. Los evangelistas, Los testigos de Jehová, etc. Porque también tienen a sus pastores, que jamás se han perfeccionado y por añadidura no instruyen a sus seguidores. Para qué hablar de las religiones Orientales. Pasan los siglos; unos y otros en la lobreguez, con la luz que Satanás filtra en los seres humanos de su mundo. Más incluso por no querer comprender que la *"Reencarnación exista"*. Son los seguidores de la secta católica, luterana (evangélicos en general) testigos de Jehová etc. Sin investigarla para saber quién la derogó (está escrito a uno que la abolió) matando al igual que en Constantinopla a todo aquel que se atreviera, siquiera a nombrarla. Asesinaron a muchos cristianos por herejes igual que la de Constantinopla. De todas formas hay un versículo en el **Apóstol Santiago**. Hace mención a la *"Siembra y la Cosecha"*: <u>*Lo que se siembra su Alma en la preexistencia cosechará en la siguiente Vida (Coexistencia) lo bueno o lo malo para ir aprendiendo de la Verdad Eterna*</u>. Todos estos ignorantes (no cristianos) culpan a Dios cuando dijo: **"Yo os he hecho a Imagen y Semejanza Mía"** miran para la Humanidad y algunos con ironías sueltan la "lengua" -que estarán pagando por ello- y millones en la lista por sus sátiras. La Justicia Divina no deja a nadie libre como así lo hace la Ley en la tierra, donde no hay Justicia para los ciudadanos; cuando finalice su existencia (o en esa) se encontraran a la Justicia Divina.

Ahora voy a hablar del siguiente versículo para que vean que la Verdad está escrita o lo que queda de ella, por las constantes correcciones que la sometieron la Iglesia de Constantinopla, el Sacro imperio romano, la iglesia católica apostólica y romana, tergiversando la Vida de Pablo y adaptándola a lo que empezó a ser la iglesia católica y romana y posteriormente cristiana. Como el anterior papa que cambió el Padre Nuestro y se inventó 100 mandamientos de hombres y luego dicen que está en el Cielo: Indoctos fanáticos.

Cristo dice que la lámpara del cuerpo es el "ojo". Como guía en sí mismo para que se corrija en su andar por el mundo del Planeta. Todos los seres humanos que habitan en la tierra conocen muy bien a una persona –con mirarles a los ojos- si son celosos; rencorosos; envidiosos; vanidosos; si sienten miedo o temor; habrán sentido el pánico; el orgullo; la soberbia; en bastantes circunstancias de la Vida han sido cobardes, por la mentira y por el qué dirán. La mayoría no se dan cuenta, cuando hablan con alguien que éste les miente o les son hipócritas, etc. Todos los seres humanos sienten cuando mienten. La Luz del Alma les está recriminando sin palabras que están siendo mentirosos, falsos, hipócritas y traidores consigo mismos. Es imposible enumerar los movimientos o comportamientos de su cuerpo cuando alteran. Aunque muchos ilustrados están al tanto; se olvidan de muchos detalles que salen a la Luz, mientras el investigador lo hace, ya hay un nuevo movimiento para demostrar al ser humano que sigue con sus falacias. El Alma hace lo posible para que no la comprometan sus "Yo-es" que conforman su Ego. La cual vive con esa personalidad ficticia, pero real, (sociedad) dominante de la materia.

Algunos científicos llaman a estas energías "emociones" -<u>que son las que ustedes ven a través de los ojos</u>- y también los pastores evangelistas y los sacerdotes, obispos de la secta católica. Entonces dejan en las manos de los sicólogos y siquiatras que corrijan éstos males que viven en el ser humano que en muchas circunstancias impiden que lleven una vida normal. El cristiano no aprovecha la ocasión para perfeccionarse adquiriendo el Valor de su Alma con la Sinceridad. Empezar a edificar su Templo para tenerlo preparado para cuando el Padre Eterno y su Hijo quieran tener su morada en él. No fructifica la oportunidad de vivir "dos "Vidas en "Una". La vida en su materia: las personalidades de sus Yo-es: el Ego y la Vida de su Alma con sus Facultades: **Entendimiento, Memoria y Voluntad.**

No viven dos vidas en una para perfeccionarse también de una manera hipócrita quedándose como mentirosos delante de Dios - lo leeremos en otro versículo- que vive en cada ser humano por medio de su Alma y del Espíritu.

Es muy importante para los cristianos creyentes y a las sociedades en general verse, sin juzgarse, sin lamentarse; alegrarse de todos los males que padecen para rectificarlos fortaleciendo las Virtudes y alcancen la Luz de Cristo en cada Virtud en su acercamiento, liberando su Alma de todos estos intrusos (Energías del mundo) que también poseen su luz, pero la de Satanás, haciéndoles creer que esa luz es la de Cristo.

No se puede entender la evolución del ser humano sin la "reencarnación". Los seres humanos morimos como ley natural. Pero el único que se va a la tumba es la materia. El Alma regresará de dónde vino o se quedará atrapada por su Ego el tiempo suficiente, que se libere o la rescaten del mundo de este Planeta, salvándola para que aprenda en el espacio antes de su nueva reencarnación los errores cometidos por y con su Ego, que le esperará en su nueva existencia. (De ello hablaré cuando Cristo dijo que no tienen "excusas"). Así va la Humanidad siglos tras siglos perdidos en su aprendizaje para su Alma y Espíritu. Sin contar desde luego a todos éstos seres humanos que por su culpa "ley de hombres" obligan a otros seres humanos a morir en las guerras; los criminales; los abortistas; los terroristas; Los que aprovechando leyes de hombres y mujeres llevan la calamidad a éstas/os a cambio de venganzas o de dinero. Los dirigentes de naciones que con sus mentiras o cinismos matan a sus conciudadanos culpando a otros de terrorismos para crear guerras asesinándose entre ellos. Todas estas y más astucias del "mal" las pagan quienes las crean. Las ventas de mujeres para servirse de ellas en la prostitución; las comercializaciones indiscriminadas de órganos, matando a alguien si es necesario para salvar a otros. Todo ese mercado del "mal" los pagará, porque negocian con el ser humano (que son sus hermanos de Creación) quieran o no entenderlo así. El exterminio -también- imperturbable de animales para el negocio de sus pieles, etc. El macabro negocio de las niñas y niños para degradarlos en sus países o naciones destinados a convertirlos en meretriz. Todos aquellos (incluyendo a sacerdotes católicos y pastores evangélicos) que por su situación económica o algún poder sobre los pequeños se han convertido en pederasta o llevados por su lujuria caen en los fondos abismales de la sodomía. Para no olvidarme, de los inventores de "virus" que establecen una pandemia para los intereses para lo cual fueron elaborados. Los negociadores de las bebidas alcohólicas y las drogas que destrozan la vida de niños, jóvenes y también de mujeres y hombres. El invento de la TV para que sus males (energías) entren en sus viviendas ofuscando la moral y el buen sentido común.

Todos estos seres humanos quieran creerlo a no, han instaurado por llevarse de las astucias de este mundo una imagen o semejanza de aquellos que les han dominado en su Ego. Es decir, de ir al Cielo ni soñarlo. ¿Qué a última hora se arrepienten como dicen los conductores de humanidades (sean católicos o evangelistas) y ascienden al Cielo? Es una invención de hombres, la realidad están sujetos a *"La Siembra y la Cosecha"*. El ser humano tiene en sí mismo el poder de crear o destruir a través de su imaginación o acción. Pues en él está lo que ha realizado en la tierra. Ni más ni menos. Y el que quiera quejarse que vaya al Diablo que es el culpable o él por hacerle caso sabiendo que no estaba haciendo con sus hermanos de Creación lo que no le gustaría que hicieran con él. Está claro. **Ésta es la Ley de los Profetas**.

Antas de finalizar este versículo voy a escribir más verdades (quieran creerla o no), ustedes decidirán investigarlo para que la aprendan o la niegan de súbito como los incultos.

Los seres humanos poseen una Cultura natural que les concede su Alma (sin pensarlo) por medio de los siglos. Ellos han aprendido -sin reflexionarlo- lo que observan sus ojos. Conservan la experiencia adquirida de sus épocas pasadas para que en cada existencia lo practiquen liberando su Alma de las astucias del mundo que han conformado por su desobediencia a Las *Leyes Divinas y Enseñanzas eternas de la Verdad*, un irascible Ego. Los que hasta ahora no han entrado en la Estancia de la Sabiduría de su Espíritu -todavía están en la inopia- buscando en los diferentes continentes el Cáliz de Cristo-. Para aquellos que no lo comprendan así, conjeturen que otros son sus maestros terrenales invisibles (Las Virtudes) porque lo que les explican es Verdad. Les diré que todos estos Yo-es que convienen su personalidad social en el Astral mantienen el cuerpo exactamente igual que si ustedes se miraran al espejo. Se demuestran que poseen una energía suficiente que acarrea un sufrimiento cada vez que ustedes quiera hacer su voluntad y digamos caen en la tentación de lo que quieren hacer con ustedes. La imagen que ven en sus ojos es un cuerpo igual al de ustedes, pero con la luz de las Tinieblas. A ver si aprenden los sicólogos y siquiatras del mal que los enfermos padecen con las enfermedades: sicosomáticas o las síquicas. Los padecimientos (energías del mundo) y los dolores son reales, no ficticios. No de aquellos que por las drogas o el alcohol viven todas clases de enfermedades síquicas y físicas.

El creer en Cristo no es suficiente. Yo puedo creer en Pitágoras, Sócrates, Wagner, Copérnico, Séneca etc. Pero por creer, a mí no me convierte en su Sabiduría; en su Entendimiento, en su inteligencia natural, desde luego que no. Podría acercarme a ellos si inicio su camino; si medito en sus enseñanzas; si profundizo en ellas y desde luego, las llevo a la práctica. Por todo ello para ser médico tengo que ir a la Universidad, años de estudios y no se cuentos de práctica que me capaciten para ejercer en la vida diaria. Así pues, para conocer el mundo hay que enfrentarse cada día en las relaciones familiares y sociales... "Si tu ojo es maligno"..."que la luz que en ti hay"... La luz del mundo que confundimos con el Planeta, lo rodea a éste a su totalidad cientos de kilómetros pasando la estratosfera. Ésta energía (la esclavitud) es la que vive en todos los seres humanos a las cuáles llaman "emociones". Ningún ser humano es capaz de libertarse de ellas por muchos cursos que invente, aún estudiándolas desde niños para verse en sus relaciones como humanos. Será "La Sabiduría" de sus Almas con el Conocimiento de la Verdad quien se exima de las energías del mundo, fortaleciendo su Voluntad con cada Virtud de su Alma, *"porque la luz que en el ser humano hay son "Tinieblas".*

Ahora voy hablar del último versículo: *No juzguéis según las apariencias sino juzgad con justo juicio.*

¿Qué Justicia pondrá en orden los seres humanos, en sí mismo sin crear Injusticias? Si habrán leído el anterior versículo, comprenderán que es muy complicado. ¿Somos conscientes del proceder y cualidades para ser justos con nosotros mismos y con los demás? Sinceramente no. ¿Por qué? Pues, primero no se conocen. No sabe quiénes son sus Almas, ni sus Nombres, ni los Nombres de sus Espíritus. Por no saber, desconocen para que nacieras en este Planeta. Segundo, ¿en dónde se estudia la Justicia del Cielo? No hay Universidades para crecer en el Alma, ¿cómo van a tomar Justicia? Esto es lo que les suceden a todos los católico, desde el sacerdote hasta el papa y por ende a todos los evangelistas (miles de millones de personas) Bien, de todas formas se juzgan a las personas todos los días; se critican sus formas de ser, de vestirse; se burlan cuando tienen ocasión, la más nimia; para más INRI se les prepara la astucia para ridiculizarlas. Cuando se da cuenta tiene una montaña de calumnias (tinieblas) que no la dejan mover. Todos estos intérpretes son las energías del mundo que las llamamos: envidias, rencores, Celos, provocadas por la Ira. Las venganzas de los mismos para destruirse unos y otros con la "Lengua". Se reprochan las religiones y los religiosos de cualquier doctrina. Seguiría hablando del mal producido con la lengua con los hermanos de Creación: la Humanidad y las consecuencias que se padecerán por el mal comportamiento. Un caos.

Cuando San Pedro le respondió con una pregunta a Cristo, *"¿tendré que Perdonar siete veces?* Le contestó: *setenta (70) veces, siete (7)"*. Cualquier persona que recibe un mal o él lo entiende así, quizás se olvide, pero indudablemente le sentó mal. Sea un ciudadano normal o un religioso cristiano católico, y la rama evangelista o a cualquier ciudadano. Me imagino que los orientales también. Los judíos para que nombrarles. Estos no perdonan nunca, porque ésta doctrina es de Cristo. Pero si el mismo ciudadano vuelve a cometer un atropello con la misma persona, ¿qué ocurre? Indudablemente se pone en guardia, hablando con su familia, amigos y si es de la congregación ya está en boca de todos. Para qué decirles si vuelve la tercera vez. Si pertenecen al mundo sin religión, le puede costar hasta la vida, desde el primer momento o quizás la segunda vez, pero no permanece con vida para la tercera... Si es religioso católico todos les apartan y no quieren verle más (si es de condición pobre) si es rico, entonces se le critica y tacha pero siguen con la sonrisa hipócrita en sus labios. No se olvidarán (por mucho que se confiesen con el sacerdote, que dice elimina el pecado) y lo mantendrán alejado, por si acaso saliendo en la conversación cada vez que venga el pensamiento. Vemos como ninguno llega a la cuarta vez. Será recordado siempre cada vez que se encuentre con ella o él.

También es cierto que el "aprender" a Perdonar no es fácil, porque aquel que lo intente o soporta esta circunstancia por alguna razón acabará con ella o él en el despacho de un siquiatra. Para los cristianos (sin religión) y para los del mundo que van como libres pensadores, se aprende a soportar porque quién hace el mal, no es la persona; todos los astutos del mundo que vimos en el capítulo anterior dominando su materia. No es fulanito, ni menganito; son las astucias del mundo que van a por ella o él. Entonces el mal no se arraiga en la otra persona creándoles el Rencor y de hecho la venganza. No es lo mismo perdonar a 70 personas diferentes que hacerlo 70 veces a la misma. El aprendizaje es distinto. Ni comparación. Pero para aquellas personas que vengan sufriendo de "rencores" deben pensar en seguida que esos males no son del Alma de quien los ha provocado: Del "mal" que viven en ella o él. Su Alma solo le hará bien. Las astucias del mal son las que arruinan. Pero aprenderán también: el que provoca el Rencor es para dejar su semilla de mal y alimentarse bien de su mundo productor (la fuerza vital), la emocional, la pasional. De alguna manera en su conjunto de la fuerza mental cada vez que le recuerde. Están viviendo de su energía.

Vemos claramente que el juzgar a otros es de una gran ignorancia. También hay un versículo que dice: *"Con la misma vara que medís seréis medido".*

Para no crear "Injusticias" hay que perfeccionarse en las Virtudes porque éstas les Enseñan la Justicia. Así pues, para los cristianos hay que guardar la lengua y para los que no son, aprendan la Verdad de Cristo, no las mentiras que ustedes juzgan que son de Él sembradas por las religiones. Así pues la luz que juzga, crítica, miente o calumnia, etc. Es la de las Tinieblas (Satanás) no la de Cristo.

Mateo Cap. 7 vers 12.

"Así que en todo traten ustedes a los demás tal y como quieren que ellos los traten a ustedes, de hecho, esto es la Ley y los Profetas"

Está suficientemente claro. Pero como en la vida del mundo lo que es blanco lo convierten en negro y viceversa de acuerdo a los intereses de los ciudadanos: la hipocresía. Las organizaciones eclesiásticas se apoderaron de la Verdad -que ellos no creen- para destruirlas embruteciendo a los pobladores del Planeta -su pensamiento único- convirtiéndose al tiempo en multimillonarios a costa de los intereses: impuestos, -desde el principio-, hasta almacenar viviendo de lo que recaudan, además de sus empresas particulares y de los presupuestos de las Naciones etc. Jamás dan nada, ni a los pobres que mueren -millones todos los años- en esta tierra sino siempre demandando para que las naciones les ayuden arreglando su patrimonio.

Los sacerdotes hasta el papa no han leído éste versículo -me extraña- y lo esconden porque va en contra de sus "Intereses": Satanás. Nunca lo han hecho los millones de sus seguidores condenándose por **La Ley y los Profetas** que está antes de la Creación del humano (primigenio del ser humano) en éste Planeta.

Les recuerdo que la Biblia católica estaba prohibida leerla (Islas Canarias) porque ellos eran los únicos que podían interpretar la Palabra de Dios hasta hace cerca de 40 años. Gracias a Dios muchos capítulos y versículos la pasaron de largo y ha permanecido hasta hoy. Tantas rectificaciones de la Biblia para ajustarla a Pablo y a la iglesia (secta) romana -que no hay que olvidar que era judío- cambiando sus Enseñanzas y las que figuran de él, tampoco le hacen caso. La iglesia (secta) utiliza la Palabra de Dios para lo que le conviene a sus intereses de la mentira. Si éstos diablos reencarnado hubieran sido más inteligentes a través de los siglos, su astucia la hubieran planteado de otra manera, pero como ellos llevaban el poder de Satanás asesinando a todos los que estuvieran en contra, -y así 1.700 años- pensaron que seguirían llevando a las Almas de los ciudadanos a sus píes. Ellos vienen <u>sembrando</u> la "mentira", siglos tras siglos (miles de años); no hacen caso ni al Cielo ni a la tierra (La Sabiduría que encierra).

Ellos no creen que por matar la materia de Cristo, Satanás ya está juzgado. Son sus diablos los que están encarcelados en el mundo de ésta tierra y no podrán huir hasta que la evolución del Planeta finalice y comience una nueva Era para los que han alcanzado la Virtud de ser Mansos de corazón (*Las* **Bienaventuranzas**) Entonces desparecerán (los diablos) como así los harán todos los seres humanos que los han aprovechado como dependientes (esclavos) en contra de sus hermanos de Creación.

A las religiones evangélicas les sucederá igual. Los cuáles van caminando de acuerdo a sus intereses, como la católica. Ahí las tienen ustedes discutiendo quien lleva la Verdad de Cristo. Discuten hasta por el sábado: que si esto, que si lo otro, pero perfeccionarse como enseña Cristo: *"Sed perfecto como Mí Padre que está en los Cielos es Perfecto"* es demasiado para sus intereses (esclavizados del mal). Por interés si caminan, mejor corren de lo lindo, pero progresar (en las Virtudes)...es muy duro.

Cristo vino a la tierra a Enseñar la Verdad, no ha crear ninguna religión *–"dónde hay dos tres reunidos en Mi Nombre Yo permanezco entre ellos"* Cada cual oyendo a sus mensajeros -primero los Apóstoles- aprendieran por si mismos de *Los Mandamientos y Enseñanzas* que permanecerán hasta que pase el Cielo y la tierra -como así profetizó- es decir: Después que el "mundo" desaparezca y la tierra fuera habitada por los mansos de corazón, durante el tiempo que la Ley le ha marcado para esa civilización escogida, después es cuando desaparecerá el Planeta (materia, no su vida) de nuestro Sistema Solar.

De todas las religiones que existen en la tierra, cual es la que cumple esta Enseñanza. ¡Ninguna! El diablo las tiene separadas para que ninguna de ellas alcance la Luz de Cristo. Ya podrán decir los diablos en la materia lo que quieran a través de la boca del ser humano, pero lo cierto es que ninguna (habituados) de todas ellas, la cumple.

Hoy mismo en un medio de comunicación (21/01/10) el papa Benedicto XVI hace un llamamiento para la unidad de todos los cristianos y afirmó que la división de los seguidores de Cristo "dificulta el anuncio eficaz del Evangelio en el mundo" etc. Esto que es ¿hipocresía o cinismo? Es decir, que por culpa de las otras doctrinas evangélicas ellos no pueden evangelizar al mundo. Ésta papa, igual que los anteriores se olvidan de la cacería que mantuvieron con Lutero y salvó la vida gracias a los príncipes alemanes. Pero éste sin embargo se convirtió igual que los católicos en criminal, matando a todo aquel que dejara sus enseñanzas y a los que no creían en él. De tal palo tal astilla. Aquí vemos en éste versículo que ellos fueron y son los principales perseguidores desde Lutero llamándole "protestante" y así hasta hoy. El Obispo de Roma en el Aula Pablo VI dedicó la catequesis a la Semana de oración para la Unidad. ¿Qué piensa Ratzinger? Yo se lo diré: Usted no cree en Cristo y se lo demostraré en este libro, no solo usted, las religiones orientales y todos los evangélicos occidentales, así que tampoco se asuste, no es usted sólo.

Cuando Cristo habló de la *Ley y de los Profetas* no lo hizo para ninguna religión en particular aunque él sabía que la judía estaba actuando como la que fue posteriormente: El Sacro imperio romano y la actual católica y cristiana. De Las Enseñanzas de Cristo, solo utilizan su Nombre más nada.

Esta enseñanza fue para todos los habitantes de la tierra, porque el Padre Eterno hablaba a la Humanidad por igual sin hacer diferencias de personas y razas. No importa la raza si están reunidos en su Nombre. Él sabía que la tierra estaba gobernada por el mal y la única manera de que profundizarán en su Conocimiento era seguir sus *Enseñanzas y Amar sus Mandamientos* que los católicos y evangelistas no cumplen, como ninguna religión Oriental hablando sus sacerdotes que Buda y Krisna eran igual que Cristo, mensajeros de Dios. Los judíos siguen creyendo que Moisés es el único mensajero de Dios o Jehová -como siguen diciendo- y Cristo nunca ha llegado porque incluso se burlan de Él en la actualidad. Luego el papa pide a los cristianos que sanen las llagas del antisemitismo ¡Increíble!

Gálatas Cap. 6 vers 2.

"Ayúdense unos a otros a llevar sus cargas, y así cumplirán la Ley de Cristo"

Por cargas se entienden las circunstancias económicas que pueda vivir una familia, algún amigo. Llevar su carga. Si corresponde a las iglesias entonces todos los feligreses deberán unirse para ayudar a aquellas personas o familias con el fin de resolverles sus problemas morales o económicos sean las que fueren sus necesidades. Pero estas iglesias que la forman las personas, cada cual repartida por toda la tierra; todas tienen sus patrimonios; poderes económicos para ayudar a quienes los necesiten.

También ocurren catástrofes naturales, un terremoto por ejemplo. Los ciudadanos de todos los países sean creyentes o no, van en su auxilio; las Naciones envían toda clase de personas preparadas para socorrer a las posibles víctimas. Aquí se olvidan de sus tendencias políticas, religiosas, económicas. Aunque las ayudas siempre llegan tarde no pueden evitar que se expongan sus habitantes a toda clase de enfermedades por falta de agua y comida para que los enfermos y las personas que han quedado vivas posean lo necesario para subsistir. Pero, como siempre existen los buitres y carnívoros (seres humanos) que se aprovechan de las desgracias ajenas para resolver sus vidas dentro de la miseria. No solo los ciudadanos también los Bancos (al menos en España) se aprovechan para llevarse una enorme comisión por los donativos que voluntariamente llevan las personas a sus bancos en la cuenta corriente destinada para tal efecto. No dejan de ser otros rapaces. Continúa la trata de blanca o negra para realizar sus negocios con mayor libertad. El rapto de niños para sus negocios de prostitución y venta de órganos, los saqueos etc.

Si es una Ley de Cristo significa que todos los que creen en Él deberán llevar las cargas unos de otros. Es decir: Deberán soportar -por empatía –como dicen los sicólogos y los cristianos debieran hablar de Amor, las enfermedades de cualquier tipo: síquica; física; sicosomática y las del Alma. Al no poder resistirla el cristiano solo, compartiendo con sus hermanos en Cristo para aliviarse de sus angustias, temores, aflicciones, dolores, aliviándose el enfermo en gran medida, hasta su curación, pero comprenderán que ustedes dirán es una quimera. El soportar las cargas no se entiende porque el cristiano siempre dice que los médicos están para algo y ellos no tienen que sufrirlas. La sociedad ha cambiado desde el tiempo de Cristo y posteriormente de los Apóstoles. Dicen: No voy a sobrellevarla estando los médicos, científicos, las clínicas. Pero, me pregunto: ¿Para qué orar a Cristo o a Dios para que les alivien de sus dolencias mientras visitan al médico? ¿Por qué? Cuando se curan dicen, gracias a Dios me he restablecido. ¿Cómo están seguros de ello? ¿No fue el médico con su tratamiento quien le devolvió la salud? Entonces para qué nombrar a Dios. Si en vez de curarse, mueren, qué dicen: Fue la Voluntad de Dios. ¿Cómo están seguros de ello?

Porque hay unos versículos. Se los voy a escribir.

San Mateo Cap. 11 vers 25 hasta el 30.

"En aquel tiempo, respondiendo Jesús, dijo Te alabo Padre, Señor del Cielo y de la tierra, porque escondiste estas cosas de los sabios y de los entendidos, y las revelaste a los niños"

"Si, Padre, porque así te agrado"

"Todas las cosas me fueron entregadas por mi Padre y nadie conoce al Hijo, sino el Padre, ni al Padre conoce alguno sino el Hijo, y aquel a quien el Hijo lo quiere revelar"

"Venid a Mí todos los que estáis trabajados y cargados, y Yo os haré descansar"

"Llevad mi yugo sobre vosotros, y aprended de Mí, que soy manso y Humilde de corazón; hallaréis descanso para vuestras Almas"

"porque mi yugo es fácil y ligera Mi carga"

...."todos los que estáis trabajados y cargados"....como se comprenderá Cristo no habla para la vida material: La espiritual. El que se encuentre fatigado del trabajo de cada día, el descanso le ayudará para sentirse fuerte al día siguiente para enfrentarse de nuevo a su labor.

…."*Los que estáis trabajados y cansados* son para aquellos que practicando la Verdad se van cargando de las energías de los Egos (oscuridades) y la Palabra de Cristo sea más comprensible ayudando en gran manera al Alma o las Almas de quienes les escuchan. Entonces se sentirán trabajados y cargados de las Tinieblas y enfermedades que sufrieran.

Esto no se explica en las iglesias porque no lo comprenden y se basa en la vida diaria, del esfuerzo en el trabajo material. Esto que escribo es una locura para todos los católicos y evangelistas, que juzgan desde sus Egos encadenados en las Tinieblas.

No se explica en las iglesias porque viven atemorizados y llenos de miedos sin desarrollar el Amor. En la célebre gripe "A" los sacerdotes españoles aconsejaban a sus feligreses no darse la paz (hipocresía) ni besarse en el rostro las personas conocidas para no contagiarse del virus. Viviendo siempre esclavizadas al miedo y al temor. El Amor es la Sabiduría de la Creación, porque ha sido Dios Quien Todo lo ha Creado y nosotros los seres humanos somos sus hijos nacidos de su Creación, es decir: de su Amor.

…."*Llevad mi yugo sobre vosotros y aprended de Mí que Soy Manso y Humilde de corazón y hallaréis descanso para vuestras Almas…*"

El yugo de Cristo es su Luz que las tinieblas de los seres humanos les sobrecogen por los "miedos" y "temores" que habitan en las Almas "preexistencias tras existencias". Por esta razón mataron la materia de Cristo, porque las tinieblas que gobernaban a los judíos no les dejaban vivir en lo que ellos creían era su tranquilidad. La calma de las tenebrosidades que Satanás mantiene en los seres humanos -sean creyentes o no- (sociedades) para alejarlos del Camino de su Luz.

Estamos hablando de 1.700 años desde el Sacro impero romano y de 600 años más o menos de Lutero. Si esta Enseñanza de Cristo fuese publicada en su tiempo hoy no existirían la secta católica y cristiana, ni ninguna evangélica. ¿Por qué?, pues la mentalidad (Entendimiento) y el sentimiento (Corazón de su Alma) de la Humanidad -occidental- tendrían en sus Almas un enorme Conocimiento de Cristo. Si además añadimos *"La Siembra y La Cosecha"* (La Memoria de su Alma) derogada desde antes del Sacro imperio romano y también por Lutero, millones de personas vivirían con una gran responsabilidad de la "Integridad" de sus Almas y la educación de sus hijos vendrían con el conocimiento de sus padres y en todo momento éstos les llevarían por el Camino de Cristo aún más seguros porque sabrían sus nombres reales y la manera de llevarles sin ningún inconveniente que impida su reencarnación. Como ven éstas sectas son las responsables ante la Ley Divina de obstaculizar el Camino de Cristo para llevarlas a su Padre, que es el nuestro.

"Venid a Mí todos los que estáis trabajados y cargados..." para ellos (los hijos) es como aprender o recordar en sus Almas algo tan sencillo como el abecedario de un idioma cualquiera. Ahora que hablamos de idiomas, habría una lengua común para el buen entendimiento de todos los cristianos que viajaran a otros países para encontrarse con sus hermanos. No existiría ninguna religión: Una *congregación mundial* para una fecha determinada en cada país, donde nadie fuera superior a ninguno. En su *Memoria* todos los cristianos de los diferentes países brindarían por su Maestro, por su Padre (que es el nuestro) y repartirían el pan por

enseñarnos en Camino de la Verdad. Después del almuerzo. Todos reunidos en el Nombre de Cristo, porque Él es el único "Maestro" de la Humanidad. "Ésta sí sería la "Comunidad" de San Pedro". No el usurpador milenario que vive en el Vaticano: Excelsitud, magnificencia, fastuosidad, representando al dios del mundo, no a la Humildad de Cristo cuando dijo: *"Mi Reino no es de este mundo"*.

...Llevad mi yugo sobre vosotros y aprended de Mí...

Cristo ha venido del Padre para Enseñar a la Humanidad (Su Creación) Las Enseñanzas de la Verdad de su Padre y el nuestro. Recuerdan (que no la encuentro, por ahora) cuando dijo, más o menos: *"Lo que hagáis a unos de éstos más pequeños a Mi me lo estáis haciendo..."* Pues ahora mismo lleva en sus hombros a 6 mil millones de personas. Sino le hacemos a los otros lo que no queremos que se haga con nosotros, quiere decir que no le liberamos de la carga del pecado de la humanidad: Su desobediencia. Y no llevaremos su yugo fácil y la carga ligera. No somos libres de las ataduras de la maldad. Los católicos bautizan a los niños sin su consentimiento y los luteranos también y los evangelistas dicen cuando bautizan a una joven o a un joven que reciben el Espíritu Santo, pero siguen igual sin cambiar su comportamiento, sin aprender o perfeccionar nada de Cristo; separándose –como ya está escrito- en diferentes nombres de religiones. Como ven, van equivocados. Y la dictadura eclesiástica y la luterana continúan con su bautismo. Mal copia del pueblo judío. En ese tiempo y en el de ahora –me imagino- seguirán igual. Fue y es la presentación del niño al templo judío. Pero el bautismo católico estaba saturado de temores a los padres del infierno o del "Limbo" si éstos morían antes de ser bautizados.

Pienso que la Ley Divina habrá tomado nota de todos estos sufrimientos que les provocaron a los padres y a la familia de los niños, para que sufran en su querido infierno tantas calamidades como las que soportaron los millones de padres en la tierra llevados por su mentira en la siembra de la Ira.

La sociedad piensa de una persona mansa, humilde, ingenua, que es tonta, imbécil, estúpida. Que todo el mundo puede engañarla; riéndose, burlándose y maltratándolos. Porque la Soberbia y el Orgullo cavilan en el ser humano que es más fuerte. La sociedad ha aprendido que cuando impongan más fuerte la voluntad, la otra o el otro se dejan llevar hasta poder destruirla apartándose de él o de ella. Es cierto, cuando viven de sus Egos o de los deseos de su mundo sexual.

Pero el cristiano que exterioriza su Humildad y Comprensión de débil no tiene nada, porque ha ido forjando su Alma en la guerra, de la cual ha perdido muchas batallas en el Camino que luego al tiempo vuelven de frente; las medidas no son las mismas de 20 o 30 años atrás, entonces gana las batallas perdidas. La Humildad y la Piedad de su Alma vencen a la Ira. Pero las personas piadosas que se adentran en el catolicismo no se dan cuentan pero les roban la Luz de la "Piedad" y les siembran la maldad del fanatismo. Como ven hay muchas formas de robar, no solamente lo material: Principalmente lo espiritual. La secta católica y la luterana robaba al principio con sus dictaduras bajo el castigo divino: la ira de Dios, etc. Desde hace tiempo Satanás les aconseja como despojarles de las facultades naturales y las Virtudes que los seres humanos vienen a la tierra y traen de otras existencias.

Así pues, los aprendices de cristianos –así me llamo – no lo serán del todo hasta que acabe su existencia. Todos los cristianos que siguen *Los Mandamientos y Enseñanzas de Cristo* por la evolución en el Camino de su Espíritu (*dioses sois*) y la Obra a realizar deben tener un "don" de su Espíritu para que haga la Obra de Cristo en la tierra. Recuerdan: "*...cosas más grandes harán porque Yo voy al Padre...*"

San Juan Cap. 3 vers 21.

"*Más el que practica La Verdad viene a la "Luz" para que sea manifiesto que sus <u>obras son hechas en Dios</u>*".

Los católicos, los luteranos y los evangelistas etc. Siembran sus tinieblas en sus feligreses diciéndoles que el hombre por sus actos no podrían llegar a Dios; sólo que creyendo en Cristo serán salvos; la fe en Jesucristo es suficiente, de esto Cristo no habla. Solo por la fe el hombre sería purificado, Pablo. Veamos lo que dice Cristo:

<u>"No todo el que me dice: Señor, Señor, entrará en el Reino de los cielos, sino el que hace la Voluntad de Mí Padre que está en los Cielos.</u>

Desde la personalidad social creada con su conciencia en el ser humano de cualquier parte del Planeta en sus Continentes vemos con claridad que cada uno en general lo forman las costumbres de sus tradiciones de siglos que nada tienen que ver con la Verdad instruida por Cristo a sus Apóstoles o las pocas –pero suficiente- Enseñanzas que figuran en todas las Biblias del Planeta para que el ser humano encuentre su Camino que le lleve a su Representación y a la Presencia de su Padre; algunas de las "Moradas" que Cristo les tenga preparadas para continuar en la Evolución de su Cuerpo Espiritual.

..."*El que practica la Verdad...*" En principio, a la Verdad se llega con la "Sinceridad". Todos sabemos que en el mundo de este Planeta impera la "Mentira". La mentira es la primera energía en que se apoya el que dirige el mal de este mundo: Satanás. Es el "yo-es" que habita junto al Ego de cada cual; asuma una religión o no. La "mentira" es "cobarde" como la "hipocresía"; falsear tanto la mentira como la Verdad, lo utiliza el "cínico"; no practican la Verdad del Alma en el mundo de éste Planeta. La tierra está llena de religiones y sectas, es decir: Viven de la esclavitud; dependencia; sumisión; opresión; sometidos y tiranizados a la mentira sembradas en sus subconscientes que las defienden como una verdad alcanzada: La mentira vive en el mundo "emocional" del ser humano y utiliza todo su cuerpo físico como la Lujuria, pero lo espeluznante en el ser humano no es que mienta como sus deseos irrefrenables sino que permitan de una manera inconsciente apoyarlas. **La Verdad es Una.** Las mentiras incontables. Así, el mal (la mentira) se ha perfeccionado por medio de los siglos cristalizándose en mentirosos, hipócritas y cínicos.

Sin embargo, el "Bien" hasta hoy no ha llegado a la "Bondad" ni a la "Compasión" y menos a la "Misericordia" sin perfeccionar esta Virtud dentro de los sistemas religiosos, mostrando la apariencia del cínico para engañar a las personas (piadosas) con buena voluntad. Adulterada ésta virtud en fanatismo religioso. Les van robando la "Luz" de sus Almas por su fervor y fe religioso y desconocimiento de la Verdad; admitiendo la pompa, el boato, la majestad y poder religioso. Le ha entregado al "mal" (cínico) su "Luz" dejándole a éste sus Tinieblas.

Desde hace muchos miles de años, no hace falta aprender el "Mandamiento": No Mentirá. El ser humano lo conoce (desde su nacimiento) en su interior cuando miente (pavoroso oírlo en los niños) o es hipócrita o cínico (en su juventud). Su Alma lo han aprendido miles de años antes de su nacimiento en esta época. Pero, ¿Qué ocurre? Simplemente el cobarde de su mentiroso, vive también junto a su Alma y le hace sentir temor por el qué dirán, dejándose llevar con sus risas o carcajadas falsas ante el hipócrita o cínico, o personas de buena voluntad. El mentiroso es maligno; vuelve a traicionar la "Luz" de su Alma y la Enseñanza de Cristo llenándose de cerrazón y por desgracia sembrando todo a su alrededor de cizaña, perjudicando a las personas que les escuchan -sin darse cuenta- entrando en su conversación y contestándole. Mantener una charla con un mentiroso es muy dañino para el Alma de quien o quienes escuchan. Recuerden *"vuestro decir sea: Sí, sí o No, no, porque todo lo que sale de ahí de Mal procede"*. En cada incidente (el mentiroso) se encontrará más alejado de su Verdad porque la Tenebrosidad (Ego) habitan en su materia encubriendo la "Luz" de su Alma.

La Verdad aprendida es el Conocimiento de Cristo en su Alma en los sufrimientos que padece al desprenderse de las noches oscuras de su yo-es por las Virtudes alcanzadas o purificadas, del mal en el mundo de esta tierra. Al superar la "prueba" del mentiroso con la Sinceridad. Cristo o sus mensajeros están siempre con el ser que va despertando de las penumbras de este mundo.

El Alma se llena de "Luz" en esa parte que el mal con la mentira le obligaba a pensar e incluso hablar. Cada vez se sentirá más fuerte porque ha cultivado la "Fuerza" del "Valor".

Las obras del Bien de la Bondad; de la Compasión; la Mansedumbre; y de la Misericordia, a los seres humanos, sean éstos familiares, vecinos, compañeros de trabajo, de deportes etc. No son fáciles, porque precisamente sus familiares serán los primeros que trataran de alejarles de su lado, aunque éste no diga nada a nadie que está practicando el Bien. Así va viendo poco a poco o cuando pase algunos años que el trato recibido queda lejos de aquel que le respetaban. Comprendiendo en la esclavitud que estaba viviendo cuando ve a los demás exactamente igual a como era él antes.

Su "Luz" irá defendiéndose constantemente con las oscuridades que habitan en su familia y amigos. Cada vez que "*limpia*" su Alma de las astucias del mal, los ojos de su Espíritu verán mejor". No tiene porqué escandalizarse ni asustarse; tratar de "Comprenderse" y aprender a tener "Paciencia" porque esta Virtud es su fortaleza para soportar las pequeñas tormentas que se le avecinan. Así irá ejercitando en el mundo que estaba o continúa viviendo su Alma. Será pues, la "Luz" de su hogar, de su trabajo, de sus amigos. Todos los irán viendo diferentes sin saber qué es, pero ella o él deberán guardarse y protegerse. La "Prudencia" le guardará –dice Salomón- porque es una Virtud. No entrará en las conversaciones del mundo de las críticas; opiniones del hipócrita ni de las del cínico. Será su apariencia consigo mismo quién le allanará el Camino para encontrarse con su Vida: Alma. Ésta es la Voluntad de Dios que Cristo trajo a la tierra con sus *Mandamientos y Enseñanzas* en los evangelios de San Pedro que no hay ninguna religión que las cumplan en sí mismos. No por creer serán salvos, señores. <u>Haced la Voluntad de Dios: "Sus *Mandamientos y Enseñanzas"*</u> las pocas que hay en la Biblia son suficientes.

"Más el que practica la Verdad viene a Luz para que sea manifiesto que sus Obras son hechas en Dios":

Si sus obras son hechas en Dios, ¿quién las ha realizado? El Ego es de la materia; el Alma y el espíritu son de Dios su Creador desde hace miles de millones de años. ¿Quién está en su Alma y Espíritu? El Amor y la Sabiduría de Él. Por tanto sus Obras son la manifestación de Dios en él. Su "Luz" adquirida en la Carrera de su Vida: Alma, al crearse con la Voluntad de su esfuerzo en las Virtudes cumpliendo con su Voluntad (sin miedo ni temor) un cuerpo Celestial (dentro del material) el cual sin hablar hace su Obra para su Padre que lo creado.

..."Por qué esconde Dios las cosas a los sabios y entendidos y las revela a los niños..."

Todos ustedes al igual que yo, estamos cansados de oír que los astrónomos buscan en los Universos cómo se creó la Vida. Yo, al menos no les creo nada, desde el tiempo que me enseñaron que el viento era el aire puesto en movimiento. No, es más fácil estar en el Camino de Dios, bajo su Voluntad, aprendiendo de sus Enseñanzas hasta alcanzar la Sabiduría que Dios les concede y aprendan como se formo o inició su Vida que la lleva dentro de sus cuerpos físicos. La Soberbia–Vanidosa de los científicos. Han pasado 11.000 años para saber que el ser humano está en la tierra por evolución, gracias a las investigaciones de todos los premios novel de medicina y los científicos del Vaticano les dan la razón. La ciencia que tanto ha perseguido la secta católica tiene el cinismo ahora de decir que ellos están por encima de estos estudiosos porque ellos tienen la "Fe". Por educación soltaría una enorme carcajada. ¿Qué fe? ¿La fe de una doctrina que lleva a todos sus instructores al infierno seguido de los que admiten tantas mentiras? Estos son los entendidos, teólogos de las falsedades. ¿Quiénes son los niños? También está escrito en algún versículo. "Dejad que los niños se acerquen a Mí, porque de tales es el Reino de los Cielos. Es decir: El ser humano tendrá que comportarse como semejante para alcanzar el Reino.

Segunda Epístola de San Pedro.

Cap. 1 vers 5, 6, 7, 8 y 9.

"Vosotros también poniendo toda diligencia por esto mismo, añadid a vuestra fe, Virtud; a la Virtud, Conocimiento; al Conocimiento, dominio propio; al domino propio, Paciencia; a la Paciencia, piedad; a la Piedad, afecto fraternal; y al afecto Fraternal, Amor"

"Porque si éstas cosas están en vosotros y abundan no os dejarán estar ociosos ni sin fruto en cuanto al Conocimiento de nuestro Señor Jesucristo"

"Pero el que no tiene estas cosas tiene la vista muy corta; es ciego; habiendo olvidado la purificación de sus antiguos pecados"

Primera Epístola Universal de San Juan Apóstol.

Cap. 4 vers 18.

"En el Amor no hay temor, sino que el perfecto Amor echa fuera al temor, porque el temor lleva en sí castigo. De donde el que teme, no ha sido perfeccionado en el Amor"

Lucas Cap. 21 vers 19.

"Con vuestra Paciencia ganaréis vuestras Almas"

Mateo Cap. 9 vers 13.

"Yd pues y aprended lo que significa: "Misericordia quiero, y no sacrificios"

Las iglesias que están sobre la tierra viviendo del mundo o dejando que la vivan de los seres humanos para sustentarse de las energías vitales y robarles el Luz de las Almas es y demuestran sus egoísmos, ambiciones y codicias aconsejadas por la Ira. Mucha estudiar la Palabra de Dios –los evangelios- y ocultarla: la Curia romana. Millones de personas en el mundo de la tierra de este Planeta viviendo de las tinieblas de **Satanás, padre de la Mentira y homicida desde siempre...** Ahí están las guerras que participan los cristianos occidentales por diferentes circunstancias dejando sus vidas en esos campos de batallas o asesinos a cambio de unas monedas miserables, cuando Cristo enseñó: *"Hay que obedecer a Dios antes que a los hombres".*

Aquí tiene el papa el cap. y vers, de San Pedro que dicen son los sucesores de la Cátedra de Él. Es que todos los seres humanos que habitamos el Planeta somos tontos, ignorantes, sin Luz de Cristo para permitirles que continúen llevando oscuridades a los millones de personas. Los seres humanos viven el Libre Albedrío y de sus Vidas pueden hacer lo que les dé la gana, pero, ¡mentirles para apartarlos de Él!; porque por su culpa millones de personas han dejado de Creer por la mala información que ha sembrado este catolicismo romano y la rama evangelista y otras doctrinas evangélicas en todo el Planeta.

Todos los seres humanos –miles de millones- desde que se inventaron el Sacro impero romano con la visión de Constantino hasta hoy, son mentiras una detrás de la otra. Todos éstos millones de personas que les han ocultado la Palabra de Dios, ¿es una iglesia cristiana? Más bien de Satanás, padre de la mentira. Llenos de lascivia cuando Lutero los descubrió. Tardaban meses en elegir un nuevo papa porque estaban muy entretenidos con la lujuria y la Ira (igual que los judíos que ningún hombre podía cumplir las normas -que dicen eran de Moisés- y ellos no movían un solo dedo); se inventaban los dogmas que nadie podía cumplir porque era una falacia tan grande que el sentido común de aquel tiempo los respetaban por miedo al asesinato. ¿Iglesia de Cristo?

Hoy en día persisten dándose golpes en el pecho, con la mano derecha –sin saber lo que significa- diciendo: Yo pecador me confieso a Dios, etc. <u>¿No dice Cristo, dioses sois?</u> Por qué continúan escondiendo Las Enseñanzas y mintiéndoles a millones de seguidores que dicen que tienen. Ustedes tienen más miedo a Satanás que a Cristo.

San Pedro dice: ..."*añadid a vuestra fe, Virtud; a la Virtud, Conocimiento...*", etc.

Primera Epístola de San Juan Cap. 5 vers 15.

"Hay que obedecer a Dios antes que a los hombres"

Cuando Cristo enseñó:

Salmos Cap. 82 vers 6.

"Yo dije vosotros sois dioses y todos vosotros hijos del Altísimo".

Juan Cap. 10 vers 34.

"Jesús les respondió: ¿No está escrito en vuestra Ley?: Yo dije, dioses sois"

El Santo evangelio según San Juan.

Cap. 7 vers 19.

¿*"No os dio Moisés la Ley y ninguno de vosotros cumple la Ley"*.

Primera Epístola de Pedro.

Cap. 1 vers 3.

"Por eso dispónganse para actuar con Inteligencia, tengan dominio propio; pongan su esperanza completamente en la Gracia que se les dará cuando se revele Jesucristo"

Como Ser que soy viviendo en este Planeta observo años tras años como se burlan de los seres humanos, carentes de valentía y de Amor. Utilizando el nombre de Dios en vano, filtrando las astucias de Satanás en las religiones creadas por el mal, para vivir del Bien, de la Sabiduría y del Amor. "Ciego" más que ciegos que ven la paja en el ojo ajeno y no se quitan la viga de los suyos.

¿Dónde están la perfección de las Virtudes, seguidores de San Pedro? ¿Dónde se encuentra la Purificación de las Virtudes que traen a la tierra? ¿Dónde se halla la rectificación y limpieza de vuestras Almas eliminando los <u>antiguos pecados</u>? ¿Dónde se acierta el Conocimiento de la fe, que se llenan la boca al decir que creen en Cristo pero no hacen nada para conocerle? "...cuando se revele Jesucristo..." **El que hace Mi Voluntad, Mi Padre y Yo vendremos y haremos morada en él.** Todos los cristianos permiten que los diablos vivan de sus energías por los miedos y temores. ¿Dónde atina su Amor para apartarlos de vuestros cerebros de animales? Viven del deseo y del querer, Ego prepotente en sus vidas diarias. No saben nada -mienten- porque no han perfeccionado sus Virtudes para que aprendan porqué tienen fe. Convienen de apartar de sus Almas sus <u>antiguos pecados</u> llenándose de Luz con las correspondientes Virtudes. Los antiguos pecados son los cometidos en la "existencia anterior", pero claro, unos y otros: católicos y evangelistas no creen en ellos cuando los judíos en el tiempo de Cristo, si creían y lo sentían de una forma natural. Para qué estudiar tanto si lo aprendido no les ayuda a sus Almas en el Conocimiento de Cristo. Leen lo que quieren de la Biblia y endurece a la Curia romana en sus mentiras. Ya hablaré de ello en los versículos.

San Pedro habla muy claro para perfeccionar el Alma: Las Virtudes; sus Virtudes son maestros para ella porque encuentran el Camino de Cristo, cuando dijo: **"Yo Soy el Camino la Verdad y la Vida, nadie va al Padre sino es por Mí"** El Conocimiento aprendido por cada cual de Cristo es porque Él se lo comunicará. Todavía siguen con la (virgen) María para arriba y la virgen María para abajo. Si ustedes saben que han sido sus compañeros de la antigüedad que la han subido al Cielo. ¿Por qué siguen con ese enredo? Sencillamente porque ustedes no creen en Cristo, ni el mismo papa cree en Él. No hay más que oírle hablar de sus doctrinas. Si tuviera un poco más de respeto y Amor a Cristo ya las hubiera derogado, pero padece del miedo y del temor antes que a la Verdad del Padre de Cristo. Cristo dijo: **"Ama a tú prójimo como a ti mismo"** Los religiosos solo quieren a sus sistemas, a los evangelistas entre ellos les ocurre lo mismo, no tienen verdad, <u>aunque escriba estos capítulos y versículos de su Biblia</u>. Este es el caos de Satanás. Un árbol viejo; lleno de podredumbre no se puede enderezar ni limpiar. Así es el imperio católico. Demasiado caduco, pasado, y mejor será su destrucción para que renazca la Verdad de Cristo. No solamente para la iglesia hipócrita católica; también las evangelistas. Ésta tiene que dar un giro de 90 grados y la católica de 180. Cualquier parecido con la actual de Cristo es de ciencia ficción.

Ahora díganme ustedes católicos -cristianos o evangelistas- cristianos. ¿Quiénes se sienten como un Dios dentro de la materia? Con sinceridad, ninguno, es cierto. Entonces ¿quién es el mentiroso? Si Cristo dice: "sois hijos del Altísimo y siglos posteriores vuelve a repetir: dioses sois. ¿Por qué no lo sentís así? Porque a través de los siglos, -como ahora- cada uno con su religión han aprendido mentiras, esclavos de Satanás. Si al cabo de miles de años, vuelve a repetirlo, ¿por qué no se sienten así? Pues sencillamente porque todos los dirigentes de religiones -desde los judíos-hasta la rama podrida del árbol de la católica y las ramas torcidas del árbol de los supuestos evangelistas han vivido en las mentiras o verdades a medias. Tan sencillo por no creer a San Pedro, ni *"Los Diez Mandamientos"* ni las *"Enseñanzas de la Verdad del Padre de la Humanidad"*: Las Bienaventuranzas.

Se les supone a los religiosos de cualquier doctrina cristiana poseer la fe. Desde ahí deberá construir su propio edificio espiritual para alcanzar el Conocimiento de Cristo y así estar seguros de dónde vino y por el Camino de Cristo hasta cual será su meta al finalizar su existencia. Duro trabajo, no es fácil. Más aún hoy en este tiempo las presiones de las mentes y las "Lenguas" de los ciudadanos (tinieblas: Rencores, mentiras, envidias, celos, egoísmos, vanidades, egoísmos, ambiciones, codicias, lujurias, robos, calumnias) van creando constante cerrazón sobre el Planeta. Como la manzana podrida que pudre todas las que están en el saco y este Planeta rodeado por las energías malignas del mundo y todos los seres humanos viviendo las lacras de las Mentiras de las religiones.

Pedro dice: añadid a vuestra fe, Virtud. La primera Virtud del Alma para sentirse libres es la "Sinceridad", abandonar la mentira. No practicar es perder el tiempo y éste es muy valioso para el progreso del Alma para alcanzar la Luz de Cristo. Después la "Paciencia", la "Comprensión", el "Perdón" y la "Humildad". Cada cristiano actual sabrá las que poseen y lo único que deben hacer es estar atento a la vida diaria para ponerlas en práctica. ¿No las saben? deben orar a Cristo para que Él les perfeccione cada día mostrándoles sin palabras la manera de actuar de un ser humano cristiano ante las eventos diarios.

Hay muchas más Virtudes que las enumeradas, pero principalmente éstas cinco son las básicas para toda la vida si se quiere. Irán aprendiendo sin Palabras el gran Conocimiento que van cultivando o recordando el Alma para permanecer en el Camino cristiano con conciencia de la Verdad aprendida. Su cognición se ajustará al Conocimiento adquirido. La primitiva, la enseñada por los hombres no sirve porque cada Continente y países del mismo son diferentes, hay en la multitud tantas energías malas haciéndoles el papel de <u>conciencias</u>. Por ello no es real: Inventada por los hombres. Esa energía hosca se apartará de sus mentes. Como dice San Pedro no estarán nunca ociosos porque hay mucho que hacer con los seres humanos que se encuentren en su vida. Deben pensar que primero está el que pide ayuda, que usted ya la tiene. Poco a poco aprenderá de sus Rencores, Egoísmos, Intereses. También le aparecerán los pecados antiguos de los que habla San Pedro. Sea Prudente y pida apoyo a Cristo si comprende que en la prueba que está no le ve la salida. Se encontrará muchas veces por lo que se entiende el Libre Albedrío. No sabe que sendero tomar. Es mejor quedarse quieto hasta estar seguro de lo que pueda ocurrir. Hay que tener mucho cuidado con la "lengua". Si es católico <u>olvídese de las imágenes</u> que están prohibidas por Dios. Su Camino será bajo la mirada del Padre Eterno, no para castigarle sino para darle Luz dentro de sus negruras para ser equitativo con usted mismo. No es necesario correr, la Paciencia le enseñará su andar sobre la tierra en el mundo del mal.

San Juan dice, que en el Amor no hay Temor. Las Virtudes desarrolladas y Purificadas alcanza la Luz de Cristo que viene a fortalecer su Alma. Ésta, Creada por Dios desde su Esencia Divina que ahora es Alma y Espíritu; éste Luz es su Amor de Creación. Aprenderá a Comprender el "Deseo", el "querer" y el "Amor". No tendrá que sufrir si alguien no le quiere. El querer es una astucia del mal. Cuando alguien quiere al otro, es porque lo que tiene el otro o la otra no lo posee, la ira de su egoísmo entonces lo quiere. Ya se dará cuenta por usted mismo. Igual que la Envidia. El mal la disfraza haciéndole ver el Interés que les mueven por lo que posee (material) en realidad se Envidia su Cualidad o Virtud y tratará de robársela para sembrarle un mal. Se deberá estar atento al Perdón, porque el mal cuando ve que ha tomado la decisión de estar con Cristo hará lo posible para que no encuentre la Paz. El Perdón no se ha subsanado hasta que el agresor, realizara un Bien al perjudicado. Hoy el perdón social está en boca de todos. El mal lo ha vulgarizado. Hasta piden perdón para que les dejen pasar en cualquier sitio. También San Pedro habla diciendo: *Busca la Paz y síguela*. Cuando un ser humano le hace un mal no se enfade nunca. Se astuto para escuchar, tardío en contestar y más tardío en enfadarse. Ésta lección es del Apóstol Santiago. No tenga prisas en contestarle a nadie. Sea Prudente. Quien pudiera hacerle daño a su Alma es el mal que habita en ese ser humano, no su Alma. Así pues, Paciencia. Desarrollando las Virtudes (Voluntad de su Alma) se encontrará mejor físicamente y una gran tranquilidad interior.

En el Amor no hay "Temor" dice San Juan, porque el perfecto Amor hecha fuera el "Temor". Miles de millones de personas en el mundo de este Planeta están esclavizados por el miedo y el Temor. Epíteto, (85 d, c) dice: "No temas a la muerte y al dolor. "Teme" al temor a la muerte y al dolor". Más sencillo: No temas a la mentira sino aquel que está en ti mintiendo. Lo mismo que al dolor del ejemplo de Epíteto: No temas al dolor solo aquel quien los origina en tu materia.

Los conductores de Humanidades en este Planeta, son ciegos como dice Pedro. Cualquier persona no puede realizar una operación quirúrgica sin llevar años de estudios, ocasionándole la muerte física.

Le iglesia católica y las evangelistas no solo les provocan la muerte física también la esclavitud de las Almas -cientos de años- en el astral hasta que vuelvan a reencarnar de nuevo para corregir su pasado, encontrando las mismas enseñanzas de hombres de las tinieblas. Han pasado miles de años con estas doctrinas de hombres fatuos, poderosos en sus dictaduras, oprimiendo a los hijos de Dios, impidiéndoles llevar su Camino de Luz hacia su Creador.

San Lucas habla de la "Paciencia" porque dice que ganaréis vuestras Almas. Es lógico. Una vida dedicada al mundo, con sus intereses, sus egoísmos, la vanidad, los orgullos etc. A su Alma no la deja participar para lo que realmente ha tomado materia en este plano burdo del mundo de la tierra. Como probará por si mismo que todo lo que le rodea es un Ilusión. Practicando la Paciencia, durante años -siglos diría- llegará un momento que habrá que diferenciar si lo que siente es a la Paciencia o Dios (el Amor) en usted. Como ya dije, el deseo, el querer nada tiene que ver con el Amor. El Amor, no lo explica en la tierra con las declaraciones de hombres conocidos socialmente como personas inteligentes o altos representante de las iglesias, como la del papa católica ya escrita, que dice: <u>El Amor es un misterio</u>. A ver que clase de comediante de Dios en la tierra usurpando el nombre de San Pedro. El máximo histrión de una doctrina de hombres indoctos.

San Mateo da una lección de otra Virtud que la tengo escrita pero no importa, la repetirá.

Cap. 9 vers 13.

"Yd pues y aprended lo que significa: Misericordia quiero, y no sacrificios".

No me queda más remedio que volver a la iglesia católica, con otra mentira de siglos. El Sacro impero romano y la iglesia católica, Apostólica y romana fueron los inventores de las imágines, ingeniándose mártires y apariciones de los lugares más alejados del mundo, como aquí donde vivo que dicha aparición es un bulo para las gentes universitarias y el pueblo, engañado de la supuesta aparición ofreciéndoles toda clase de regalos que los desgraciados sacerdotes y obispos admiten con esa sonrisa hipócrita como queriéndoles decir: <u>Venid a nosotros que os necesitamos para continuar con la mentira de Satanás</u>. Ellos fueron los proyectistas de las "promesas" de siglos para acercar las imágenes a las personas admitiendo el "fanatismo" religioso; no saben distinguir (aunque lo lean) que están prohibidas por Dios. Vaya usted, porque yo no iré a la fiesta del Rocío en España y diga con un altavoz en la mano que lo que ellos están viviendo es nacido de una mentira. ¡Si queda con vida es un milagro! Es increíble ver a muchas gentes cuando pasa una imagen del pueblo con lágrimas en los ojos. Éstas no saben que es la hipocresía, (no la de su Alma): La Entidad Hipócrita. Vive al lado de su Alma arraigada por la iglesia católica con sus disparates. Cristo va en contra de las "promesas". Pero éstos que siempre han hecho la contraria de lo que dijo, fantasearon con las "promesas". A través de los siglos "cristalizaron" más las promesas que la Misericordia. Con la Misericordia no se gana "dinero" pero ellos con la Ira de su "Codicia" hasta hoy continúan con las falsedades para que algunos Jefes de Estados -que les importa un comino- llevado como es lógico por la hipocresía se suman al cortejo de engañadores respaldando el cinismo de la iglesia católica apostólica y cristiana como se llaman hoy en día.

"Yd pues y aprended..." ¿A dónde va el cristiano aprender de la Misericordia? Posiblemente dentro de su hogar. Allí verán a sus padres enfermos o a sus abuelos, vecinos. Pero no es lo mismo el sufrimiento familiar que ver a otros -aunque no sean sus seres queridos- padeciendo. Quizás por el amor que sientan por ellos vivan sus angustias, sus dolores, esperando verles pronto recuperados. No ocurre lo mismo con sus familiares, vecinos, desconocidos: dicen que no les une ningún vínculo familiar. Probablemente acompañe a algún amigo un rato en el hospital o en la casa de él. El aprendizaje de la Misericordia como Virtud nace en cada individuo de una forma particular aunque al final se obtiene la misma experiencia. La Misericordia es infinita y cada cual para aprender más deberá profundizar mejor es su "Luz". Realmente el que siente en verdad la Misericordia es aquel que ha vivido infinidad de pruebas (dolores) en la vida viendo a su hermano con el mismo padecimiento que él ha recibido también del mal de este mundo. Cuando nombro a su hermano no significa que sea de su misma religión. <u>Hermano es aquel desconocido que necesita de su ayuda,</u> y es íntimo porque es una criatura de Dios con Alma. Ama (Alma) a tú prójimo (Alma) como a ti mismo (Alma). Ahí está el Amor Divino: su hermano.

Por todo ello, San Pedro aconseja que se disponga para actuar con inteligencia y tener dominio propio. El dominio propio de San Pedro es un aviso para cualquier navegante en el mundo del mal. Él (Satanás) ve a las Almas que les va naciendo la Luz de Cristo y es un peligro para su tenebrosidad. Cristo dice: *"Nadie será probado más allá de sus fuerzas"*.

La experiencia de San Pedro tan criticada por los mismos religiosos y público en general hablando de su negación a Cristo, sin más, olvidan que en ese tiempo se vivían una dictadura religiosa (judía) y la romana. Hoy en día gozando de las democracias los seres humanos viven del "Temor" del qué dirán y su silencio los convierte en cobardes por no defender una verdad social. Aunque el supuesto pavor de San Pedro fue acostumbrarse a vivir diariamente con Cristo protegido por su Luz (Amor entre ellos) que no sentían el más ligero dolor de nada, amparado por su Misericordia y alejados de todos los males del mundo invisible encontrarse de pronto (aunque les habló de ello) que a su Cristo los poderes del estado acababan con su Vida. El shock tuvo que ser escalofriante. Es muy fácil hablar y criticar cuando no se viven circunstancias persecutorias. Era su prueba como otras miles vividas en su andar predicando la Palabra de Cristo. ¿Qué papa ha sido perseguido desde la constitución del clero romano? Ellos han sido siempre los cazadores. Ahora Ratzinger tiene un grave problema con tantos degenerados de su iglesia (como de los evangelistas y otras más) permitiéndoles que continuaran a través de los años con sus lujurias. No está perseguido por una Verdad espiritual sino material. Cristo dice: *Todo lo que está oculto saldrá a la Luz.* Así pues que se preparen los sacerdotes, obispos de las tremendas canalladas obligando a las mujeres solteras, casadas y viudas bajo el imperio del silencio protegidos por las dictaduras de los abusos de estos sinvergüenzas del catolicismo.

El dominio propio va naciendo gracias a la fidelidad de su Alma en el Conocimiento de las Virtudes Enseñadas por Cristo para la Humanidad. No es lo mismo la Virtud que el "Don". Posiblemente algún ser humano ha nacido con algún don, pero no han respetado sus Virtudes. A mí no me toca analizar este hecho. Cristo dijo: **"El que hace Mi Voluntad, Él Padre y Yo vendremos y haremos Morada en él".** San Pedro habla de la esperanza completamente en la "Gracia" que se les dará cuando se revele Cristo en el Templo de su materia. De acuerdo al progreso de cada cristiano en la tierra: Sus luchas; sus desesperanzas; ilusiones y anhelos; ofuscaciones; alegrías; tristezas; soledades; ingratitudes; etc. Encontrará indudablemente a Cristo en su camino que es el de Él para fortalecerle con su Presencia y ayudarle en su Conocimiento.

Él mantiene la "esperanza" en la "Gracia" que recibirá por haber liberado a su Alma de las ataduras al mundo de la tierra.

Pero comprende que ahí no ha finalizado su Carrera en el Conocimiento de Cristo. Ya no está viviendo "dos" vidas en "una". El darle al *"César lo que es del César y a Dios lo que es de Dios"* se está incumpliendo porque su Alma o Espíritu está más cerca del Principio de la Sabiduría al conocer por experiencia propia los males del Planeta.

Es muy triste estar en cualquier iglesia católica y observar a los parroquianos llenos de desazón. Igual ocurre en las evangélicas. **Yo dije: vosotros "sois dioses".** Ustedes que leen, ¿cómo se sienten? ¿Burlados, embaucados, despojados, defraudados? ¿Es posible que siendo dioses, estén llenos de miedos y temores? ¿Qué han hecho las iglesias con el ser humano culpándoles de pecadores, imperfectos? Amenazándoles constantemente con el castigo divino; el de su padre: Satanás. Porque el Dios del Amor, el Padre de Cristo y Creador de toda la Humanidad, no lo es. El Padre de Cristo y por ende de la Humanidad, no es Jehová. Cristo ni siquiera lo menciona. La única frase que Dios le dijo a Moisés, es: **"YO SOY EL QUE SOY"** Dígame usted que en su vida siempre ha sentido estudiar ingeniería y constantemente les cierran las puertas. Cuando llega a mayor se entera de que fue una astucia de sus mismos familiares, por ejemplo. ¿Cómo concebiría ahora al cabo de los años, que no puede tener la ocasión de llevar su sueño a la realidad? Voy explicándole. Pues si 1.700 años la iglesia católica ha cerrado las puertas para que la Humanidad se convirtiera en dioses ¿qué habría que hacer con todos esos cínicos diablos reencarnados? Me viene a la mente las Palabras de Moisés, que en un momento determinado por la ofuscación dijo: A todos los cínicos habría que matarlos. Pero comprendió que tenía la Ley de Cristo: *Los Diez Mandamientos*: <u>No matarás</u> y se detuvo. Entonces será la Justicia Divina quien llevará a cabo la destrucción las iglesias de Satanás.

El ser humano sea cristiano o no, si quiere convertirse en dios, hijo del Altísimos deberá hacer su Voluntad, no la de los hombres mentirosos que ocupan un lugar que no les corresponden. Convertirse en dioses con Las Enseñanzas eternas de la Verdad en un Planeta acaparado por el mal. Gobernado por las energías de la destrucción. El ser humano está en una guerra en su Libre Albedrío. El Bien y el mal.

San Mateo Cap. 6 vers 5, 6, 7, 8.

"Y cuando ores, no seas como los hipócritas, porque ellos aman el orar en pie en las sinagogas y en las esquinas de las calles, para ser vistos de los hombres; de cierto os digo que ya tienen su recompensa"

"Más tú, cuando ores, entra en tu aposento, y cerrada la puerta, ora a tú Padre que está en secreto; y tu Padre que ve en lo secreto te recompensará en público"

"y orando, no uséis vanas repeticiones, como los gentiles, que piensan que por su palabrería serán oídos"

"No os hagáis, pues, semejantes a ellos; porque vuestro Padre sabe de qué cosa tenéis necesidad, antes que vosotros lo pidáis"

San Mateo Cap. 22 vers 34, 35, 36, 37, 38, 39 y 40.

"Entonces los fariseos, oyendo que había hecho callar a los saduceos, se juntaron a una"

"y uno de ellos, intérprete de la Ley, preguntó por tentarle, diciendo":

"Maestro, ¿cuál es el gran Mudamiento en la Ley?"

"Jesús le dijo: "Amarás al Señor tu Dios con todo tu corazón, y con toda tu Alma, y con toda tu mente"

"Este es el primero y grande Mandamiento"

"y el segundo es semejante: Amarás a tú prójimo como a ti mismo"

"De estos dos Mandamientos depende toda la Ley y los Profetas"

Primera Epístola Universal de San Juan Apóstol

Cap. 2 vers 1, 2, 3, 4, 5 y 6.

"Hijitos míos, estas cosas os escribo para que no pequéis; y si alguno hubiere pecado, abogado tenemos para con el Padre, a Jesucristo el justo"

"y Él es la propiación por nuestros pecados; y no solamente por los nuestros, sino también por los de todo el mundo"

"Y en esto sabemos que nosotros le conocemos, si guardamos sus Mandamientos"

"El que dice: Yo le conozco, y no guarda sus Mandamientos, el tal es mentiroso, y la Verdad no está en él"

"Pero el que guarda su Palabra, en éste verdaderamente el Amor de Dios se ha perfeccionado; por esto sabemos que estamos en Él"

"El que dice que permanece en Él, debe andar como Él anduvo"

Es increíble ver el Calendario anual para asombrarse de la cantidad de santas, santos y mártires que -supuestamente- están en el Cielo. Pero antes de seguir escribiendo les mostraré el Mandamiento de Dios:

"No tendrás dioses ajenos delante de Mí, que estén en los Cielos, en la tierra, ni debajo de las aguas de la tierra. Ni los adorarás, ni los venerarás"

Al principio -hacen mil y picos de años- hasta el presente los feligreses de todo el mundo acompañan a sus santas, santos en las fiestas populares -costumbres- afanándose; en casos determinados se pelean e insultan y tienen -las cofradías sus propias leyes que deben respetar -el fanatismo sembrado por los curas y obispos, comparten sus normas y permanecen aparte para observarles como soportan el peso sobre sus hombros.

Todavía existen las "promesas" pidiendo señal importante o insignificante por algo valioso en ese momento para el suplicante. La mayoría ofrece muestras a cambio si se cumplen sus peticiones.

Esta tradición del fanatismo religioso sembrado por los sacerdotes y obispos con la venia del papado ancestral, no deja de asombrar al libre pensador y a todos los evangelistas del mundo (guardan silencio por la cobardía) al ver por los medios de comunicación (TV) cuando es el papa quien bendice a la imagen. Las gentes que viven de sus irresoluciones no piensan. ¿Por qué la bendice un hombre que no es santo? Sí está en el Cielo, ¿qué necesita de la bendición? Para demostrar la Curia romana tiene la autoridad en la tierra para hacerlo y entonces ¿por qué la bendice? ¿Es que una estatua que ni siente ni padece puede sufrir algún mal de las energías del mundo? Él dijo -lo repito- en Brasil que su vocación era ser padre del mundo. Cristo el Hijo de Dios, enseñó: **"Mi Reino no es de este mundo"**. Satanás el gobernador del mundo lo mató.

Es cierto que una mentira repetida miles de veces se cree como verdad. La dictadura eclesiástica hasta el otro día (50 años) las misas se celebraban en latín. Es decir, prácticamente nadie lo conocía; ni lo entendían, ni lo hablaban. El propio idioma de las naciones, pocos los escribían por la enorme a alfabetización de todos sus ciudadanos.

Pero las amenazas constantes del clero romano por medio de sus párrocos y obispos, duran hasta hoy con el dios vengativo, los castigos divinos, la cólera de dios. Exactamente igual que los pastores de las iglesias evangelistas, testigos de Jehová, judíos y otras, de nueva creación.

Todo lo que he escrito hasta ahora es la pura verdad, no necesita de dudas porque ustedes (judíos, católicos, evangelistas) lo ven con claridad; depende de seguir con la hipocresía de siglos o retirarse de esas doctrinas.

Los judíos que cumplen o no los Mandamientos escritos por Moisés, no tienen imágenes en sus iglesias. ¿Por qué? Porque la Ley de Dios se los prohíben. Ni los actuales, ni nunca las han tenido. Pero los creadores del mal —iglesia católica- han ido inventando "mentiras" siglos tras siglos, amenazando a los pobladores de la tierra para difundirles en sus subconscientes de generación en generación las palabras del mal en contra de Cristo.

Todos los millones de individuos seguidores católicos que veneren, oren, prometan en sus peticiones a una imagen o estatua, están en contra y fuera de la Ley Divina y por ello del Camino de Cristo: "YO SOY EL CAMINO, LA VERDAD Y LA VIDA, Y NADIE VA AL PADRE SINO ES POR MI"

No voy a hablar de la iglesia de Constantinopla, como del Sacro imperio romano, ni de la iglesia católica Apostólica y romana y ahora iglesia Apostólica y cristiana. Cuando no, le dicen a usted la iglesia Universal. Orgullo y endiosamiento no les faltan a esta secta del diablo repartida por todo el mundo. Ustedes pueden informarse, para algo están las bibliotecas. No quieren ir a la biblioteca, lean sus Biblias y comprobará que la que usted sigue, no tiene "ningunas verdad" de Cristo.

En las misas católicas y cultos evangélicos incumplen el consejo de Cristo porque todas oran en alta voz. Sin embargo la iglesia católica, domingo tras domingo siempre están pidiendo lo mismo, quebrantando otra amonestación de Cristo. Les previenen para que no sean como los gentiles -con sus vanas repeticiones- pero como ustedes saben, ellos tienen a su padre santo terrenal; borrar de la memoria las Enseñanzas de Cristo a sus Apóstoles.

El cristiano deberá cumplir por lo enseñado por Cristo: *"Hay que obedecer a Dios antes que a los hombres",* recuerdan, para no figurar como un hipócrita más al servicio de Satanás. No obstante la iglesia católica con sus sacerdotes al frente durante toda su historia confesaban y aún siguen haciéndolo para enterarse de la vida y obra de los ignorantes (ricos y pobres) de la verdad de sus vidas y familias, creyéndolos que éstos perdonan sus pecados ofreciéndoles una penitencia que debe orar unos cuantos padres nuestros, algunos credos y como no podían faltar, no sé cuantas ave marías. Estos hipócritas creadores de la vieja religión de Satanás van llevándoles siglos tras siglos a los infiernos de él. Pero los dirigentes del clero romano y los que acatan sus consejos y órdenes no salen de los mismos, mientras los que han entrado volverán a salir para continuar con sus reencarnaciones. Todos éstos están en los infiernos por tomar el Nombre de Dios en vano, al realizar la obra de Satanás posesionados por la Ira en sus crímenes, homicidios, hurtos; cambiar sus Enseñanzas por la mentira, hipocresía, cinismos amantes de la ambición y de la codicia. Todos sus feligreses reencarnan hasta que a cada uno de ellos llegue al final de su tiempo de todas -miles- las reencarnaciones. Entonces, sí. Se quedaran atrapados al mundo (diablos) de este Planeta, hasta la llegada del nuevo mundo cambio evolutivo por el fuego en el Planeta.

Ellos seguirán (hasta el final) años tras años con nuevos sacerdotes, obispos, arzobispos, cardenales, papas hasta que les llegue su hora., como a los diablos atrapados en el mundo del Planeta.

¿Por qué inventan tantas historias (Tenebrosidades) siglos tras siglos? Pues, porque no creen en nada, solo en las "mentiras forjando tradiciones". Ellos siguen diciendo que Dios está lejos. Lo han repetido siglos tras siglos. Que es necesario la intervención o intercesión de los santos para hacerles llegar las oraciones de los terráqueos y así las mentiras más inverosímiles en contra de la Verdad. Traidores; No cejan en su empeño que sus seguidores amen a la (virgen) María como si ella tuviera algún concierto en la Verdad del Padre eterno. Inventores de guerras (50 años); mentirosos, hasta hoy. Perseguidores de las Ciencias y las Artes. Aún hoy ponen en duda con sus sarcasmos -como si a alguien le importara- cuando descubren una Verdad que durante millones de años, han mantenido por la dictadura de todas sus acciones. "La Evolución del ser humano" Han vivido de "dogmas" que ellos mismos tampoco se los creen, pero por las mentiras se inmoviliza al pueblo con las ficciones de ellos: castigos divinos. Desde siglos meterlas en la cárcel o en algún manicomio. Ellos venían hablando: El Alfa y la Omega, principio y fin de todas las cosas, la iglesia antigua. Antes del Sacro imperio romano, es decir, la de Constantinopla. Pero ahora no, ahora hablan del Alfa, Evolución y Omega.

Dios escucha todas las oraciones, porque la Esencia de Vida que sembró en el Planeta tierra en el Reino marino viene peregrinando hasta hoy en día. Los seres humanos disfrutan de la materia con sus Almas y su Vida está en cada uno de los seres vivos y muertos. Permanece fuera porque continúa con su Creación. El imperio eclesiástico todavía no lo cree a 1.700 años de su fundación en el Sacro imperio romano. <u>Está prohibido por Dios que les llamen padres,</u> pero ellos se sienten orgullosos y vanidosos, contraviniendo otra Enseñanza de Cristo.

Aún hoy en día, vulneran el Gran Mandamiento: *"Amarás al Señor tu Dios con todo tu corazón, y con toda tu Alma, y con todas tu mente. Y el segundo es semejante: Amarás a tu prójimo como a ti mismo".*

Es que observarles en sus misas, es escandalosa su hipocresía. Éstos ni han aprendido ni tampoco han enseñado: la persona que está a su lado es su hermano. Pero claro, no le conoce y saludarle dándole la mano, preferible buscar a otra persona conocido o que ellos ven que tienen mejor presencia. ¡Que locura!

La iglesia católica prohibía leer la biblia, porque ellos eran los únicos que la podían interpretar. Mil setecientos años hasta que el Generalísimo Franco abrió en España el culto libre para otras religiones. Lo recuerdo perfectamente -tenía 15 años- es decir, hace 51 años. Los elegidos según su doctrina para interpretar la Palabra de Dios. Mentirosos, hipócritas encubridores de la Verdad.

San Juan lo expresa claramente. *El que dice: Yo le conozco, y no guarda sus Mandamientos, el tal es mentiroso, y la Verdad no está en él.*

No solamente los que dirigen el sistema católico, los millones de ciudadanos que ven en el papa su santo padre. ¡Vaya paranoia! Pero también están los evangelistas. No perfeccionan sus Virtudes, esperando que Cristo los haga por ello. Quizás los que van por libres en su voluntad sean más cristianos que todos estos hipócritas -millones de personas- que asisten a sus cultos sin perfeccionar y amar *Los Diez Mandamientos*.

San Juan continúa. *"El que guarda su Palabra, en éste verdaderamente el Amor de Dios se ha perfeccionado; por esto sabemos que estamos en Él*

"El que dice que permanece en Él, debe andar como Él anduvo"

Miremos para el Vaticano, lo que ellos piensan que se deben a Dios. A su dios terrenal. ¿Qué dijo Dios a Salomón, cuando quiso construir una Iglesia para Él? *¿No sabes que la tierra es estrado de* *mis pies?* Estos son iguales que los judíos en el tiempo de Cristo: *"Este pueblo de labios me honran pero su corazón está alejado de mí.*

No creo que sea necesario ponerles ejemplos de las vivencias que Cristo tuvo en su andar por la tierra, si lo comparamos a los padres santos de los católicos desde su fundación en el Sacro imperio romano. Excepto algunos misioneros en tierras lejanas que realmente han llevado una vida de santo. San Francisco de Asís, San Juan de Dios, Santa Teresa de Jesús, la vida del conocido padre Damián, ejemplo de un cristiano. etc. Pero ahora tampoco comentan la verdad del comportamiento de sus sacerdotes, obispos. ¿Qué hicieron por ellos en su tiempo? ¿Recibieron alguna ayuda del Vaticano? Ninguna, ahora viviendo de las mentiras. ¿Pero qué ocurre con todos los cardenales, arzobispos; toda la Curia romana? Como vulgarmente se dice: Viven como dios. Para no ampliar más este comentario, estarán de acuerdo conmigo que **andar como él anduvo**, ni soñarlo. Pero no solo los dirigentes del Sacro imperio romano. Ahí están todas las iglesias evangélicas, testigos de Jehová, etc. ¿Viven o **andan como Cristo** en su tiempo? Ninguno. Ni católicos ni evangelistas. ¿Guardan sus Mandamientos, los perfeccionan, aman su Palabra? Después de 50 años observándolos como a los católicos, ninguno. Les llega la "prueba" de sus vidas -visitar a un enfermo- sí, el pastor y su mejor amigo 30 minutos. Son unos hipócritas como los dirigentes católicos.

"EL QUE DICE QUE PERMANECE EN ÉL, DEBE ANDAR COMO ÉL ANDUVO"

San Juan Cap. 14, vers 21.

"El que tiene Mis Mandamientos, y los guarda, ese es el que me ama; y el que me ama, será amado por Mi Padre, y Yo le amaré, y me manifestaré a él"

Primera Epístola Universal de San Juan Apóstol.

Cap. 10 vers 17,18.

"Por eso me ama el Padre, porque Yo pongo mi Vida, para volverla a tomar. Este Mandamiento recibí de Mí Padre"

"Nadie me la quita, sino que Yo de Mí mismo la pongo. Tengo poder para ponerla, y tengo poder para volverla a tomar"

"Este Mandamiento recibí de M i Padre".

Ahora lean los que escribió San Pablo:

Segunda Epístola del apóstol San Pablo a los Corintios.

Cap. 4 vers 14.

"Sabiendo que el que resucitó al Señor Jesús, a nosotros también nos resucitará con Jesús y nos presentará juntamente con vosotros"

San Juan Cap. 18 vers 37.

Al final del versículo: *"Todo aquel que es de la Verdad, oye Mi voz"*

Santo evangelio según San Juan *Cap. 7 vers 19*

"No os dio Moisés la Ley y ninguno de vosotros cumple la Ley"

San Juan Cap. 5 vers 46.

"Porque si creéis a Moisés, me creeríais a Mí, porque de Mí escribió él"

Más claro es imposible. Lo que ha acaecido y continúa aconteciendo en todas las religiones -empezando por la Curia romana sobre todo- es ocultar la Verdad para que la oscuridad, la confusión y tristeza gobiernen a los seres humanos -religiosos y a los otros seres humanos (miles de millones) - no puedan encontrarse.

Todas las religiones evangélicas que conozco desoyen estos Mandamientos porque dicen que Cristo les salvará. Creyendo en Él serán salvos. No he visto tanta terquedad en los seguidores de las distintas doctrinas como en las católicas. Éstos se entiende porque compran las Biblias, -más caras mejor- para adornar sus bibliotecas y ponen sus esperanzas en los dictados de los sacerdotes, obispos, cardenales y su santo padre, creyéndose todas sus mentiras de siglos.

Han transcurridos tantos siglos que la mayoría de los habitantes de este Planeta no quieren saber nada de religiones porque solo ven un negocio imitando a la católica y romana. Ahí están los agnósticos, que sin llevar la doctrina de Cristo cierran las puertas para que otros no la halle; ateos que niegan la existencia de Dios. Lógico no respetan ni aman los Diez Mandamientos: Unos y otros se creen que han encontrado su verdad, (la del Ego) sin aprender sus Enseñanzas. Como estos filósofos moderno -así se llaman- que tampoco han edificado sus casas y hablan de los filósofos antiguos dando cada cual su parecer sin haberse perfeccionado ellos mismos, como el sistema de la curia romana que su actual papa todavía está buscando a Cristo y permite que le llamen padre santo. Menuda esquizofrenia.

...*"el que tiene Mis Mandamientos y los guarda ése es el que ama..."*,

¿Dónde guardan sus Mandamientos el ser humano cristiano? Hoy en día los llevan grabados en las Almas porque en otras existencias los aprendió y no precisamente de memoria, en la práctica diaria. Por esta razón cuando mienten, saben que lo están haciendo. Esta instrucción está en la memoria de su Alma, no en la de su materia: el Ego, que es nuevo en esta existencia con sus pecados de la preexistencia: *"Antiguos pecados"*. ¿Por qué todos los seres humanos que viven en este Planeta lo sienten?: "<u>No les hagas a los otros los que éstos no quieres que conciban contigo</u>" Por ello se guardan en la Memoria del Alma, y su Entendimiento (Inteligencia del Alma) se los hace saber a su Ego no lo deben hacer ni mentir. Entonces, es la que "Ama". El Ego quiere y el Alma, Creación Divina: "Ama". No se puede Amar al prójimo con el Ego que gobierna la materia humana. La única que ama al prójimo es el Alma (Creación Divina) no el conjunto de los Yo-es con sus rencores, egoísmos, soberbias, iras, etc.

Los seres humanos no nacieron ayer. Son tal las tinieblas de todos estos miles de millones (entre católicos y evangelistas) esclavizados a Satanás que se acaloran con uno y dicen que la reencarnación no existe. No es un ciudadano medio. Son universitarios con sus carreras recién acabadas. Entre ellos están los sacerdotes que estudian todas las carreras que pueden y presumen de conocer a Cristo, sí claro con la boca, porque se asombrarían ustedes cuando les confiesan que no han leído la Biblia unos; estudiarlas otros, tampoco; leerlas sí la mayoría pero ¿perfeccionarse? para qué, ellos llevan su sistema. <u>No creen en él,</u> <u>entonces no son católicos,</u> **así contestan**. Precisamente, como ustedes leen. Por no estar fuerte en *Los Diez Mandamientos*. Pregúntele usted a un obispo -que es un hombre igual a usted- comprobará que no conoce a su Alma, porque su mente la tienen en los sistemas de las tenebrosidades, no en Las Enseñanzas de Cristo. Díganme ¿qué manifestación han tenido los sacerdotes hasta el papa de la Presencia de Cristo en sus Almas conscientemente, por respetar y amar sus Mandamientos? Estamos hablando sólo 1.700 años. No los han tenido porque no le Aman y no le Aman porque no le creen; si esto fuera cierto dejarían esas creencias falsas para vivir una vida con más sabiduría.

...*"Por eso me Ama el Padre, porque yo pongo mi Vida, para volverla a tomar. Este Mandamiento recibí de Mi padre..."*

Como ustedes leen, no me invento nada de nada. Estos capítulos y versículos están en sus Biblias. Los interpreto -dirán ustedes- pero la razón por muy oscura que esté sabe discernir con inteligencia lo que ustedes leen. Cristo dice: *"Este Mandamiento recibí de mi Padre"*. Es decir: Los Diez Mandamientos escritos por Moisés no se los dictó Jehová como dicen los judíos y el Vaticano; todas las religiones evangelistas lo ratifican. Lo que significa que tampoco han leído la Biblia. Fue Cristo para la Humanidad, no el Jehová judío. **El Mandamiento** que Cristo recibe de su Padre es para que lo ejecute en el Planeta tierra cuando fallezca. Dice: *"Nadie me la quita, sino que Yo de*

Mi mismo la pongo" Tengo Poder para ponerla, y tengo Poder para volverla a tomar"

Queda derogado, que fue el Padre de Cristo quien le devolvió a la Vida. Era un Mandamiento para que el Hijo lo llevara a cabo. *"Este Mandamiento recibí de Mi Padre"*

Es igual que Cristo por medio de Moisés dice: No mentirás o No matarás. ¡Son unos Mandamientos! para la Humanidad del Padre de Cristo, que es nuestro Padre también y la Humanidad ni los veneran, ni los Aman. Sin embargo Cristo pone su Vida por la Humanidad y les demuestra a sus seguidores -Apóstoles- que ha resucitado su materia y a miles de creyentes por medio de los siglos que sus Palabras son Verdad porque se ha manifestado a los que admiran y Aman sus Mandamientos. Él que dijo: La Humanidad eran dioses, ¿cómo llegarían a convertirse alejados sin respetar ni Amar sus Mandamientos? Entonces de que se queja la Humanidad y culpan a Dios, cuando son los seres humanos quiénes no cumplen sus Mandamientos.

¿Qué dice la iglesia católica de Cristo? "<u>tanto se apasionó por el hombre que se hizo uno de nosotros</u>". Comprenden ustedes la ignorancia tan grande que habita en las mentes de sus obispos y cardenales para no nombrar a los pobres esclavos de los sacerdotes.

Analicémoslo despacio. El Cristo Planetario viviendo con su Padre, "de Él salí" se apasionó al ver a los pobres humanos (hormigas de un planeta) viviendo atropelladamente envuelto en las Tinieblas de Satanás. ¡<u>Se apasionó!</u> ¿Los cardenales y arzobispos piensan en sus cerebros tenebrosos que en la Presencia del Padre de la Creación habitan las energías malignas, las cuales a los seres humanos les empujan sus vidas por vivir del atraso del progreso de sus Almas? También dicen: que Dios necesita al hombre... y se quedan tan frescos.

Dios ha Creado a la Humanidad para que ésta en su Libre Albedrío llevando sus Enseñanzas a través de todos los tiempos aprendiera de Él. En su Libre Albedrío. Satanás al que se refieren los cardenales sí necesita del ser humano y de todo aquel o aquello que pudiera destruir, como la iglesia católica por medio de los siglos, asesinando al que fuera en contra de sus intereses.

De la Resurrección de Cristo dicen: "Con esta vida que ha vencido a la muerte".

¿Recuerdan el versículo? *"Un nuevo Mandamiento recibí de mi Padre"*. Cada año nos pasean por las ciudades imágenes de ese tiempo inventadas por los imagineros como si las mismas fueran las reales de sus protagonistas. Imágenes de Cristo con infinidad de nombres, de María exactamente igual. El "encuentro", una. María acariciando el rostro de Cristo, otra. Infinidad de ritos y leyendas imaginadas por mentes satánicas, que nada tienen que ver con la realidad. Como el Apóstol Santiago, el hermano del Señor (primer mártir) que dicen está en la Ciudad de Santiago. Otras leyendas supersticiosas que embotan los corazones de los ciudadanos (millones o miles de millones) llenándolos de energías perversas, porque van en contra (mentiras) de Las Enseñanzas Divinas.

Si Santiago fue el primer mártir del cristianismo y no existía todavía la Iglesia de Constantinopla, ¿cómo el Sacro imperio romano formado -trescientos años después de la muerte de Cristo- dicen que Santiago está enterrado en Galicia? Primero quebranta el Mandamiento de Dios: No crearse imágenes que estén en el Cielo, etc. La iglesia de Constantinopla era la perseguidora de los cristianos y continúo con esas fechorías el Imperio romano. ¿Dónde se encuentra el cadáver de Santiago? Si dicen que Santiago el Apóstol está en la Catedral de Compostela, ¿Dónde se encuentra el cadáver de María (la Virgen) que subieron al Cielo? Si nos vamos como siempre al sentido común, María murió (calculemos 40 años después con el evangelista Juan a su lado). *"Madre ahí tienes a tú hijo, hijo, ahí tienes a tú madre"*. La iglesia de Constantinopla estaba creada con sus sacerdotes, obispos, cardenales y hasta con su papa al frente de la misma. ¿Se preocuparon de la muerte de María? Les importó un comino. Como así mismo la de los Apóstoles que Pablo en la Epístola a los Gálatas en el Cap., 1 vers 6-7 habla de estos embaucadores. Así pues son necesarios muchos siquiatras para corregir las mentes de todos los bribones (creadores de la falacia) y sobre todo las miles de personas que se sacrifican con sus promesas (prohibidas por Dios) cuando él habló de la Misericordia. Creyendo a los hijos perversos reencarnados diablos del catolicismo.

Así pues, el que se hace llamar San Pablo, presumiendo delante de aquellos que les siguen, diciendo: Ciertamente no soy Apóstol, pero sí, para ustedes lo soy. ¿Por qué no se llama "siervo"? Cómo leemos, él desconoce la Enseñanza de Cristo a sus Apóstoles. Repito, dudo mucho que lo escribiera él. Desde luego, la Biblia para el que sea un poco inteligente dirá que está llena de errores. Francamente les doy la razón. Por este mismo conocimiento empecé a buscarme sin ninguna clase de libros y menos la Biblia. Lo que puedo escribir en este libro es Verdad.

"Todo aquel que es de la Verdad, oye Mi voz"

Las mentiras de mil setecientos años (1.700) forman un muro casi indestructible, para que dejen al Alma hacer su Voluntad, junto a su Entendimiento y Memoria. Sus tres facultades. El subconsciente de los seres humanos -creyentes- poseen una "conciencia" instituida por los "listos" de todas las religiones, como los políticos que aprenden (ser hipócritas y cínicos) más como negociar con la Humanidad antes que hacerles un "Bien".

Todavía hoy se escucha de la ira de Dios. Todos estos diablos religiosos confunden al Padre de Cristo con Satanás. Éste sí lleva la ira de la destrucción de la Humanidad porque el hombre es su servidor y luego culpan a Dios de las guerras, del hambre del mundo, de las enfermedades: Hipócritas, cínicos.

Todavía se viene hablando de la Resurrección de Cristo. Dios lo hará resucitar al tercer día, dicen los católicos y los evangelistas en sus cultos: hoy se cumple el tercer día que Dios resucitará a su Hijo. Etc.

La Verdad hay que enseñarla como es, no inventar Palabras para darle más Fuerza a Dios que a su Hijo. Claro que Dios lo puede hacer, no hay dudas. Pero Él, el Padre le dio un Mandamiento a su Hijo para llevar al final de su Obra como resucitar su cuerpo. Según lo leemos y cada cual con la Luz de Él entendemos que no fue la primera vez. Pero estos evangelistas, como los seguidores de Pablo llevan una enseñanza de hombres antes que las Enseñanzas de San Pedro, con su dios castigador de los judíos. Tampoco se paran para leer siquiera *Los Diez Mandamientos*. ¡Qué de Tinieblas! El Mandamiento se cumple cuando Él en su Libre Albedrío -porque está en la materia- no le importa perder su Vida, porque Él mismo la vuelve a tomar y los seres humanos son incapaces –por vagos e irresponsables de sus Almas- de llevar a cabo *Los Diez Mandamientos*.

Los dirigentes católicos enseñan que Dios necesita de los hombres. Es decir: De la Humanidad. Se vuelven a equivocar. Quien necesita de la Humanidad es Satanás para destruirla junto al Planeta como ustedes que llevan siglos haciendo la voluntad del diablo antes que la de Cristo; estarán observando la mano del hombre; el ejecutor de Satanás.

<u>Primera Epístola Universal de San Juan Apóstol.</u>

Cap. 3 vers 3.

"Y todo aquel que tiene esta esperanza en Él, se purifica así mismo, así, como Él es puro"

¿Por qué? Pues sencillo: Cumplan la Ley de los Profetas: *"No le hagas a los otros lo que no quiere que se haga contigo"*. Antes de hablar mal, guarda silencio. Antes de incumplir sus Mandamientos se sujeta a sí mismo. Cuando se ve que está pensando mal, tiene que percibir que está dominado por algún yo-e de su Ego; debe orar a Cristo para que le enseñe cómo comprenderse. Ser Fiel a sus Enseñanzas y no estar pensando o diciendo que es un pecador. Porque su subconsciente se creará poderoso y le hará pecar. Cometer errores o ser negligente se verá cada día, pero de ellos se fortalecerá. No estar culpándose como los católicos porque éstos tienen sus esperanzas en su dios de carne terrenal quién todavía no ha hallado a Cristo como ninguno de los papas remotos -estamos hablando de 1.700 años- sin contar el tiempo de la iglesia de Constantinopla; porque ésta fue la que empezó a matar -como está escrito- a los cristianos acusándoles de herejes.

Así pues, si creen que están en la Verdad corresponderían escuchar **su voz**. Si el papa católico y desde los primeros jamás han sentido su voz se obligarían, advertiría que están en la mentira. Igual a los evangelistas, incondicionales de lo que fueren. Sino han oído **su voz** porqué no cambiar ese sendero y Buscar su Camino que Enseñó San Pedro. Perfeccionar y Purificar las Virtudes para que el Alma se vea Libre de tantos intrusos de las energías del mundo, -ya escritas- o como se ejercitan los que quieren dominar las "emociones", pero con las Virtudes del Alma, no por medio del Ego. Es muy difícil de escribir lo que se aprendería comprendiendo al Rencor; Orgullo; Soberbia; Mentira; Hipócrita; Cínico; Vanidad; El que dirán; Egoísmos; Ambiciones; Codicias; Moverse por el Interés; Aprender de los deseos sexuales, la esquizofrenia de la Ira, etc. Hay que aprender de los Mandamientos. Ser dueños de sí mismos para encontrar (<u>*El que busca encuentra*</u>) la personalidad del Alma. Al mismo tiempo perfeccionar las facultades o encontrarse con las Virtudes que posea para multiplicar la Luz en sus Almas. Así se purifica así mismo, con la mente y el corazón puestos en Cristo. Preguntarse: ¿Qué haría Cristo en esta situación? Esperar un poco y enseguida sabrá lo que Él les descubriría.

Malaquías Cap. 4 vers 5.

"He aquí, Yo os envío el Profeta Elías, antes que venga el día de Jehová, grande y terrible".

San Mateo Cap. 11 vers 13, 14.

"Porque todos los Profetas y la Ley profetizaron hasta Juan"

"Y si queréis recibirlo, él es aquel que había de venir"

"El que tiene oídos para oír, oiga"

San Mateo Cap. 17 vers 10, 11, 12, 13.

"Entonces sus discípulos le preguntaron, diciendo: ¿Por qué, pues, dicen los escribas que es necesario que Elías venga primero?

"Respondiendo Jesús, les dijo: A la Verdad, Elías viene primero, y restaurará todas las cosas"

"Más os digo que Elías ya vino, y no le conocieron, sino que hicieron con él todo lo que quisieron; así también el Hijo del Hombre padecerá de ellos"

"Entonces los discípulo, comprendieron que les había hablado de "Juan el Bautista" ".

Salomón Cap. 3 vers 3, 4.

"Nunca se aparten de ti la Misericordia y la Verdad; Átalas a tu cuello; escríbelas en la tabla de tu corazón"

"Y hallarás gracia, y buena opinión ante los ojos de Dios y de los hombres"

Juan Cap. 8 vers 32.

"Y conoceréis la Verdad, y la Verdad los hará Libres"

Hay que pensarlo muy bien para comprender que clase de seres humanos tuvieron la osadía de imaginar todo el espectáculo que podemos ver en el Vaticano actual. La muralla que precipitaron a miles de millones de personas en todo el mundo a no creer en la "reencarnación". A profesar en las invenciones de siglos, viviendo en democracia sin amenazas de dictaduras militares y religiosas. El poderío de la ficción es portentoso -hay que reconocerlo- El que derogó la "reencarnación" con constantes persecuciones de muertes, consiguió por medio de los siglos hasta el presente que hay miles de millones de personas católicas y evangelistas (dicen seguidoras de Cristo) que en los subconscientes vivan esas Entidades de la propagación del siervo de Satanás. Aterrador son las fantasías de la Mentira: "**No Mentirás**". Pero aún son las "fantasmagoría" en las cuales envuelven a todas esas santas, santos y mártires con una incuria que no hay en los Cielos ningún santo vestido igual. Utilizan a Pablo, cuando el nombra a los santos de un lugar u otro en sus cartas, para dar a entender que Pablo inició el Sendero de elegir santos. De Verdad no sé que adjetivo darles a todos estos hipócritas.

Cristo habla con los Apóstoles. Aleja de sus mentes las dudas sobre la muerte de Juan el Bautista, aclarándoles que fue el enviado Profeta Elías. Todos los judíos creían en la reencarnación hasta preguntarle los Apóstoles si Él era un Profeta de la antigüedad hasta que San Pedro le dijo que Él era el Cristo. (Escribiré este pasaje) ¿Cómo es posible que estando escrito en todas las Biblias de las diferentes doctrinas, se implanta más en la mentira que la Verdad? Así se demuestra que el mentiroso de Satanás posea la enjundia para mantener en los inconscientes su dominio, esclavitud antes que la Verdad, que lo hace Libre y la mentira que lo tiraniza.

La situación política y económica de aquel tiempo atravesaba momentos difíciles, peores si nombramos la dictadura religiosa de los judíos con su Sanedrín al frente (amigos de la Ira de los romanos) La tiranía de los que dirigían Constantinopla y posteriormente (siglos después) con la creación del Sacro imperio romano de Constantino el Grande hasta hoy; toda su historia está centrada en el Vaticano. Durante 1.500 años -desde Moisés hasta Cristo- en el nombre de Jehová mataban en sus conquistas, en el nombre de su dios a hombres, mujeres y niños. Los que dirigían Constantinopla hicieron lo mismo, mataban a los cristianos acusándoles de herejes por creer en la reencarnación y el Sacro imperio romano de Constantino el Grande imitó a unos y otros. Hasta sus hijos, que uno de ellos Constanzo mató a sus dos hermanos para quedarse él gobernando Roma. Y del Sacro imperio romano hasta hace 50 años en España no hicieron nada bueno. Ahí está la historia en las bibliotecas si quieren informarse que de cristiano no tienen absolutamente nada. Iras, Mentiras, falsedades, hipocresías, crímenes, asesinatos, persecuciones, robos, malversaciones, Lujurias, pederastia, etc.

El Profeta Malaquías aparecía anunciando de la catástrofe que se avecinaba sobre el Planeta tierra. No podemos olvidar también las matanzas de los Césares de Roma en el mundo conocido. El Sanedrín no tenía Amor en sus corazones, como tampoco lo tienen hoy en día el Imperio Vaticano y los evangelistas. Ellos eran -según los judíos- el pueblo escogido por su dios para ejecutar toda clase de barbarie para mantenerlos incólume durante siglos.

La iglesia católica y romana tampoco se cansó de matar con su iglesia católica y cristiana aquellos que incumplieran sus dogmas, almacenando fortunas cada vez que tenían ocasión de robar; hoy ejercen su apostolado al lado de las democracias y también como no de las dictaduras para no perder su hegemonía figurando en los primeros lugares.

San Mateo Cap. 23 vers 5, 6, 7. 8, 9, 10, 11, 12. Podrán leer el capítulo completo.

"Antes, hacen todas sus obras para ser vistos por los hombres. Pues ensanchan sus filacterias y extienden los flecos de sus mantos";

"y aman los primeros asientos en las cenas, y las primeras sillas en las sinagogas",

"y las salutaciones en las plazas, y que los hombres los llamen: Rabí, Rabí";

"pero vosotros no queráis que os llamen Rabí; porque uno es vuestro Maestro, el Cristo, y todos vosotros sois hermanos".

"Y no llaméis padre vuestro a nadie en la tierra; porque uno es vuestro Padre, el que está en los Cielos".

"No seáis llamados maestros; porque uno es vuestro Maestro, el Cristo", "El que es el mayor de vosotros, sea vuestro siervo".

"Porque el que se enaltece será humillado, y el que se humilla será enaltecido".

Como acaban de leer señoras y señores católicos no son invenciones del que escribe, antes bien son las Palabras de Cristo.

Ustedes me dirán que hablaba de los judíos. Es Verdad. Pero, ¿qué han hecho desde los sacerdotes hasta el papa en todas las existencias (1.700 años)?. Exactamente igual que los judíos hasta la fecha actual, que el papa permite antes los medios de comunicación (tv) que los jefes de Estado se inclinen o arrodillen ante él y le besen la mano o su anillo, como así mismo todo aquel que por circunstancias (las que fueren) están en su presencia. (Hay un pasaje en la Biblia que San Pedro impidió que se arrodillaran ante él, más dijo: Yo soy hombre igual que tú, no tienes por qué arrodillarte Estoy cansado de verlo. ¿Qué hace el pueblo católico? Llamar padre a sus sacerdotes, obispos, cardenales, arzobispos etc., Para más INRI le llama "santo padre" a todos sus papas. Lógicamente les respeto porque están en el Libre Albedrío en el Planeta pero lo Verdad es esta.: No me importa que la iglesia (secta católica) se llame como ustedes quieran, pero utilizar el Nombre de Cristo no es de recibo.

Los del "Sanedrín romano" el Sacro imperio y La iglesia católica asesinaron a los Seres Creados, que Dios enviaba a la tierra para enseñar a la Humanidad en las Ciencias y las Artes. ¡Mujeres y Hombres!

Pero vamos a la Profecía de Malaquías. Vino Juan el Bautista para allanar el Camino de Cristo y como siempre por reprender a un dictador o cualquier personaje político, los cobardes (la Ira) respaldados por la fuerza que les otorga su cargo -igual ahora- se creen valientes y asesinaron al Profeta Elías. Su Espíritu dentro de la materia de Juan.

Los judíos creían en la "reencarnación" desde aquel tiempo. Así iban los enviados por la cúpula del Sanedrín para sacarle a Juan el motivo de su predicación. Los escribas y fariseos sabían que un profeta había de llegar a la tierra. También le preguntaban a Cristo su procedencia en muchos pasajes de los evangelios.

Pero ¿qué ocurrió?, lo de siempre. Satanás tomó las riendas del Sacro impero romano para ocultar la Verdad -hasta hoy- y sembrar el Planeta de diablos en espíritu de carne y hueso.

San Juan Cap. 8, vers, 43, 44, 45, 46, 47. Pueden leer si quieren el cap. entero.

"¿Por qué no entendéis mi lenguaje? Porque no podéis escuchar mi palabra".

"Vosotros sois de vuestro padre el diablo, y los deseos de vuestro padre queréis hacer. Él ha sido homicida desde el principio, y no ha permanecido en la Verdad, porque no hay Verdad en él. Cuando habla mentira, de suyo habla; porque es mentiroso, y padre de la mentira".

"Y a mí, porque digo la Verdad, no me creéis".

"¿Quién de vosotros me redarguye de pecado? Pues si digo la Verdad, ¿por qué vosotros no me creéis?"

"<u>El que es de Dios, las palabras de Dios oye</u>; por esto no las oís vosotros, porque no sois de Dios".

Gobernando con sus mentiras la cabeza de Justiniano I, inventando una supuesta cultura de la mentira que van en contra de la Verdad. Sometiéndolos al imperio del poder para matar y crear ficciones con una religión que obstaculizara la Enseñanza de Cristo. Lo consiguieron linchando a todo aquel que se atreviera a decir que la "reencarnación" existía. Es decir, lo que estaban en contra de esos dogmas (la Ira) los mataban de hambre o físicamente; amenazando a quien quería ayudarles, robándoles sus bienes: pobres y ricos. De esto que hablo no hace mucho tiempo. Lo he vivido en el Gobierno de Franco hasta el año 1.976. Ellos eran, los que mandaban en España, *no Franco*. Ellos tenían sus espías cada domingo en las iglesias confesando a todo el mundo para chivarse al gobernador de turno por medio de su Obispo. El que era contrario al régimen, el lunes la Guardia Civil lo iba a buscar a su casa y desaparecía sin que la familia supiese más de él. Ésta es la iglesia católica y cristiana. Valientes iracundos: cobardes criminales, hipócritas y cínicos.

"**Nunca se aparten de ti la Misericordia y la Verdad...**"dice Salomón. Si Salomón decía esta Enseñanza en su tiempo, ¿por qué los judíos se inventaron el "ojo por ojo y diente por diente...?" Lo tendrán que explicar los judíos, aunque lo dudo por la cobardía que cada cual lleva en su Alma, resguardándola, protegiéndola estando reunidos para defenderse en contra de lo que ellos piensan que el mundo es suyo como el papa católico actual. ¿Cómo se han inventado al dios Jehová? ¿Cómo se han imaginado que el (mal) mundo entró en el Planeta por culpa de Eva y de ésta Adán? ¿Cómo han conjeturado que Moisés fue enviado por Jehová a Egipto a salvar al pueblo Israel (elegido por dios) con tantas lacras y amenazas de su dios? Incluso matando a los primogénitos de cada familia egipcia. ¿El Creador matando a sus Hijos, futuros "dioses" si hacen su Voluntad? No, era el dios inventado de los judíos los que asesinaban a los seres humanos de aquel tiempo, como a los de ahora. Matando, linchando, apedreando con sus leyes de hombres-diablos a las criaturas en evolución que respetaban *Los Diez Mandamientos*. Como pueden ser tan obscenos, ¿no ya los judíos que se han ingeniado estas historias, que continuamente hoy en día en las iglesias católicas y evangélicas y otras religiones se muestran sus feligreses "orgullosos" que dios acabara con esa raza impúdica a sus ojos? Desde el tiempo de Moisés hasta hoy han pasado como 3.500 años más o menos, creo que más. ¿Cómo puede llevar tanto tiempo todas estas mentiras y muchísimas más (no voy a escribir al Antiguo Testamento) en esta generación? Esclava de Satanás por creer que el Padre de Cristo tuvo algo que ver con esas matanzas por los judíos, los católicos y de las guerras evangelistas y de tantos miles de millones de personas (todas hijos de Dios) calumniándoles siglos tras siglos y el ser humano (en la antigüedad y hoy en día) se quejan de las desgracias que soportan.

San Mateo Cap. 19 vers 28, 29, 30. Pueden leer el capítulo completo.

"*Y Jesús les dijo: De cierto os digo que en la* <u>regeneración</u>, *cuando el Hijo del Hombre se siente en el Trono de su Gloria, vosotros que me habéis seguido también os sentaréis sobre Doce Tronos, para juzgar a las doce tribus de Israel*".

"*Y cualquiera que haya dejado casas, o hermanos, o hermanas, o padre, o madre, o mujer, o hijos, o tierras, por mi Nombre, recibirá cien veces más, y heredará la vida eterna*".

<u>"Pero muchos primeros serán postreros, y postreros, primeros".</u>

Ojo al aviso, también me lo tomo como propio porque vivo en la tierra igual que ustedes. Como habrán leído *Cristo habla de la* <u>*regeneración*,</u> *vosotros que me habéis seguido*…Leerán las palabras de San Pedro cuando habla del <u>Renacer</u>; la mayoría de los evangelistas dicen que vuelven a nacer porque han admitido la salvación de Cristo en el bautismo. Pero Cristo en este versículo dice: <u>*vosotros que me habéis seguido en la regeneración.*</u> Los que han instituido la responsabilidad de crear infinidad de religiones y llevar la antorcha en las Tinieblas del mundo en este Planeta despertando a la Humanidad en los siglos postreros hasta hoy, deberían de reflexionar para saber en ellos mismos si seguir con esa astucia de engañar a la Humanidad porque comprenden que no han perfeccionado sus Almas y por tanto no quieren seguir como mentirosos delante del Padre de Cristo que es nuestro Padre también. Ni los católicos ni los evangelistas, llámense como quieran, ninguna cree en la *Reencarnación*. Pueden disculparse como quieran pero deben comprender desde la lógica de sus razonamientos que de las Memorias de sus Almas no tienen ni idea ni se han preocupado en ser sinceros consigo mismo solo que son **imperfectos y pecadores**. Entonces si lo reconocen porqué continúan el acercar las Almas a Cristo si ninguno de ustedes ha escuchado su Voz. Desde los 15 años sigo a los evangelistas, católicos, testigos de Jehová, etc. Han pasado más de 50 años y los veo constantemente con sus luchas religiosas evangélicas, los mismos cultos; no enseñan la Verdad porque les atemorizan. Igual que los del sistema católico tienen más miedo a Satanás que ha Dios.

Así pues, los postreros serán primeros y viceversa. ¿Prorrogan que se salvarán porque hacen mejores obras o porque tienen más fe? ¿Quiénes de ustedes conocen el nombre de sus Almas, Espíritus? ¡Ninguno! ¿Son tan irresponsables de hablar de Cristo sin conocerle tampoco a Él?

Cuando Cristo hablaba con los Apóstoles de quiénes eran los primeros y los postreros, ¿a qué se refería? ¿Si habla de regeneración?

Bien, ¿Quiénes tienen razón, ustedes guiadores de humanidades o Cristo con sus Apóstoles?

Leyendo el siguiente versículo que hace mención que por su "causa" el ser humano deberá -según las circunstancias- abandonar "todo" para continuar con su "Idea" siguiendo el Camino de la Sabiduría motivado por el príncipe de este mundo, convirtiendo a sus familiares y amigos en enemigos suyos sin motivación alguna de su parte. Sólo su presencia molesta a sus conciudadanos sin necesidad de provocarles. Pero él no se puede ocultar. La "Luz" que expande su Alma atemoriza a las tinieblas, sufriendo el rechazo de sus seres queridos y amigos en general; para qué contarles los enemigos de siempre, desde pequeño en el colegio etc. Se siente como un intruso en el gobierno del mundo del Planeta. De hecho lo es, porque las oscuridades gobiernan a los habitantes del Planeta. ¿Qué diferencia, verdad? La lucha de la iglesia católica para unir a "la familia" (San Pablo). Cuando Saulo de Tarso habla de la mujer y del hombre. Los derechos conyugales, etc. Que lejos se encuentra Pablo de lo predicado por Cristo.

"*Vosotros sois de vuestro padre el diablo, y los deseos de vuestro padre queréis hacer*".

Van leyendo poco a poco los capítulos y versículos que pueden comprobarlos en sus Biblias y son iguales. Las iglesias llámense como se llamen, irán comprobando que de Cristo, solo el Nombre. Católica y las innumerables iglesias evangélicas, van dirigidas por pensamientos de hombres, no de Cristo. Creen más las mentiras que la Verdad enseñada en este caso por **San Pedro**: *"La Perfección y Purificación de las Almas"*: *El Renacer.* Del **Apóstol Santiago**: *"La Siembra y la Cosecha"*; *"La Rueda de la Creación*; **La Enseñanza de Cristo** cuando habla de la *"regeneración"*.

Me voy explicando mejor cuando escribí sobre los cardenales de la iglesia católica, dicen: "Cristo se apasionó tanto por el hombre que se hizo uno de nosotros". Ellos están hablando de los deseos y ¿quién los tiene dominados? ¿Lo han leído evangelistas y católicos? El deseo viene del Reino animal para que el Alma evolucione pero cuando se inserta en el Reino humano la trae como consecuencia del mismo perfeccionamiento. La Humanidad lleva miles de siglos sobre el Planeta tierra. Incontables. Pero hasta hoy en día están sujetos al Temor, al Miedo y a los deseos que el ser humano mismo no sabe distinguir si son suyos o de sus padres y la cadena hereditaria; más las energías que han admitido en esa su nueva existencia. La Humanidad piensa que los deseos son suyos y basta. Para los creyentes cristianos sino lo han leído en sus Biblias y saben quién se aprovecha de las energías naturales de sus Vidas para conducirlas por los cauces que a él le interesan y impedirles a la Humanidad: "Creación Divina" su caminar sobre el Planeta bajo la mirada de la Sabiduría de sus Espíritus.

San Mateo Cap. 13 vers 51, 52. Pueden leer el capítulo completo.

"Jesús les dijo: ¿Habéis entendido todas estas cosas? (Versículos anteriores) Ellos respondieron: Sí, Señor."

"Él les dijo: Por eso todo escriba docto en el Reino de los Cielos es semejante a un padre de familia, que saca de su tesoro cosas nuevas y cosas viejas"

La Epístola Universal de Santiago.

Cap. 3 vers 1, 2, 5, 6, 8, 9 y 10.

"Hermanos míos, no os hagáis maestros muchos de vosotros, sabiendo que recibiremos mayor condenación"

"Porque todo ofendemos muchas veces. Si alguno no ofende en palabras, éste es varón perfecto, capaz también de refrenar todo el cuerpo"

"Así también la lengua es un miembro pequeño, pero se jacta de muchas cosas". He aquí, ¡cuán grande bosque enciende un pequeño fuego!

*"Y la lengua es un fuego, un mundo de maldad. La lengua está puesta entre nuestros miembros, y contamina todo el cuerpo, e inflama la **Rueda de la "Creación"**, y ella misma es inflamada por el infierno"*

"Pero ningún hombre puede domar la lengua, que es un mal que no puede ser refrenado, llena de veneno mortal"

"Con ella bendecimos a Dios y Padre, y con ella maldecimos a los hombres, que están hechos a la semejanza de Dios"

"De una misma boca proceden bendición y maldición. Hermanos míos, esto no debe ser así"

San Juan Cap. 6 vers 45.

"Escrito está en los Profetas. <u>Y serán todos enseñados por Dios</u>. Así que, todo aquel que oyó al Padre, y aprendió de Él, viene a mí"

El padre de familia cristiano ha aprendido mucho o recordado Las Enseñanzas de un pasado, (como le dijo Moisés a su madre Tímetis: Madre, sino sufro, ¿cómo aprendo?) aunque parecen lejanas por los siglos comprende para su Alma fue prácticamente ayer.

El padre de familia -como cualquier ciudadano- está rodeado de sus familiares, amigos, compañeros de trabajo o de profesión; supuestos enemigos. Siente la esperanza, la inquietud; saber para qué está en el Planeta tierra. Esta parquedad le ronda por la cabeza de vez en cuando mientras transcurren los años. Siente que no está de acuerdo con la religión imperante: la católica y asiste a otras religiones con el fin y el anhelo de descubrir un acercamiento al Creador. Pero pasado el tiempo viendo los comportamientos, se aleja también y se queda solo con su <u>Sinceridad</u>. Ahí empezó el camino al Calvario piensa él, porque va aprendiendo que él es también un mentiroso y a veces hipócrita para no tener enfrentamientos con sus amigos de toda la vida. Un día su Voluntad decidió -equivocado o no- de respetarse con la libertad que va experimentando al ser "sincero", rompiendo las cadenas de la mentira e hipocresía. Él no está viviendo en la tierra para reír las burlas de las personas que conozca por el que dirán; tampoco tiene que decir mentiras para conocer la verdad de un hecho que le interese; nunca tiene porqué mentir si a él no le gustaría que le hicieran lo que él es incapaz de hacer a otros, etc. Al cabo de los años y gracias a su trabajo se apartó de sus queridos amigos y algunos familiares que le traían quebraderos de cabeza. A veces pensaba que Dios le iba a castigar por llevar la contraria a lo aprendido de las iglesias... Pero no, se sentía más libre y fuerte. La iglesia católica con sus enseñanzas del dios castigador, de su furia, de su ira. Hay que vivirlo para que comprendan porqué lo escribo. A todos esos y estos sacerdotes, obispos, pastores evangélicos y de otras doctrinas que piensan como la judaica; romana; evangelista, de San Pablo como a sus papas de aquel y de este tiempo, la Justicia Divina les habrá pasado la factura y a éstos en su período, -sobre todo- por levantarles calumnias a Dios culpándole durante 2.000 años del Dios castigador. Para no cansarles, se va convirtiendo en maestro de su Alma. No significa que tenga que ser maestro de nadie. Con él por ahora es más que suficiente, pero si tiene la oportunidad de ayudar a alguien, seguro que no le va a defraudar, ni engañar (no importa si tiene o no religión) porque antes aprendió él. No solo de una experiencia, en sucesivas ocasiones: meses, años, por diferentes experiencias. La Verdad ilustrada era la misma pero la experiencia en el Conocimiento de su Alma lo sentía como un recuerdo viejo. Así hasta que acontecen los años con las Virtudes corregidas (ya escritas) que le han acompañado desde niño.

Al ser consciente los trata como maestros invisibles pero real en la vida diaria. Es la misma sensación que cuando usted dice una mentira y sabe que la está diciendo, piense que se ha traicionado. Quizás no sea consciente de ello hasta que llegada a una madurez, diga que sí. Pues igual son las Virtudes están en usted cuando las ponga en práctica. Afirme que las ha de ejercitar, -sin palabras-, pero las registre como Verdad.

Por ejemplo: la más suave, el que dirán. Cuántos miedos, cobardías, temores acompañan al ser humano al esclavizarle ésta energía, quizás antes se descubra un hecho le pueda perjudicar socialmente es capaz de asesinar a alguien o pagar para que lo maten.

El ser humano cree que es él por la presión (energías del mundo) de la sociedad que piensa su astucia para liberarse del mal que ha cometido o participado sin que se entere nadie. ¡Qué equivocado está!

Pues de este sencillo ejemplo se aprenden grandes experiencias para su Alma y la de sus hijos llenándolas de Luz a su duración el Espíritu le encamina por la Sabiduría de Él para que multiplique su Luz haciendo lo que pueda en la tierra, "sin saber su mano izquierda lo que hace su derecha".

Entonces el padre de familia abre su "Libro" sacando los tesoros de sus cosas viejas y cuando él sea consciente de las nuevas, también las notificará de tal manera que no queda como un loco delante de aquellos que no han desarrollado su sentido común. Juzgando que es imposible porque es su oscuridad quien le está aconsejando y lo primero que dicen siempre: éste está loco y ¿se cree usted con el poder de la Verdad? Ya lo oirán. Algunos más osados le indican que la iglesia -se refiere a la católica- con hombres que se han pasado toda su vida investigando la Obra de Cristo y usted sin ninguna carrera teológica, ¿me va decir, los que se han equivocado son ellos y no usted?. ¡Venga ya! Pero él por sí mismo no ha leído nunca la Biblia.

Por esta razón la Sabiduría de Dios no se debe comunicar aquellas personas que no han perfeccionado sus Virtudes. La iglesia de la que Cristo habló a San Pedro está cimentada.

Primero: Amarás a Dios con todo tu corazón, con toda tu Alma y con toda tu mente, y ahí respetar y Amar sus Mandamientos porque se adquirirá un gran dominio sobre la materia, fortaleciendo el Alma y Ama a tu prójimo como a ti mismo La iglesia de San Pedro está dispersa por el mundo haciendo cada cual su "Obra" que sienta deba hacer. Las demás que se conocen ni aman a Nuestro Padre ni respetan sus Mandamientos ni Las Enseñanzas de la Verdad, porque jamás han amado al prójimo que trajo su Hijo, el cual les llamaría hoy sus "amigos".

¿Cuáles son las cosas nuevas y viejas que el padre de familia saca del tesoro para sus hijos?

En la misma medida que sus hijos van creciendo dentro del hogar, constantemente van aprendiendo todas las cosas malas del mundo y de la TV en su casa; se les va explicando las astucias de los mayores, (empezando por los políticos gubernamentales), la utilización del ser humano por los medios de comunicación (políticos sociales) incluyendo la religión (Políticos religiosos) El padre de familia se preocupa que en las mentes de sus hijos no se cimiente ninguna astucia del reino de este mundo para evitarle una esclavitud cuando sea joven. Dígale a un familiar, por ejemplo una mentira que le interese y verá como le dedica la mejor de sus sonrisas, ahí comprobará el poder que ella tiene sobre las personas y sobre usted mismo; si le dicen una falsedad vanidosa que además le interesa a usted o a su Vanidad caerá en su astucia. Sus hijos serán conscientes de diferenciar el Bien del Mal. La "Luz" de la Verdad de Cristo y la luz de las tinieblas del mundo de Satanás.

¿Y cuando sacará del tesoro las cosas viejas? Pues igual que las nuevas. El padre de familia comprende como cualquier padre terrenal que sus hijos no son iguales. Ni siquiera su esposa conoce nada de él aunque a veces la observa y ve que alguien le está mirando por detrás de los ojos. Es igual cuando usted mira y dice esta persona está celosa, envidiosa, rencorosa, etc. Ése que se asoma cuando no recibe lo que quiere y la furia de la Ira reprocha las palabras o comportamientos de lo que pensaba tenía conseguido. La Ira quiere la mentira y la defiende a toda costa, sin embargo la Verdad atrofia su sentido común cometiendo cualquier delito. Ése a quién usted está viendo, domina a esa otra persona poseyéndola para cualquier fin determinado. Ése a quien usted ve, pertenece a las energías del mundo que por falta quizás de Luz no los ve en su casa, ni en las calles, ni al que dirige una multitud: sean deportiva, política, religiosa, etc.

El padre de familia va comprendiendo la Luz que sus hijos traen a la tierra en sus Almas. Debe hablarles a sus Almas las mismas lecciones para su Entendimiento, pero no de la misma forma. Los prepara para que desarrollen el Valor para poderse enfrentar a sus amigos, ¡la calle! El Instituto o Universidad. Saber luchar con dichos compañeros mientras va creciendo. Entonces al que vea más adelantado porque conozca a su Alma o discierne más rápidamente lo que habla sin tantas dudas o peros, podrá hablarle de su futuro una vez desarrolladas sus facultades.

Siempre ocurre en determinadas ocasiones la sorpresa de alguien que se parece a él en la búsqueda de la Verdad. Pero la Prudencia le aconsejará lo que debe decir o lo que deberá callar. Conocer según las Palabras que pronuncie el alcance de su evolución.

La experiencia de su Vida en la sociedad llegó a comprender que mientras unos regalan sus energías para que el mundo viva, se expresen, se satisfagan a través del; otros -los pocos aprenden de ellos, su mal- para desarrollar la personalidad de su Alma, a semejanza de la de su Espíritu.

La Epístola Universal de Santiago en el Cap. 3 vers 1, deben leerla de nuevo, para que comprendan por qué he enviado a todos éstos que llevan a las Almas por senderos que conducen a los infiernos; La Justicia Divina no les dejara sin su castigo.

"…..Hermanos míos, no os hagáis maestros mucho de vosotros, sabiendo que recibiremos mayor condenación…"

Éste versículo habla bien y claro de todos los hombres que han creado su religión -como la católica, los idea dores sobre todo Justiniano I y el etc., muy largo; las evangelistas, llamadas protestantes por la católica la fundó Lutero para fortalecerse económicamente en el Nombre de Cristo. Todas las religiones llamadas evangélicas engañando a sus feligreses diciéndoles que creyendo en Jesús serán salvos. Como las mentiras de Saulo de Tarso, aunque creo no las escribió él: Los correctores de los obispos de Constantinopla al decir que él era superior a los Apóstoles porque fue Cristo quien lo eligió, mientras que a los Apóstoles los escogió Jesús, pobre ignorante. Las Enseñanzas de San Pedro las dejan en el olvido alimentándose con los supuestos escritos de Saulo de Tarso con su dios castigador, la ira de dios, - siempre lo mismo- siglos tras siglos, el ojo por ojo y diente por diente de los judíos, mientras olvidan por los siglos pretéritos y la época actual: No Matarás de su Ley que utilizan la mayoría de los ciudadanos sean judíos, evangelistas o católicos. <u>Así son las tinieblas de Satanás.</u> Tanto unos como los otros -por la visto- no sienten el más mínimo respeto cuando el Apóstol Santiago les previenen que recibirán mayor condenación. ¿A quién se irán a quejar? Porque en su interior conocen que les falta mucha perfección -creyéndose pecadores e imperfectos- Mientras Cristo les enseñó: **"Sed perfecto como Mi Padre que está en los Cielos, es Perfecto"** para predicar la Palabra de Cristo. Los Obispos católicos tampoco hacen caso de las instrucciones de San Pablo diciéndoles: ¿cómo deben comportarse los Obispos? Ellos tienen a su padre santo terrenal para qué escuchar a un tal Saulo de Tarso, pero cuando les interesan sí claro, si lo dice San Pablo. ¡Hipócritas!.

Cristo hablaba de la "lengua". *"Lo que entra por la boca no contamina al Alma sino lo que sale de ella"*. El Apóstol Santiago dice que la "lengua" impurifica todo el cuerpo, ¿por qué? Porque inficiona al Alma. Al hablar mal va en contra de la Ley. Inflama "La Rueda de la Creación" y ella misma es inflamada por el infierno. Cuando el Apóstol Santiago está hablando de la Rueda de la Creación se está refiriendo a la Humanidad. Todos los seres humanos somos hijos del Creador. Una mentira o una Calumnia no perjudica solo a la persona ofendida también al Alma general de la Creación, por ello el mal la utiliza y corre más que el fuego para propagarla. La mentira es muy peligrosa para el Alma. Cristo nos avisó por medio de Moisés en *Los Diez Mandamientos: No Mentirás*. De la Mentira se pueden escribir seis o siete libros. No es igual la mentira del ignorante, que la del hipócrita mentiroso, como la del cínico. La trama del mentiroso envidioso, del Soberbio, del orgulloso, del calumniador, del rencoroso, de la Ira del mentiroso: de todas esas energías malignas. De los deseos del mentiroso para alcanzar y llevar a cabo sus planes sobre la tierra.

¿Cuántas mentiras están sembradas sobre la tierra que aún hoy en día se las cree la Humanidad? Éstos que se llaman creyentes, sí, ¿del diablo? La Creación de Eva de una costilla de Adán. El pecado que entró en el mundo por la desobediencia de Adán. Lean a Pablo (ya les escribiré su versículo) La muerte de Abel por las manos de Caín. La señal que Dios puso en la frente a Caín para que todo aquel que lo viera supiese que mató a su hermano. Pero, si no había nadie sobre la faz de la tierra; siga usted leyendo el Génesis y leerá que sí que habían más personas. Los cuatro libros atribuido a Moisés los escribieron los judíos que no habían seres humanos sobre la tierra que pudieran cumplir todas sus leyes (amenazas de su Dios Jehová) de hombres. El libro escrito por Moisés sobre "La Creación", no se encuentra en ningún sitio, quizás los judíos lo destruyeron a lo tendrán guardado para seguir con sus mentiras y calumnias: pueblo de Satanás. Igual que los creadores del sistema católicos también tendrán guardados los papiros de todos los Apóstoles, tampoco les interesa publicarlos y llenan la Biblia de mentiras judías, de papas de Constantinopla, y las del Sacro imperio romano; luego siguieron la católica romana y la católica cristiana. La mentira es muy poderosa y más vigorosa es la "lengua" para crear falacias y destruir con la Calumnia a la Humanidad. La lengua miente; es falsa en lo bueno (cobardía) como en lo malo (venganza) La lengua critica todos los días incluso dentro de los templos sean estos católicos, evangélicos, budistas, judíos, etc. La lengua culpa a Dios de lo que no comprende, se jacta el ignorante o el diablo reencarnado. Blasona de su pomposidad, ostentación, magnificencia, suntuosidad. ¿Por qué inflama <u>"La Rueda de la Creación"</u> y ella misma es inflamada por el infierno? El ser humano lleva en su Alma infinidad de existencias y el Ego desoyendo toda clase de consejos se deja llevar por las ilusiones de este mundo incumpliendo todos Los Mandamientos. Saben que no deben hacerlo o decirlo, pero en su orgullo vanidoso prepotente con la mentira (por no haber aprendido la Verdad) se convierten en creadores de guerras; de traficantes de lo que sean en este mundo con el afán de ser millonarios; de utilizar a su hermano que sin dinero no tiene asistencia médica y hay que hacer una colecta para que el cirujano lo atienda; se quedan con el dinero que las naciones envían por una desgracia en la tierra; se negocia con la miseria; se traicionan por nada o por algo piensan adquirir, pero nada en comparación al castigo recibido. Se dejan llevar por la perfidia porque el Ente (mentiroso-traidor) le proporciona mayor placer en su mundo sexual. Imposible escribir en unas páginas las "astucias" del patrañero. Lo ven ustedes como va el mundo de esta tierra. Se cree más rápidamente la mentira que a la Verdad. Pues la "Rueda de la Creación" como "La Siembra y la Cosecha" también ocultada por Lutero es responsable ante los miles de millones de personas desde su publicación hasta hoy de que los cristianos no se preocupen de rectificar su pasado en cada existencia para que la venidera tengan menos problemas de la tener el diablo en el cuerpo del mundo para conocer a su Alma y Espíritu. En la actualidad el ser humano no tendría ninguna enfermedad mental. Sería dueño de su mente. Conocería perfectamente su mundo pasional. Tampoco confundiría el deseo (propio del humano) con el querer y con el Amor. No sufriría del querer y por lo tanto tampoco se culparía de nada. Y de su terrible mundo sexual o reproductor lo mantendría diáfano, ajeno a las impurezas y lógicamente a las enfermedades e infecciones. Sería su superior, no el dueño el deseo, que tampoco sabe quien ocupa ese lugar.

¿Es una locura, verdad? Pues esto es el A, b, C,...etc. del Bien. Séneca dice: *¿No avergüenza poner las Virtudes bajo el patronato de los vicios?*

La única manera de dominar a la "lengua" son las Virtudes. El Apóstol Santiago recomienda: *"Atentos al escuchar, tardío en contestar, más tardío en airarse"* *"La lengua, que es un mal que no puede ser refrenado, llena de veneno mortal"*. La lengua envenena al Alma cada vez que se enfrenta bajo la influencia de la Ira, (cobarde y enfermiza) contamina los que les escuchan, y por su propia lengua muera él o ella también. No es que mueran físicamente sino aunque permanezca sobre sus pies en su vida terrenal están muertos para su Alma y la Vida Espiritual Caminando todos los seres humanos guiados por sus intereses, ambiciones y codicias.

Todas estas energías que no son naturales son del mundo que no se ve, pero sí, se sienten: Rencor, Odio, Ira, Cólera, Soberbia, etc. Repito, estas energías no vienen de nuestros ancestros (el mundo animal) sin embargo son filtradas por el sistema nervioso (emociones) en el ser humano por los diablos de Satanás. Para los creyentes sean de la religión que fuere éstas energías en los mundos del ser humano los esclavizan, apartando su Alma a hacer su Voluntad -la cual es de Dios-, del Padre Creador que les ha dado su Esencia, transformada y evolucionada por los miles de millones de siglos en Almas vivientes. Alcanzar el Amor Divino del cual procede porque vive dentro del ser humano y convertirse en "dioses" -ya lo hemos leído- es el futuro en la eternidad del Alma bajo la dirección juiciosa de Las Enseñanzas de Cristo. *"Los mansos de corazón tendrán la tierra por heredad"* (**Las Bienaventuranzas**) El ser humano se convertiría en Mujer y

Hombre porque la Voluntad y la Memoria de su Alma ha doblegado a todos los "yo-es" de su Ego (personalidad social) transfigurando su cuerpo físico como dijo Salomón: *En el día perfecto.*

Salomón Cap. 3 vers 3.

"Nunca se aparten de ti la "Misericordia" y la "Verdad"; Átalas a tu cuello; escríbelas en la tabla de tu corazón"

Recuerdan cuando hablamos: *"que saca de su tesoro, cosas nuevas y cosas viejas".* Primer versículo de éste comentario.

Su tesoro. El tesoro del ser humano es el corazón de su Alma. Ahí se escriben cada existencias del ser en cada "reencarnación". Es su Libro Espiritual. Ahí vienen páginas escritas de sus vivencias a través de los siglos las cuales hay que rectificar algunas de ellas y convertirlas en la Sabiduría de Dios y otras muchas -páginas en blanco- hay que rellenarlas con vivencias sabias. Por eso Salomón aconseja que haya que atarlas al cuello para escribirlas en la tabla de tu corazón. No son metáforas. Los indoctos que no la comprenden; dirigentes de Humanidades; inexpertos de la vida espiritual, si las indican se lían en palabras huecas (mentiras) que no ayudan al creyente como llegar a su "Libro" para leerlo y rápidamente rectificarlo e iniciar esa nueva vida en el Conocimiento de "cosas nuevas" para su evolución. Pero claro, la Sabiduría de Dios es locura para el ser humano -¿lo creerán los creyentes?- los que presumen de no serlos, imagínense las carcajadas. Allá ellos. La ignorancia siempre se ríe. No saben hacer otra cosa, bueno sí. En las dictaduras irían al siquiátrico o la cárcel. En ese tiempo se encargaba -la dictadura de Franco- la iglesia católica apaleaba con el poder para hacer lo que les daba la gana. <u>Estaba prohibido enseñar la Verdad, como hoy en día.</u> Se compara a los que enseñan la Verdad como terroristas. Los seres humanos serían "Libres", comprenderían perfectamente las razones de sus existencias en el Planeta tierra. No pecarían de ignorancia porque su meta final: Alcanzar la Gloria de Dios convirtiéndose en dioses. Entonces la Iglesia-Estado del Sacro imperio no disfrutaría nunca -como hasta la fecha actual- del peculio de sus feligreses para continuar -siglos tras siglos- viviendo de la ignorancia de sus seguidores, recibiendo de los Jefes de Estados sus postraciones ante un Jefe religioso. Mientras los sacerdotes y monseñores no creen estas Verdades, los feligreses si han de creen en las terribles mentiras que uno escuchan cuando dicen: al beato o al santo que suben a sus alteres: él era un enamorado del corazón de Jesús, otro: él era un enamorado del corazón de Dios: sagrado corazón de Jesús.

Veamos, si ninguno de ellos han visto su propio corazón: el corazón de su Alma y menos al de su Espíritu. ¿Cómo son tan hipócritas al decir que ese futuro santo humano, estaba enamorado del corazón de Cristo? (Tv, 18/04/10) ¿Enamorado? Vulgares diablos terrenales.

La lengua es muy peligrosa. Los seres humanos cuando quieren destruir socialmente a una familia o persona individual, maneja de su entorno la "calumnia" y esta corre como el fuego llevándole a la destrucción social. El ser humano lo conoce perfectamente. Como presumir de una mentira y todos les creen. También lo sabe el ser humano. Ella o él continúan por ese desgraciado camino del diablo (la ira); destruir a su mujer, esposo, hijo, compañero de trabajo, etc. Todos los que han participado y promulgan esas mentiras o calumnias después le añaden -más difamaciones- de su cosecha maligna -encierran a su Alama- en su cobardía en futuros diablos del mundo de la tierra. Están en su "Libre Albedrío" de lo bueno y de lo malo -sean creyentes o no- para la Ley Divina todos están bajo la Ley de los Profetas o han sido Enseñados por Dios.

Como bien dice el Apóstol Santiago de una misma boca procede "Bendición" "maldición".

¡La Rueda de la Creación! ¡La Siembra y la Cosecha!

A 2.010 años de la muerte de Cristo -aunque algunos apuntan 7 años más por los falsos cálculos que el Sacro imperio romano se equivocó, al querer acertar la fecha de nacimiento- los astrónomos mirando el pasado no ven ninguna manifestación de conjunciones planetarias, pero -si mal no recuerdo- sucedieron 7 o 8 años antes. Por lo visto hoy estaríamos en 2.017 o 18 años (d. c). Todos sabemos que los Reyes Magos eran astrónomos y sabía que esa conjunción planetaria nacería el que profetizó Isaías.

"La Rueda de la Creación" finalizara cuando se acabe el Ciclo planetario (*Regeneración*) para la tierra. El tiempo que el Padre de Cristo tenga previsto para la Humanidad.

Para no profundizar más sobre los evangelistas en este capítulo y también las demás religiones. Lutero fue el culpable de borrar los escritos de *"Las Enseñanzas de la Rueda de la Creación y La Siembra y la Cosecha"*, para la futura evangelización de los cristianos protestantes. Es decir, lo que siembra en una existencia lo recogerás en la venidera. Sobre la Rueda de la Creación: nacemos, si hacemos mal o somos mal llevados en la doctrina de Cristo bajaremos a los infiernos hasta que pasado el tiempo volveremos a la tierra para rectificar y alcanzar otras cuotas para el progreso del Alma y no volver a visitar los infiernos. En síntesis. Pero para aquellos (conductores de humanidades) esos permanecerán en los infiernos por tomar el nombre de Dios en vano y llenarles de calumnias con sus mentiras e hipocresías y además por ocultar su Verdad, sembrando las mentiras del príncipe de este mundo: Satanás.

San Juan Cap. 6 vers 45.

"Escrito está en los Profetas: Y serán todos enseñados por Dios. Así que, todo aquel que oyó al Padre, y aprendió de Él, viene a Mí.

"<u>No le hagas a los otros lo que no quieres que se haga contigo</u>".

1º Mandamiento: "Amarás al Señor tu Dios con todo tu corazón, y con toda tu Alma, y con toda tu mente".

"Este es el primero y grande Mandamiento".

"Y el segundo es semejante: Amarás a tu prójimo como a ti mismo".

"De estos dos Mandamientos depende toda la Ley y los Profetas".

Estos dos Mandamientos demuestran a los ciudadanos del mundo de este Planeta que Las Enseñanzas de la Verdad no fueron para crear religiones de ninguna clase ni de ningún nombre porque esto supone como se ha comprobado en el mundo de esta tierra que ella está llena de sangre (guerras) a causa de las religiones de los hombres, que sin ningún temor a

Dios: su Ley, comenzaron a matarse y asesinarse los ciudadanos de todos los países solo por el Interés de la Ira, utilizando el Nombre del Padre de las civilizaciones. Así en todos los siglos de todos los tiempos hasta el presente. Sean las causas que fueren, el habitante al comprender y aprender (no de la memoria del Ego la de su Alma) por lo que siente sin haberlo estudiado ni cultivado de nadie es consciente de haberlo ejercitado ni se sabe cuando. ¡Lo siente! Las Enseñanzas de Los Mandamientos que Cristo dictó a Moisés tampoco fueron para organizar religiones; los judíos (lo sabe todo el mundo) no ceja en su empreño de dirigir el Planeta a su conveniencia. Todos los residentes de este mundo saben por experiencia o por conocimientos las artes de los judíos. Primero asesinando a todo aquel que vaya en contra de sus enseñanzas de hombres. Segundo, por imperio de la Ley al manifestar que ellos eran los elegidos de su dios Jehová. Tercero, vino Cristo al mundo para traer la Luz de su Padre, que es el nuestro, y en ningún momento nombró a Jehová como dios de los judíos: su Padre, salí de Mi Padre y volveré a Mi Padre. Jehová no le dictó Los Mandamientos a Moisés fue Cristo. <u>¿Quién es el mentiroso?</u>

No creo que sea necesario enumerar los acontecimientos del asesinato de Cristo. Los judíos tenían el antecedente del Profeta Isaías, pero ellos claro, como iban a creer al hijo de un carpintero. Igual sucede hoy en día que las religiones occidentales: católica, toda la rama de los evangelistas, testigos de Jehová, etc. Ellos nombran (cuando les interesan) las debilidades de los Apóstoles. No cumplen ninguna de las Enseñanzas, ni Los Mandamientos, pero sí nombran cuando Cristo le preguntó tres veces a Pedro si lo amaba (ellos dicen quiere); elige a los últimos de la sociedad para elevarlos a lo más alto; emplean otras palabras peyorativas, estos cobardes. Pues igual que los judíos se han dejado llevar por la Ira siglos tras siglos. No importa que les digan que están equivocados: su Ira alimenta la lujuria y la mentira. Son capaces de hacer toda clase de crímenes para defenderla, porque "temen" a la Verdad como los judíos. Aunque la iglesia católica y las evangelistas nombran los pasajes de los evangelios, sólo lo hacen por su interés: mantener a los pobladores del mundo (miles de millones de personas en todos los siglos) apartados de Las Enseñanzas de Cristo. Ellos llevan la luz de Lucifer, no la de Cristo porque quieren más la luz de la mentira que la Luz (el Amor) de Cristo que es la Verdad. Al papa le vienen llamando desde su inicio el vicario de Cristo (uno de los títulos del sumo Pontífice) sucesor de San Pedro. Pues como leerán más adelante, los Apóstoles se los entregó el Padre de Cristo a Él para que realizara su Obra hasta la finalización del Ciclo planetario. El Padre entregó a sus Hijos (los Apóstoles) para que su Hijo: Cristo, impartiera sus Enseñanzas de la Luz de su Padre a la Humanidad para apartarles de las Tinieblas que envolvían a las Almas al mundo del Planeta, como hoy. Los Apóstoles guiadores de humanidades, no eran unos desgraciados. ¿Pero que hace este papa, como todos los anteriores? Seguir engañando a la Humanidad que sin respetarse ellos mismos con su sentido común se dejan llevar influyendo a otros hombres perdiendo la libertad de ser Libres con Las Enseñanzas que los convertirían en "dioses" sobre la tierra venciendo a las Tinieblas de Satanás que gobierna al mundo. El vicario de Cristo (sucesor de San Pedro) no lleva Las Enseñanzas de Pedro, ni de lejos. No sólo él, también la Curia romana. La Ira que gobernó a los del Sanedrín, se trasladó a Constantinopla, al Sacro Imperio romano y demás nombres de iglesia como se conocen a las católica a través de los siglos hasta hoy.

Todas las religiones se pelean unas contra otras, como le ocurre al papa actual: "por culpa de los protestantes no pueden evangelizar al mundo porque según él éstos la impiden". De los testigos de Jehová para qué hablar. Si mentirosos son los judíos, más incluso son los dirigentes católicos que creen más a Satanás que la Verdad de Cristo. La iglesia católica tiene su fundamento en la (virgen) María que en Cristo, cuando ella lo que hizo como mujer fue traer al mundo la materia de Cristo. También hay un versículo que lo aclara. Continúan con la falacia. Pues uno de Los Mandamientos de Dios dice: "**No tendrás dioses ajenos delante de Mí, que estén en los Cielos, en la tierra, ni debajo de las aguas de la tierra ni los adorarás, ni les veneraras porque Yo Soy Tú Dios, etc.**

Los judíos al menos sí han respetado este Mandamiento, los evangelistas también, como los testigos de Jehová, etc. Pero, ¿qué ocurre con el sistema católico´? Ellos son más papista que el papa. Ellos se inventan una religión "nueva" (milenaria) en el nombre de Cristo. Usurpan el nombre de San Pedro para negociar con él como vienen haciendo los judíos con el Nombre de Moisés.

Ninguno de los seguidores de las diferentes doctrinas tampoco cumple el Mandamiento de la Ley y de los Profetas. "_Ama a tu prójimo como a ti mismo_" Cada seguidor es fiel a su doctrina y de lejos ve a las otras manteniendo una conversación social por intereses pero "amarlo" como ser humano: su hermano, eso es demasiado. Amén de que los otros hayan nacido en otras razas y se les consideren inferiores., etc. Así pues vemos claramente que no se cumplen Los Mandamientos de la Ley y de los profetas que son más antiguos que la Humanidad que está sobre la tierra.

Continuar con las mentiras de los hombres: creadores de religiones, no les llevaran a conocer si ustedes fueron primero predicados por el Padre Creador de los Universos y de nuestras Vidas: Almas. Todos estos sistemas analizados primero con la razón y después de años de profundizar en ellos, (la Memoria del Alma) será la que le dirá que efectivamente está en la Verdad. Jamás el razonamiento material de su Ego, indisciplinado y oscuro sin ninguna Luz de Cristo en sus Virtudes le despertará a la Sabiduría de su existencia. Así pues, cada cual es responsable de su Alma. ¿Está en la tierra para realizarse como médico, si así posee esa facultad, como la de ingeniero o albañil? Hágalo con Amor porque fortalecerá su Alma pero además no deben de olvidar (si son médicos) las enfermedades del Alma. Más importante que cualquier carrera universitaria o luchar por hacerse ricos en este Planeta, está su Alma que es la que le da vida a su cuerpo físico; la que permanece con usted desde el principio de su existencia (millones de años). "El Espíritu no se hizo para la materia sino la materia para el Espíritu". Venimos a la tierra desnudos y nos vamos igual, es la única realidad. Apartando todas las falacias desde la utilización de la Ilusión para fines materiales o creernos que somos alguien importante en el mundo de este Planeta manejando al ser humano: nuestro hermano con fines de lucro pierden la razón de su existencia. ¿Cómo sabe usted de la visita a este Planeta sin perfeccionarse dejando en el Libre Albedrío que otros lleven la razón de su Alma? Usted es dueño de su Conocimiento y de su sentido común. Busque su Verdad para decidir su Vida: Alma y haga su Voluntad. La Memoria de su Carácter le abrirá las vías para conocerse y comprenda para qué ha venido a este mundo y que obra es la que debe cumplir. Nadie más lo sabe, solo usted. Porque en usted están las "Tablas de su Vida" (Salomón) y nadie ni siquiera usted mismo puede abrir su Libro sin estar preparado y capacitado para ello. Imagínense los demás, por muy representantes de Dios, de lo que sean digan que son.

Juan Cap. 4 vers 20, 21.

"Si alguien afirma: "Yo amo a Dios", pero odia a su hermano, es un <u>mentiroso</u>; pues el que no ama a su hermano, a quien ha visto, no puede amar a Dios, a quien no ha visto. Y Él nos ha dado éste Mandamiento: el que ama a Dios, ame también a su hermano"

Mateo Cap. 7 vers 22,

"Así que en todo traten ustedes a los demás tal y como quieren que ellos los traten a ustedes. De hecho, esto es la Ley y los Profetas"

Juan Cap. 15 vers 22, 26.

"Si se mantienen fieles a Mis Mandamientos, serán realmente mis discípulos; y conocerán la Verdad, y la Verdad los hará <u>Libres</u>"

La Epístola del Apóstol San Pablo a los Romanos Cap.5 vers 12.

"...como el pecado entró en el mundo por un hombre, y por el pecado la muerte, así la muerte pasó a todos los hombres, por cuanto todos pecaron"

San Juan Cap. 15 vers 22, 26. *"Si Yo no hubiera venido, ni les hubiera hablado, no tendrían pecado; pero ahora <u>no tienen excusa por su pecado</u>"*

"Pero cuando venga el Consolador a quien Yo os enviaré del Padre, "El Espíritu de la Verdad", el cual procede del Padre, Él dará testimonio de Mí"

San Juan Cap. 14 vers 21.

"El que tiene Mis Mandamientos y los guarda, ése es el que me ama; y el que me ama, será amado por mi Padre, y Yo le amaré, y me manifestaré a él"

"<u>No le hagas a los otros, lo que no quieres que se haga contigo</u>".

Esta Enseñanza la sembró en el Planeta tierra el Amor de Abel para la Humanidad que de nuevo visitaba la tierra. Antes de Abel también visitaron la tierra los Profetas de Cristo en diferentes Continentes que ahora no existen. Pero esa Humanidad en Alma -dentro de los cuerpos físicos- tendrían que ocupar la tierra en general siglos tras siglos para evolucionar con los Seres Creados que daban sus Vidas para que los seres nacidos de la Creación llegaran a conocer en sus Almas el Bien y el Mal; marchasen por los Caminos que Cristo les iba marcando hasta su llegada. Han pasado 10.000 o 11.000 mil años desde la llegada de Abel a la tierra. También vino Krisna, Moisés, Buda y posteriormente Cristo. Moisés escribió *Los Diez Mandamientos* que les dictó Cristo, como habrán leído. De Krisna y Buda (sus sacerdotes) no han contado la Verdad; ni éstos tampoco trajeron el mensaje del Padre de la Humanidad, sino Cristo. El único que ha dicho: "Yo Soy la Luz del mundo", es Él.

San Mateo Cap. 5 vers 16. *"Así alumbre vuestra Luz delante de los hombres, para que vean vuestras buenas obras, y glorifiquen a vuestro Padre que está en los Cielos"*

El único que nos puso en contacto con el Padre de la Humanidad a través de la oración del "Padre nuestro…" Como comprenderán ninguno de sus mensajeros habló como Él ni hizo las Obras que Él hizo. Transmitió la buena nueva para la Humanidad que podríamos alcanzar con sus Enseñanzas convertirnos en "dioses".

¿Quién ha hecho las separaciones? ¡Las religiones! Hoy en día hay muchos conflictos en el seno familiar. Los políticos de algunas naciones -como España- que atropellan la Verdad con sus leyes de hombres y mujeres para terminar de destruir a la Humanidad de su país por encima de la mentira y del cinismo de la católica. Las religiones han separado a la Humanidad en creencias de hombres y cada cual pertenece a un nombre de iglesia llevándoles a las guerras por la falsedad. Cristo no creó ninguna iglesia, porque: *"donde hay dos o tres reunidos en su Nombre ahí estaría Él o enviaría a un mensajero."*

La Ley y los Profetas, lo repite Cristo: San **Mateo Cap. 7 vers 22**. Es el mismo significado por lo enseñado por Abel. El Cristo planetario trae la Luz a la tierra para que brille más fuerte que la luz del Sol.

Aquí en la tierra tenemos que estudiar para ser Abogados, Médicos, ingenieros etc. Así mismo como profesionales. Pero para predicar se estudia en la Universidad -cada cual en la suya- que no les enseñan como perfeccionar y purificar sus Virtudes. Alejan de los instructores católicos y evangelistas la Sabiduría de

Dios para que la Humanidad ilumine su Alma para que *"el Padre y el Hijo hagan Morada en él"*

No hay ninguna Universidad en el Planeta que enseñe como perfeccionarse alcanzando la Sabiduría. No las hay porque hubieran alcanzado el Amor y por tanto alejarían de sus cerebros de animales el "miedo" el "temor"; los deseos sexuales incontrolados que traspasan los límites del humano llevándoles a toda clase de perversidades (incluyendo a los sacerdotes y pastores evangélicos) que los animales con sus instintos conservan como naturales adecuados para su procreación.

De la Verdad o lo que piensan de ellos los aprendices de diablos lo sabemos y está escrito. Cristo dice: *"si se mantienen "fieles" a mis Mandamientos...conocerán la Verdad y la Verdad los hará Libres"* pero que ocurre los que predican son unos mentirosos; no creen en la Verdad, sí en las tinieblas y cada cual habla de la Verdad como si un tullido se apoderara de él.

Vamos a prestar mayor atención a estos dos versículos. Uno supuestamente escrito por San Pablo a los romanos y el otro por Cristo en San Juan.

Me cuesta creer que Pablo escribiese tales palabras del pecado. Demuestra un desconocimiento de la trayectoria de Cristo con la Humanidad. La historia de Adán y Eva es una terrible burla a éstos enviados a la tierra por nuestro Padre para traer al mundo, -de la nueva humanidad- a un mensajero de las Enseñanzas de Cristo del Cielo de los amadores.

Ésta escalofriante "mentira" a la pobre Eva y del infortunado Adán. Han pasado los milenios culpándoles de ser ellos los convictos del mal en el mundo de la tierra. Todas las negruras de las religiones de éste Planeta se creen la" Calumnia". Ahí entenderán que no hay manera de que los religiosos alcancen ningún Reino de los Cielos porque están sujetos a las energías del maligno que los escribió. ¿Lo han entendido? Es igual a la mente de Justiniano 1, (otro malandrín) derogó, asesino a miles de cristianos culpándoles de herejes porque creían en la reencarnación. Pues todas las personas son iguales -creyentes o no- .Están sujetas a la mente pérfida del Justiniano 1 por inventarse la Farsa y esa monumental tenebrosidad no les dejan encontrar la Verdad. En el Planeta existen el Bien y el Mal. Si nos instruimos en cosas buenas el Alma se engrandecerá pero si lo que aprendemos son malas cosas para nuestra Alma, ésta se obscurecerá. ¿Cómo pues impiden esa tremenda Calumnia que viaja del subconsciente al Inconsciente filtrándose al consciente del ser humano en cada existencia? Los que sustentan la Calumnia, permitiendo que el mal hable por su pensamiento o boca no es el Bien de su Alma y por lógico, ella (Alma) deberán sufrir en su materia (enfermedad) por ser sembradores del mal. La Humanidad religiosa no se detiene a reflexionar. Metidos en las profundidades de la cueva no ve ni el reflejo del Sol. Adán y Eva venían con los Profetas de la misma civilización de otros Continentes que se sumergieron en el mar, para ser los primogénitos con su Hijo Abel de las nuevas -siempre antiguas- Enseñanzas de Cristo. Tan sencillo como esto. De mal en peor las mentes de los que escribieron el Génesis idearon la desobediencia de Eva del árbol del fruto del Bien y del Mal. Perversos. Levantan otra Calumnia a Dios desterrándolos del paraíso. Su dios castigador: Satanás, miles de años como en la actualidad es el consejero ejecutor de los judíos, de los católicos, de los evangelistas y de los que sin creer en nada también les maldicen, culpando a Adán y Eva del mal en el mundo del Planeta tierra.

Para apartar la Calumnia, Cristo enseñó que el pecado no existía. En el futuro no tendría excusa para su pecado. ¿Las iglesias se han preocupado de rectificar esa soez, increíble mentira? Desde luego que no. El mal en sus materias, posesionando a sus almas continúan siglos tras siglos, existencias tras preexistencias limpiando de boca para fuera que el mal no es suyo. Tuvo que venir Cristo para desecharlo del Planeta. ¡No predicadores! Lean mejor sus Biblias. Aléjense de sus misas y sus púlpitos de predicar porque van a los infiernos junto a los católicos. No podrán alegar nada, porque no hay excusas. No hay pretextos; podría ocuparme algunas páginas siendo breve. Estoy hablando de la legendaria mentira. Otra: Llamar (padre) a los sacerdotes, etc. Está prohibido en sus Biblias católicas.

"El Espíritu de la Verdad" como es de suponer no lo tiene ninguno de los predicadores de la Palabra de Cristo. Si así fuera, hace siglos las Enseñanzas de Cristo en ellos, habrían acabado con todas las mentiras de los antiguos instructores y de los modernos también.

No es necesario decir que la religión o secta católica no tiene ninguna Verdad de Cristo como habrán leído y seguirán examinando. ¿No lo creen? saquen de sus bibliotecas las Biblias y verán que dicen lo mismo. Alégrense porque empezaran el Camino de Cristo.

Como dice la Ley y los Profetas. Todos los seres humanos somos iguales ante la Ley de Dios. El que posea mayor

Entendimiento debe ayudar a los Inteligentes y éstos a los listos y entre todos a los necesitados. El diablo es el que utiliza al ser humano contra sí mismo para negociar con él, destruirlo y arrasar al Planeta.

En el primer versículo de este escrito: San Juan llama "mentiroso" a quién dice que Ama a Dios pero odia a su hermano. No creo que sea necesario escribir nada. Cada cual mire su "viga" sobre todo estos miles de millones de seres humanos en todo el mundo de este Planeta que presumen de Amar a Dios diciendo que son católicos-cristianos; evangélicos-cristianos; testigos de Jehová-cristianos: evangélicos cristianos de San Pablo, etc.

Cristo dice que si se mantienen fieles a sus Mandamientos serán realmente sus discípulos; y conocerán la Verdad, y la Verdad los hará "Libres". Tampoco tengo nada que decir porque la evidencia es notoria. La Humanidad que se llama cristiana bautizadas en su Nombre, desde pequeños en una religión y de jóvenes y mayores en otras (miles de millones de personas) en este Planeta de la Verdad no saben nada en absoluto. De respetar sus Mandamientos amándolos en sus Almas, ninguno.

San Mateo Cap. 18 vers 19, 20, 21, 22.

"Otra vez os digo, que si dos de vosotros se pusieran de acuerdo en la tierra acerca de cualquier cosa que pidiera, les será hecho por Mí Padre que está en los Cielos"

"Porque donde están dos o tres congregados en Mí Nombre, allí estoy Yo en medio de ellos"

"Entonces se le acercó Pedro y le dijo: Señor, ¿cuántas veces perdonaré a mi hermano que peque contra mí?, ¿hasta siete?"

"Jesús le dijo: No te digo hasta siete, <u>sino aún hasta setenta veces siete</u>

San Juan Cap. 8 vers 12.

"Otra vez Jesús les habló diciendo: Yo Soy la Luz del mundo; el que me sigue, no andará en Tinieblas, sino que tendrá la Luz de la Vida"

Bien, como habrán comprobado aquí está el capítulo y versículo del que les escribí cuando Cristo le dijo a San Pedro que tendría que perdonar 70 veces siete. Lo he hecho porque los dirigentes católicos y evangelistas siempre preguntan en dónde se encuentra lo que hablo. Igual que los judíos de ese tiempo. Estos dirigentes vienen criticando a los Apóstoles a través de la historia. Siempre diciendo barbaridades desde sus oscuros corazones. <u>Aunque lo lean tampoco van a creer nada</u>. Seguirán el trazado por Satanás desde sus inicios.

De nuevo está claro que inventarse el Cielo en la tierra desde que comenzó el Sacro Imperio romano para alejar a la Humanidad del Camino de Cristo inventándose imágenes de todas clases y utilizar a María como único sendero de llevar a la Humanidad a la Presencia del Padre es una invención de las mentes creadoras de las tenebrosidades al servicio de Satanás.

Ellos nunca creyeron en la venida de Cristo a la tierra -igual que los judíos- y a 2.000 años transcurridos son unos infames por persistir que Satanás ocupe las mentes de sus seguidores, sabiendo que los llevarán a la condenación. A ellos les aterrorizaban (diablos reencarnados) que dos personas reunidas en el nombre de Cristo -estudiando de él- perfeccionado y purificando sus Virtudes no necesitaran de ninguna clase de iglesias para convertirse en "dioses". El negocio de utilizar el nombre de Cristo era el mismo que ya creo el sistema judío para monopolizar el nombre de Moisés vegetando de Él. Esta es la obra del diablo en el Planeta tierra. Desviar a la Humanidad Creada por el Padre de Cristo y de ahuyentarlas del Creador de la Vida.

Cristo desde tiempo inmemorial ha visitado la tierra con diferentes nombres para enseñar a la Humanidad con sus siervos, Apóstoles y Profetas el Camino de la Luz de su Padre para que la Humanidad comprendiera la razón de sus existencias.

"Yo Soy la Luz del mundo; el que me sigue, no andará en Tinieblas"

"Yo Soy el Camino, la Verdad y la Vida, <u>nadie</u> va al Padre sino es por Mí"

Nadie, cabecillas católicos usurpadores de la Verdad de Cristo a la Humanidad. Ninguno (mujer u hombre que dicen que están en los Cielos) puede llevar a la Humanidad a Dios, Creador de Todo lo que existe que ven nuestros ojos y Todo lo que coexiste y preexiste porque la oscuridad en las mentes no pueden percibir.

..."sino que tendrá la Luz de la Vida..."

Las Enseñanzas de Cristo a través de todos los tiempos era cristianizar el Alma animal en Alma Celestial a Imagen y Semejanza de Dios a una Humanidad que recibió la Esencia de la Vida en la Creación Planetaria por medio del mar. Esta Esencia recorriendo los Reinos de la Naturaleza llegó por fin al Reino humano (para convertirse en Alma viviente) y desde ahí era obra suya (Libre Albedrío) con su Voluntad e Inteligencia acercarse al Reino de Dios: Vive en la Humanidad (Venga a nosotros Tu Reino). Cristo vino a traer las Enseñanzas para que las Almas haciendo su Voluntad en Los Preceptos y Cultura del Alma; ser otro hombre, otra mujer con su Obediencia, su Camino a seguir. A través de los siglos esas Almas tendrían Fe porque sus Vidas (Espíritu de las Almas se los hacen sentir) por la costumbre adquirida por medios de los siglos hasta llagar a la época actual para continuar su Camino y poderse cambiar en dioses con el *Entendimiento, Memoria y Voluntad* de sus Almas Celestiales con la Luz de la Vida, asesoradas constantemente por la Sabiduría de sus Espíritus.

La Luz de la Vida para la Humanidad es para continuar aprendiendo de la Sabiduría del Padre Creador de Universos, Soles y Planetas. El ser humano que conserva, protege, resguarda y defiende su Vida, (aunque la pierda por defender a otros) mantiene la Sabiduría de su Espíritu para lo cual visita el mundo de este Planeta. La Luz de la Vida desde el Principio que Dios lo Creara hace miles de millones de años; esa Luz se transformaría en Alma Celestial a Semejanza de su Espíritu y éste de Dios Padre. Por esta razón Cristo dijo a Santiago cómo podía pedir tal cosa si conocía a su Espíritu. Igual ocurre en estos días. Los Egos impregnados a las Almas de los seres humanos desde el ciudadano inferior hasta los Jefes de Estados deciden cualquier medida en contra de sus Espíritus por la Ira de su Interés, Ambición, Codicia creando un maremagno de injusticia que desbordan la enorme capacidad de la Bondad. Los Espíritus de las Almas que viven la *reencarnación* siglos tras siglos tienen la obligación por la Luz de la Vida que habita en sus Almas hacer la Obra para Dios a través de sus Espíritus, los cuales son los "dioses" que habló Cristo. La belleza que quiere alcanzar el humano con los adelantos científicos nunca se puede comparar a la Luz de la Vida (divinidad) que tienen sus Espíritus. ¿Cuántas calamidades vive el Alma humana por no enseñarla la Verdad de la Vida? ¿Cuántas insidias viven en las sociedades al verse que no disfrutan de la hermosura, del bienestar económico y social los desamparados e indefensos dobladas sus Almas o Espíritus por la falsedad del que gobierna este mundo? Dios no es justo y peores cosas se escuchan de Él y de Cristo. Qué desventuras para el Alma ignorante. El único responsable de su Vida es el ser humano por incumplir Sus Enseñanzas y Mandamientos (Alma y Espíritu) transcurriendo su Vida en el mundo existencias tras existencias en la oscuridad y alejados de la Luz de la Vida y de la Verdad. Sufre porque él es el único comprometido de su Vida. Aunque no leyera nada de la vida religiosa pero fiel asimismo cada día a sus sentimientos y carácter -equivocado o no- encuentra el Camino de la Verdad, aunque no lo supiese; lo que siente en su Alma es la Predicación de su Padre Celestial, porque es su Hijo y no lo dejará vivir de las Tinieblas del mundo. Antes fue Enseñado por su Padre Creador de la Humanidad. Si fuéramos Sinceros con nosotros mismos no hacen falta predicadores de ninguna clase porque de los errores y negligencia se aprende, como así mismo del pecado también. Pues el que quiera encontrar su Verdad la Hallará y la Encontrará y después la Amará.

San Mateo Cap. 23 vers 4, 5, 6, 7, 8, 9, 10,11, 12.

"Porque atan cargadas pesadas y difíciles de llevar,

y las ponen sobre los hombros de los hombres; pero ellos ni con un dedo quieren moverlas"

"Antes, hacen todas sus obras para ser vistos por los hombres. Pues ensanchan sus filacterias y extienden los flecos de sus mantos;"

"y aman los primeros asientos en las cenas, y las primeras sillas en las sinagogas,"

"y las salutaciones en las plazas, y que los hombres los llamen: Rabí, Rabí."

"Pero vosotros no queráis que os llamen Rabí; porque uno es vuestro Maestro, el Cristo, y todos vosotros sois hermanos."

"Y no llaméis padre vuestro a nadie en la tierra; porque uno es vuestro Padre, el que está en los Cielos."

"Ni seáis llamados maestros; porque uno es vuestro Maestro, el Cristo."

"El que es el mayor de vosotros, sea vuestro siervo."

"Porque el que se enaltece será humillado, y el que se humilla será enaltecido."

San Mateos Cap. 20 vers 1-28 pero en los vers, 25-28 dice:

"Entonces Jesús, llamándolos, dijo: Sabéis que los gobernantes de las naciones se enseñorean de ellas, y los que son grandes ejercen sobre ellas potestad"

"Más entre vosotros no será así, sino que el que quiera hacerse grande entre vosotros será vuestro siervo;"

"como el Hijo del Hombre no vino para ser servido, sino para servir, y para dar su vida en rescate por muchos"

Copio hasta aquí el capítulo y versículos pero ustedes podrán seguir leyendo los restantes al capítulo que lógicamente van a entenderlo para que despierten sus Entendimientos a la Verdad de Cristo, no a la religiones de los hombres.

En el versículo 25 como habrán leído, el Sacro Imperio romano hasta la iglesia católica y romana y posteriormente cristiana (hasta hace 50 años) ha ejercido el mismo poder sobre la Humanidad llevando a los ciudadanos al miedo y al temor de su dios vengador (el de los judíos) llenando la tierra de crimines, saqueos, asesinatos y su santa inquisición dominando al mundo occidental a su antojo. Ese miedo y ese temor todavía están sembrados en el subconsciente de las personas que hipócritamente van a las misas por algún interés personal y los que asisten creyendo que viven en la Verdad, reflexionen porque están en las tinieblas del gobernador del mundo.

Benedicto XVI ha dicho: "El daño mayor para la iglesia proviene de todo lo que contamina la fe y la vida cristiana de sus miembros y de sus comunidades".

A él le gusta mucho nombrar a San Pablo para lo que le interesa. Repito que San Pablo -sus escritos- fueron a través de los tiempos manipulados por los obispos desde la iglesia de Constantinopla y del Sacro imperio romano. Porque es imposible que constantemente contradiga lo enseñado por Cristo a sus

Apóstoles. Ahora expliquemos lo que dice Ratzinger que tampoco tiene conocimientos alguno igual que Saulo de Tarso.

"Él dice que el mayor daño que se puede hacer a su iglesia es lo que contamina la fe". Él debe comprender que su iglesia no lleva verdad alguna de Cristo como vamos leyendo en estos versículos. A la "FE" no la puede contaminar nadie en general, sí el propio ser humano en particular tenga -dicen- fe en cualquier sistema religioso. La fe no es del Ego, del Alma. Por todo ello usted debería dejar su apostolado y marcharse a su casa tranquila porque está sirviendo al diablo, no a Cristo. Lo que contamina al Alma es la "Lengua": Ser mentirosos, hipócritas, cínicos, egoístas, avariciosos, codiciosos. Ocultar la Verdad (Enseñanzas de Cristo) y saturar su iglesia de mentiras de siglos que lleva a sus parroquianos al infierno. Aunque Cristo no hubiera venido a la tierra, el ser humano lleva la Vida de Dios (Su Luz) en el Alma porque le concedió la Vida amén de que todos los seres humanos que están en la tierra antes fueron Enseñado por Él. Yo se que usted no cree lo que digo porque usted hace la Voluntad de Satanás al defender las mentiras de siglos. Toda su iglesia es una invención de hombres, llena de tinieblas aunque tengan a los sacerdotes para perdonar los pecados y engañar a sus feligreses en la hipocresía. Ustedes no pueden perdonar ningún pecado porque el deber del cristiano es Ser sincero solicitando el perdón a quien ha lastimado. Para recibir el perdón debería reparar su daño con obras materiales o espirituales y sentir que su perjuicio se ha ido de su cuerpo (el diablo) Por lo tanto métanse en la cabeza "ser sinceros" y aprender de esta Virtud y tener la lengua bien sujeta al "Bien" para que sus fieles sientan cada domingo o cada día en sus misas que la <u>lengua</u> es la que <u>contamina</u> al Alma, si además están instruidos en las mentiras, ¿cómo lo corregirá usted? ¡Imposible!

Una vez más comprobaran el engaño de ésta religión (la católica) que ha atrasado a la Humanidad durante siglos, para transportarles al Infierno del cual ellos proceden. Porque la Verdad es del Padre de Cristo y por lo tanto del nuestro, como ciudadanos Creados por Él para que les conozcamos haciendo su Voluntad no para llevarnos a las Tinieblas -que ya existían- antes de la venida de Cristo con la Luz de su Padre, para una humanidad temerosa e ignorante que durante muchos miles de años vivían -como lo hacen hoy en día- viéndose como enemigos en vez de hermanos de la Creación. La iglesia católica -los creadores de éste sistema- desde hace 1.700 años han llenado el subconsciente del ser humano de las Tinieblas de Satanás: padre de la Mentira y homicida desde siempre haciendo la energía de él y es apartar a la humanidad del Camino de la Verdad; la Vida y de la Justicia para convertirse en dioses a *Imagen y Semejanza de su Creador el Padre Eterno*.

Así pues está bastante claro: No llamen _padre_ a nadie ni maestro porque todos somos hermanos. Si se desobedece por temor o miedo -filtrado por las huestes de Satanás (Sacerdotes, Obispos, cardenales y sus mismos papas, que admiten que les continúen llamando padre santo) los responsables de la indisciplina será la de ustedes no la Verdad de Cristo o la de su Padre, que repito es el nuestro. Quebrantamos a Dios que nos ha regalado la Vida: Alma y admitimos a quiénes no nos han dado absolutamente nada, solo la traición de generación en generación.

Durante 1.700 años los sacerdotes y obispos se paseaban por las calles (igual en este tiempo) de todos los pueblos de España, de Europa y por todo el mundo conquistado por la fuerza como cristianos permitiendo que en cada esquina o en las plazas se les besasen la mano inclinándose las personas por respeto -miedo y temor- por lo que les pudiera suceder. El obispo sentado en la parte de atrás de su vehículo iba mostrando con orgullo satánico su "anillo" para mostrar su poder terrenal. Lo que han sembrado hasta hoy lo saben ustedes mejor que el que escribe. La Biblia como está escrito estaba prohíba leerla porque ellos eran los interpretadores (representantes de Dios en la tierra) de la Palabra de Dios. Ocultar la Verdad ha sido su obra, la misión del diablo que aún perdura y se mantendrá hasta que el mundo pase como Enseña Cristo. Prisioneros están en la "cárcel" de Satanás. Ése es su mundo y quieren llevarse con ellos a los Hijos de Dios destruyendo la Obra de Cristo. Pero una cosa es lo que piensa Satanás (ya juzgado) y otra la Ley de la Justicia Divina para el mundo de este Planeta. No se preocupe por la Fe de su iglesia porque nadie la tiene. A través de los siglos no se han preocupado de perfeccionarla -como Enseña San Pedro- ni usted mismo tampoco.

..."*el que es mayor de vosotros sea su siervo...*"

¿Cuando han visto los católicos (fieles) de todos los tiempos que esta Enseñanza la vieran en la Curia romana? ¡Nunca! No solamente los católicos también todas las religiones que se llaman cristianas evangélicas exceptuando a los misioneros de unas y otras. Los misioneros católicos van extendiendo la mentira para que los pobladores de otros países tampoco encuentren la Verdad sin embargo los evangelistas anhelan que dichos pobladores admitan la Presencia de Dios en sus corazones aunque ellos conocen a ciencia cierta que todavía no están fortalecidos de sus creencias porque tampoco llevan la Voluntad de Dios en sus corazones sí la cabezonería de sus Egos.

La Voluntad de Dios la trajo Cristo a este Planeta: *"Los Diez Mandamientos"* y *"Las Enseñanzas eternas de la Verdad"* para que las personas comprendieran que después de la muerte física seguirían existiendo porque estarían vivos por Las Enseñanzas del Padre al Hijo o como está escrito:

San Mateo Cap. 22 vers 31, 32, 33. *"Pero respecto a la resurrección de los muertos, ¿no habéis leído lo que os fue dicho por Dios, cuando dijo: Yo Soy el Dios de Abraham, el Dios de Isaac y el Dios de Jacob? Dios no es Dios de muertos, sino de vivos"*

Todas las religiones confunde la resurrección. Los dirigentes religiosos piensan que una vez la muerte física ha aparecido, esta persona jamás vivirá hasta el juicio final. Dios es de vivos (no de muertos, señores) y volverá a este Planeta u otros si es la Voluntad de Dios para seguir con el progreso espiritual de su Alma. El Alma que cumple sus Mandamientos y Enseñanzas <u>jamás está muerta, sino viva</u>. Su Alma está viva y puede tomar materia no solamente en este lugar que conocemos como tierra, en cuantos Planetas hayan nacido antes con la materia que tuvo en ese lugar. Dejan la "resurrección" para cuando Cristo regrese a recoger sus ovejas, llevarlas a las moradas de su Padre y los que se queden finalizaran su existencia desaparecidos por el fuego. Esto los saben todos los instructores religiosos católico, evangelistas, testigos de Jehová etc. Pero ellos de sus oscuridades la interpretan como el día del juicio final. Ya he hablado de la "Regeneración" del "Renacer" de la "Rueda de la Creación" de la

"Siembra y la Cosecha". Los judíos de la antigüedad cuando le preguntaba a Juan el Bautista quién era, si era un profeta de la antigüedad, como a Cristo. Significa que los judíos creían en la <u>Reencarnación</u>. Bien leamos otro versículo.

San Lucas Cap. 9 vers 59, 60.

"Y dijo a otro: Sígueme. Él le dijo: Señor, déjame que primero vaya y entierre a mi padre."

"Jesús le dijo: <u>Deja que los muertos entierren a sus muertos</u>; y tú ve y anuncia el Reino de Dios".

Sería recomendable que leyesen el cap. desde el vers, 57 hasta el 62.

Podría escribir por mi mismo pero la Verdad hay que defenderla y aclararla con las mismas Palabras de aquél que las trajo al mundo de este Planeta o de las pocas pero suficientes para que los ciudadanos encuentren su Razón de existencia en el plano que nos hallamos. Como verán ustedes se habla mal de las contradicciones que hay en el Libro (La Biblia) pero también ha sido intencionado por todos aquellos que bajo la autoridad de los papas precedentes, como los de ahora cambian (para sus intereses) lo que les convienen para mantener a la población en la incertidumbre de la Verdad, dejándose llevar por las tinieblas de todos éstos que se llaman Vicarios de Dios en la tierra y de todos sus cardenales, inventándose "dogmas" "misterios" "ritos" "ceremonias" "solemnidades" etc. Ya leerán su eucaristía, la cual dicen de ella: es un sacrificio.

¿Es de juicioso pensar que los seres humanos que han venido a la tierra antes de Cristo no tengan la posibilidad de alcanzar su

Luz? ¿Miles de millones de Almas en todo el Planeta permanecerán en las tinieblas de Satanás porque nacieron primero, que Cristo visitara la tierra? ¿Están condenadas por los siglos de los siglos en los infiernos o avernos como se llamaba antes?: ¿Sus siervos, apóstoles y profetas de la antigüedad que han dado sus Vidas por hablarles al pueblo de la venida del Hombre-Luz para atraerles felicidad, jamás sabrían nada de Él? ¿Cuántos filósofos han sido asesinados como Sócrates por defender lo que él creía Dios? Alejando a los dioses griegos. ¿Cuántos filósofos han asesinado en Roma por los sádicos enfermizos de la Ira?: ¿Sus César? ¿Antes de la venida de Cristo como posteriores a Él no tuvieron la oportunidad de escuchar su Palabra? ¿Sería lógico? Desde luego que no. Por tanto Dios es más sabio que yo y también su Hijo que si hago su Voluntad me podría llamar "amigo"; hermano de la Creación de su Padre, también. Cristo a través de sus Apóstoles (mensajeros) siervos y cualesquiera que han encontrado su Camino aquí en la tierra no dejará de predicar para que la Luz que el trajo al Planeta se conserve cada día más fuerte para el bien de los Hijos del Creador. ¿Dejará a nadie que no tenga la oportunidad de escuchar su Palabra? ¡Por todos los Reinos del Planeta! Por todo ello la Reencarnación existe. Ya lo dijo: si nadie habla (ser humano) las piedras lo harán por Mí. Los que se creen cultos piensan que esto es una metáfora.

San Mateo Cap. 16 vers 24, 25, 26, 27, 28.

"Entonces Jesús dijo a sus discípulos: Si alguno quiere venir en pos de mí, niéguese a sí mismo, y tome su cruz, y sígame."

"Porque todo el que quiera salvar su vida, la perderá; y todo el que pierda su vida por causa de mí, la hallará."

"Porque ¿qué aprovechará al hombre, si ganare el mundo, y perdiere su alma? ¿O qué recompensa dará el hombre por su alma?"

"Porque el Hijo del Hombre vendrá en la Gloria de su Padre con sus Ángeles, y entonces pagará a cada uno conforme a sus obras."

"De cierto os digo que hay algunos de los que están aquí, que no gustarán la muerte, hasta que hayan visto al Hijo del Hombre viniendo en su Reino."

Una vez leído el primer versículo que permanece en los corazones de los seres humanos que están en el Planeta comprenderá -negarse a sí mismos- se refiere al conjunto de los Yo-es ("Emociones") que conforman el Ego. Pero antes de entrar en el tema haré un llamamiento al sentido común de cómo se ha gestado la operación de dar a luz a una enorme Mentira transcendental desde el principio del catolicismo; antes, Sacro Imperio roano, hasta el catolicismo-cristiano. Aquí vemos con claridad que el bautismo católico no tiene nada que ver con el Libre Albedrío de las personas de decidir que religión convengan llevar. Cuando la iglesia católica presume de los millones de personajes -dicen- llevan sus enseñanzas de hombres nunca dicen que fue por imperativo de las conquistas: robos, amenazas, coacciones, violencias, persecuciones, encarcelamientos, violaciones, crímenes, amenazas de los castigos al infierno; sobre todo las inminencias del dios castigador etc. Durante 2.000 años han obligado bajo pena de muerte sumar a su sistema político miles y millones de seguidores para crear lo que hoy se entiende iglesia católica representada mundialmente bajo el poder terrenal con sus vicarios infalibles al frente. Por cierto, ¿cuándo dejaron de ser infalible? Convertirse en católicos en el Libre Albedrío los podemos contar con los dedos de las manos y nos sobran algunos. Los que lo hacen son por cuestiones políticas dominadas hoy por las dictaduras, por el miedo a cólera de dios, que se manifiesta "sembradas" en los subconscientes de las familias como enfermedades hereditarias hasta hoy de millones de personas que no asisten a las misas religiosas; los que lo hacen por intereses del que dirán, bautismos, bodas, entierros, etc.

"Tomar la Cruz" para seguir la Verdad trae como consecuencia una enorme lucha en contra de sus mismas Tinieblas (Emociones para la ciencia del hombre) y (Huestes de Satanás para los creyentes-cristianos) que gobiernan el mundo de este Planeta esparcidas por los judíos, católicos, luteranos, evangelistas, budistas, testigos de Jehová. Bueno para qué seguir nombrando: Todas en general, incluyendo a las sectas de todo tipo, que vivan apartadas de Cristo. Seguir a Cristo acarrea no hoy pero si mañana, (si continúa con sus Enseñanzas) la discordias, desacuerdos, oposiciones con sus hermanos, madre, padre, etc. *Porque, "los primeros enemigos los encontrará en su familia"*. La iglesia católica como las demás no tiene ni idea. Luchando contantemente por unir las familias como vínculos entre ellas y Dios. "Lo más importante que Dios ha creado", para hablar en contra del movimiento políticos de los partidos en su país como de los diferentes. No por otra cosa les importan. Se les ve que tampoco conocen esta Enseñanza como consecuencia de seguir el Camino de Cristo: su Luz, que huirán de él porque les molestan su presencia. Nada más que eso: injuriándoles, calumniándoles, desprestigiándoles, etc., sus mismos familiares.

En el último versículo de Mateo dice, leámoslo de nuevo:

"De cierto os digo que hay algunos de los que están aquí, que no gustaran la muerte, hasta que hayan visto al Hijo del Hombre viniendo en su Reino".

¿*Es* que de los que están ahí no morirán jamás hasta su llegada? Por lógica indudablemente no. Entonces quiénes les escucharon comprendían que volverían a nacer o estarían vivos en ese tiempo que es el nuestro o más adelante, -no se sabe- pero ellos sí estarán vivos cuando este hecho acontezca.

San Mateo Cap.19 vers 13, 14, 15.

"Entonces les fueron presentados unos niños, para que pusiese las manos sobre ellos, y orase; y los discípulos les reprendieron".

"Pero Jesús dijo: Dejad a los niños venir a mí, y no se lo impidáis; porque de los tales es el reino de Los Cielo".

"Y habiendo puesto sobre ellos las manos, se fue de allí".

Como leen ustedes el bautismo católico es otra falacia de la dictadura eclesiástica para atemorizar a los padres que sino se bautizaban a sus hijos y morían, éstos se iban al "limbo" a sufrir la soledad del espacio sin tiempo.

Ni al Cielo ni al infierno. Otra invención católica: el limbo.

Creo que ya he escrito los sufrimientos que durante siglos y siglos causaban a los padres si vivían un hecho real de quedarse sin su hijo. En fin espeluznante. Porque ellos sí, estarán en los infiernos hasta dirimir el agravio tan grande causado a miles o millones de familia en el Planeta.

Corregir sus pecados pasados -de los que habla San Pedro- al encontrarse con sus Virtudes ocasiona un sufrimiento para el Yo humano acostumbrado hacer lo que le da la gana o lo que les permite la ley del hombre en su país. La carga sicosomática -energía mencionadas- en contra de su Alma será mayor si despreocupado de su Vida habrá vivido de acuerdo a los egoísmos; a sus ambiciones; codicias, por ser alguien importante en este mundo. Desde los Jefes de estados al más humilde habitante de la tierra. Diferente será para los que defendiendo mentiras en contra de la Verdad se han erigido en conductores de Almas para apartarla del Camino y de la Vida. Los primeros serán responsables de sus vidas. Los segundos son garantes ante Dios de apartar de su Camino a sus criaturas.

El negarse a sí mismo es perfeccionar su Alma purificando la Virtudes, alcanzando el Entendimiento de la Luz de sus Espíritus convirtiéndose en dioses. Es el Camino de la Vida que le llevará a vivir siempre en cualquiera de las Moradas de las que habló Cristo y de los cientos de Planetas que gobierna el Cristo Planetario que habitan en el Universo. También se debe meditar en Las Bienaventuranzas.

El sendero del mundo (los Egos) a las Tinieblas de la destrucción. "La Ira" es la peor de las energías malignas para el Alma humana. Destroza su cuerpo físico y debilita sobremanera el Alma, llevándose su Luz. Necesitará de mucho tiempo para encontrarse físicamente bien o mejor. Todas las energías que menciono en este libro, llámense pasiones pueden ser controladas por su sentido común. La Ira es más fuerte que el mismo Odio, perdiendo el individuo el sentido de la realidad porque ésta energía le hace ver otra diferente que le beneficie a él, destruyendo a sus mismos familiares, amigos etc. Llevándose del mismo Odio como del cinismo de la Mentira o la venganza de la Envidia.

En el versículo siguiente habla de la fortaleza del Alma en contra de las dictaduras de los gobiernos aunque vivan en democracia. Hoy en día defender la Verdad le acusan a uno de terrorismo los que viven (mueren) de la mentira. El que está en la verdad aporta como consecuencia (la Luz de Cristo) la persecución de los mismos de siempre en diferentes cuerpos de existencias. Son los diablos reencarnados que se visten con la materia humana. No solo son perseguidos los que predican o tratan de perfeccionarse sin decirlo a alguien. También lo hacen los cazadores de las Ciencias y las Artes. No olvidemos la caza de brujas a todos aquellos que fueran en contra de la Iglesia romana que hoy el hombre goza de sus adelantos y la iglesia negaba costándoles la vida llevándoles a la hoguera. Hoy es igual le persiguen hasta llevarles -piensan ellos- a cualquier enfermedad mental que jamás curan a nadie pero si saben como producirlas.

El versículo siguiente: ¿qué aprovechará al hombre, si ganare todo el mundo, y perdiere su alma? ¿O qué recompensa dará el hombre por su Alma? Si el hombre pierde su Alma: la Vida. Vivirá de la concavidad de las tinieblas en el mundo gobernado por Satanás. Será el último de las huestees esclavizados como los sentenciados sin límites en la traición a su Alma. Deambulará con el cuerpo que él creó hasta que le llegue la orden de maltratar a sus propios hijos; a las personas que en la tierra él ha querido; sufrirá todas las calamidades que él sembró en la tierra y las injusticias del padecimiento ocasionado a sus familiares y amigos de los agraviados. Lo vivirá una y otra vez como una película que se repite constantemente con los sufrimientos incluidos. O se los lleva Satanás o trasladarán su cuerpo a los Planetas atrasados -que llaman infiernos- y les esperan siglos de padecimientos. ¿Qué recompensa? La Luz de su Alma es la Luz de su Espíritu que a través de los siglos contando solo el tiempo que ha vivido como ser humano sin su Conocimiento consciente ha ido alcanzando una Luz por todos los sufrimientos que en cada existencia adquirió. Si la vende al mundo para alcanzar puestos de relevancia; satisfacciones en los placeres lujuriosos; crímenes; asesinatos entregando la Luz de su Alma que no es suya a las Tinieblas del mundo a cambio para alcanzar un puesto en la gobernabilidad de Satanás, su Espíritu cortará la Luz de la Vida para impedir que tiren de Él hasta llevarles hasta las Tinieblas. Entonces el individuo fallecerá para la tierra pero seguirá con la energía del mundo a las órdenes de Satanás.

El último versículo es para aquellos miles de personas o millones que temiendo morir por la causa de Cristo han huido de ella hasta llegar el día como Él ha profetizado que su Palabra era Verdad.

..."que hay algunos de los que están aquí, que no gustaran la muerte...lean el versículo.

Cristo está profetizando al narrarles de los que están a su lado creerán al ver al Hijo del Hombre viniendo en su Reino. De nuevo nos encontramos con la reencarnación. Hoy podemos hablar de 2.000 años más o menos. Lo que significa, si estamos al final de los tiempos esas personas estarán en la tierra, si no fuera así no habrían nacido todavía. Pero desde que lo escucharon hasta ahora en sus diferentes existencias jamás habrán muerto por defender a nadie.

San Mateo Cap. 19 vers 28, 29, 30.

"Y Jesús les dijo: De cierto os digo que en la <u>regeneración</u>, cuando el Hijo del Hombre se siente en el Trono de su Gloria, vosotros que me habéis seguido también os sentaréis sobre Doce Tronos, para juzgar a las doce tribus de Israel"

"Y cualquiera que haya dejado casas, o hermanos, o hermanas, o padre, o madre, o mujer, o hijos, o tierras, por mi nombre, recibirá cien veces más, y heredará la vida eterna"

"Pero muchos primeros serán postreros, y postreros, primeros.

Cuando hablé de *"La Rueda de la Creación"* y de *"La Siembra y la Cosecha"* encontramos de nuevo la palabra *"regeneración"*: evolución sistemática sucesiva, transformadas de una realidad. En cada existencia irá sumando o multiplicando su Bien: *Memoria, Voluntad, Entendimiento* en el Conocimiento de su Alma y Espíritu de **Las Enseñanzas y Mandamientos de Cristo y de Dios su Padre** para adquirir más Sabiduría y Amor que es la Luz (Esencia Divina) transformada por medio de los milenios en un "cuerpo espiritual" que vive dentro de sus diferentes materias hasta finalizar el Ciclo planetario. Ya habrán entendido a San Pedro al hablar del *"Renacer"*, no como predican los evangelistas (porque los dirigentes católicos jamás les he escuchado nada, y por escribir nada absolutamente creen en la "multiplicidad de los panes" de los 5.000 mil) Para ellos muy cultos de sus Universidades siguen creyendo que eso fue una metáfora. Lo escucharon en Madrid dando clase de religión. Es una pena que no le preguntara su nombre porque aquí iría plasmado ese vasco.

Porque al creer en Cristo y recibir el bautismo renacen a la vida eterna resucitando a la llegada de Cristo. ¿Los evangelistas no han leído que Dios es de vivos y no de muertos? Para los dirigentes eclesiásticos también tomen nota. ¿Pero, qué sentido común gobiernan a todos éstos dirigentes del cristianismo? Los católicos que los llaman cristianos, no lo son porque lo expresen así. No lo son porque al leer estos capítulos y versículos que están en sus Biblias, la Curia romana no cumple ninguna Enseñanzas de Cristo. Ya me dirán ¿qué clase de religión o secta es esa doctrina de hombres terrenales dominados por las energías del príncipe de este mundo?

A los creadores del sistema católico a través de los siglos les ha dominado la "Ira". Muy grave enfermedad es, que destruye su cuerpo físico pero aquí a quiénes arruinan son a sus Almas convirtiendo la Luz de Cristo: la Vida, desde su nacimiento en las continuas reencarnaciones para que limen su pasado, multiplicando la oscuridad de sus Egos formándose cuerpos espirituales de maldad de acuerdo a quiénes sirven y es fácil de averiguarlo. ¿Cada uno se mire y sienta por qué la energía de la maldad le esclaviza? Dirán que ellos no son esclavos de ninguna energía maligna defendiendo a su Ego orgulloso y prepotente inclinándose con devoción hacia su santo padre que es una criatura igual que él antes los ojos de su Creador. Ya podrán decir lo que quieran. Palabras no les faltan, desde luego, pero de la Verdad muy poco porque siguen las mentiras (miles de años) de sus antecesores. Así pues, ese es el cuerpo que tendrán cuando fallezcan porque ellos mismos fueron sus constructores: mentiras, orgullos, soberbias, hipocresía, vanidad espiritual; llenos de temores y miedos. Luego quieren nombrar santo a Juan Pablo II, no les digo que la "Ira" los mantienen ciegos y en esas negruras quieren llevar a miles de millones de personas en este tiempo a los infiernos. No podrá ser santo porque jamás en su apostolado instruyo a sus feligreses que practicaran <u>Los Diez Mandamientos</u> (como ningún papa, incluido el presente) además se inventó cien (100) preceptos para revolucionar a toda la sociedad. Tampoco aleccionó a sus obispos y sacerdotes, enseñaran El Camino de la Verdad y la Vida, por el contrario bien se preocupó de la (virgen) María en la supuesta aparición de Fátima cuando fue a darles las gracias después de su atentado. Puro marketing para gestionar más aún el engaño.

Cristo dice...*que en* <u>la regeneración</u> *cuando el Hijo del Hombre se sienta en el Trono de su Gloria, vosotros que me habéis seguido...*

...*me habéis seguido*. No ahora que lo están escuchando (en ese tiempo, 2.000 años ah!) en un futuro próximo, hasta su llegada a recoger a <u>*los justos a la Vida Eterna.*</u>

No debemos olvidarnos, me incluyo cuando dice que muchos primeros serán postreros y viceversa. ¿Quién se atribuyó que "postreros" se refiere al final de los tiempos? ¿Los que escucharon posteriormente las Enseñanzas y fueron más fieles que los primeros? ¿O en las sucesivas reencarnaciones se dedicaron con más esfuerzo y anhelos a los principios aprendidos y Enseñado por Cristo o por algunos de sus mensajeros cuando estaban en las materias?

Todas estas religiones occidentales llamadas cristianas que no cumplen **"Los Diez Mandamientos"** ni **"Las Enseñanzas Eterna de la Verdad"** todavía como dicen los sacerdotes y obispos en el altar: La misericordia de Dios. No tienen ni idea lo que significa, con esa hipocresía y cinismo esperando que Dios haga algo por ellos cuando ellos no hacen nada por sí mismos. Es decir: no tienen *Misericordia* de ellos mismos y esperan que Dios sí la tenga. Creo que deben padecer alguna enfermedad mental. O como no se cansan de decir que Dios necesita de los hombres…pero se confunden de Dios, ellos se refieren al otro: a Satanás que sí necesita de los hombres para llevarles a la miseria en su Vidas espirituales como viene ocurriendo siglos tras siglos y vamos para 2.000 años y más, claro.

San Juan Cap. 15 vers 3. Pueden leer el capítulo completo.

"Ya vosotros estáis limpios por la Palabra que os he hablado"

Recuerdan que Cristo dijo: *"Venid a Mí todos los que estáis cargados y trabajados que Yo os haré descansar…"*

Han leído el versículo anterior, aunque como dije, pueden leer el capítulo completo. Si Cristo enseña al que hiciere la Voluntad de su Padre: *"Amar los Mandamientos"* para fortalecer el Alma alcanzado su Luz durante 1.500 años antes, para estar preparados para el Nuevo Mandamiento: *"Amar a tu prójimo como a ti mismo"* -también explicado- y recibir *El Espíritu de la Verdad* que les hará saber en cada momento todas las cosas de Él para llevar su Camino hacia el Padre eterno de la Humanidad, transmutando su Alma a Celestial con la personalidad de sus Espíritus, los cuáles son "dioses" -también leído como responsabilidad para el Alma humana- y pensar sobre todas las cosas en lo eterno para lo cual fuimos Creados hace miles de millones de años.

Cristo les dijo a los Apóstoles que estaban limpios, por la Palabra que os he dado. Ésta su Palabra es "LUZ" para el Alma oyente que creen en Él, desprendiendo de sus Egos todas las energías del mundo que viviendo de la ignorancia al desconocerse a sí mismo en principio y las mentiras aprendidas del Antiguo Testamento de los judíos con el pecado del mundo -Adán y Eva- de los castigos divinos, de la ira de Dios etc. Todas esas energías del mundo que esclavizan al Alma humana con la infinidad de decretos promulgadas por los judíos que no había hombre que los pudiese cumplir, eran suficientes los temores y los miedos que llevaban a la Humanidad por los senderos de las tinieblas de la desesperación; imposible que el humano de aquel tiempo alcanzase la Paz y de este tampoco porque continúan las amenazadas de su dios con las religiones actuales. Cristo enseñó -también leído- que nadie había pecado, pero ahora no había "excusa" para su pecado.

No hay ni uno de los dirigentes católicos ni de sus seguidores como los pastores evangelistas y los creyentes en Cristo que tengan en sus Almas *"El Espíritu de la Verdad"*; imposible que los poseen y se mantengan en las oscuridades de su creencias de hombres pecando constantemente (La Lengua) en contra del Padre de Cristo y sus Enseñanzas. Viven de las tinieblas de este mundo, nada más. Si fuera cierto irían "libres" con su pensamiento en Cristo en la lucha del mundo realizando su obra, como en el versículo siguiente.

San Lucas Cap. 9 vers 49, 50.

"Entonces respondiendo Juan, dijo:

"Maestro, hemos visto a uno que echaba fuera demonios en tu Nombre; y se lo prohibimos, porque no sigue con nosotros"

"Jesús, le dijo: No se lo prohibáis; porque el que no es contra nosotros, por nosotros es"

Aquí podemos comprobar a través de la historia del cristianismo como los hombres con diferentes enseñanzas -todos en la mentira- defendían sus creencias asesinando a las personas por el sólo "Interés" del mundo. La Humanidad comete un grave error culpando al cristianismo con el catolicismo y a los evangélicos. Ninguno de estos -miles de millones de personas en el mundo- dicen que creen en Cristo, cada cual con sus doctrinas de hombres sin llevar a cabo la principal de San Pedro que son la *Perfección y Purificación de los antiguos pecados de sus Almas*. De trabajar, <u>nada de nada</u>. Cristo nos salva. La Misericordia de Dios se compadecerá, etc., etc. Todos estos iniciadores tampoco practicaban las Enseñanzas de Cristo, como los de ahora y siguen como sus predecesores hablando, hablando, hablando pero de Purificar sus Virtudes, -repito- como Enseña San Pedro, ninguno. Continúan pensando porque así han sido enseñados unos y otros que Dios ama a la Humanidad y no la desampara. Son como los hijos del diablo: desobedientes. Está la Ley y las Enseñanzas para encontrar su Camino y los "listos" humanos incumpliéndolos todavía esperan a la Misericordia. Al menos trabajen consigo mismos y Dios dirá, pero permanecer tumbados "vagos", esperando el qué. Hipócritas (diablos) dominadores de la materia en sus Egos. Cristo enseñó: *"Pedid y se os dará, llamad y se os abrirá"*...etc. Entonces ¿qué esperan?

Volvamos al primer versículo: ¿Quién desde los sacerdotes al papa en todos los tiempos han alejado las oscuridades de las

Almas de sus oyentes para dejarlas "limpias" de las ataduras de Satanás? Igualmente a los evangelistas, ¿desde sus iniciadores hasta el presente poseen el "don" de la Palabra de Cristo para que vivan en la "libertad" de encontrar su Camino? ¡Ninguno!. Entonces, ¿por qué siguen con las mentiras de siempre?

Ninguna de las religiones occidentales -que es el tema- practican las Virtudes que traen de sus existencias anteriores, (porque no creen en ello aunque estén escritas) porque éstos iluminados por el diablo han impedido y continúan erre con erre sometidos a las Tinieblas del mundo que gobierna Satanás.

Todas las religiones levantan "calumnias" a Dios Padre repitiendo las Enseñanzas del diablo de los judíos sembradas en los católicos y éstos a los evangelistas: "La Ira de Dios". Todos serán juzgados por sus propios Espíritus al permitir que la lengua de sus bocas sirvan como instrumentos a las energías del mundo: Satanás, para ir en contra de sus hermanos de Creación viéndoles como enemigos, incumpliendo el Mandamiento de Cristo de "amarse como hermanos"

Esto es lo que ha conseguido Satanás con sus mediadores 2.000 años: Odiarse; llevar la ira en las relaciones humanas; martirizándose con las guerras; enfermedades; el ansia; millones de personas mueren todos los días por el hambre. Todos estos seres humanos son sus hermanos de Creación. Todas estas iglesia formadas por hombres a través de la historia del nacimiento de la Humanidad.

La llegada de Cristo a la tierra fue para sembrarla de la Luz de su Padre, como bien dice el Padre Nuestro: **Venga a nosotros su Reino**. Él no vino para crear iglesias de ninguna clase, salvo para responsabilizar al Alma viviente con su Espíritu, apartando la desobediencia (el mundo) convirtiéndose en mujeres y hombres íntegros no cobardes consigo mismos por no admitir la Enseñanza de la Verdad: "**Sobre esta Roca edificare Mi Verdad**" no mi iglesia. Durante siglos desde los judíos han tergiversado las Palabras de Dios desde el Antiguo Testamento y la iglesia de Constantinopla y el Sacro Imperio romano, la iglesia católica y romana y la católica y cristiana. Han creado una Biblia de acuerdo a su iglesia. No hay una Verdad de Cristo en el catecismo y se salvan algunos evangelios que quebrantan sus Enseñanzas llamando por tanto "mentiroso" a Cristo.

San Mateo Cap. 26 Vers 17 hasta 29 pueden leerlo completo, no obstante escribiré los versículos 26, 27, 28 y 29.

"Y mientras comían, tomó Jesús el pan, y bendijo, y lo partió, y dio a sus discípulos, y dijo: *Tomad, comed; éste es mi cuerpo*".

"Y tomando la copa, y habiendo dado gracias, les dio, diciendo: Bebed de *ella todos*";

"porque esto es mi sangre del nuevo pacto, que por muchos es derramada para remisión de los pecados".

"Y os digo que desde ahora no beberé más de este fruto de la vid, hasta aquel día en que lo beba nuevo con vosotros en el Reino de Mí Padre".

San Lucas Cap. Cap. 22 vers 7 hasta el 23. Escribiré el 15, 16, 17, 18, 19 y 20. Podran leer en sus Biblias los restantes.

"Y les dijo: ¡Cuánto he deseado comer con vosotros esta pascua antes que padezca!".

"Porque os digo que no la comeré más, hasta que se cumpla en el Reino de Dios".

"Y habiendo tomado la copa, dio gracias, y dijo: <u>tomad esto, y repartirlo entre vosotros</u>";

"porque os digo que no beberé más del fruto de la vid, hasta que el Reino de Dios venga"

"y tomó el pan y dio gracias, y lo partió y les dio, diciendo: Éste es mi cuerpo, que por vosotros es dado; <u>haced esto en memoria de Mí</u>".

"De igual manera, después que hubo cenado, tomó la copa, diciendo: <u>Esta copa es el nuevo pacto en mi sangre que por vosotros se derrama</u>".

San Juan Cap. 6 vers 26, 32, 33, 34, 35, 48, 50, 51, 53, 54, 55,56, 63. Igual que los anteriores lean desde el versículo 1 hasta el 71.

"Respondió Jesús y les dijo: De cierto, de cierto os digo que me buscáis, no porque habéis visto las señales, sino porque comisteis el <u>pan y os saciasteis</u>".

"Y Jesús les dijo: De cierto, de cierto os digo: No os dio Moisés el pan del Cielo, más Mi Padre os da el verdadero pan del Cielo".

"Porque el <u>pan de Dios</u> es aquel que descendió del Cielo y da la vida al mundo".

"Le dijeron: Señor, danos siempre este pan".

"Jesús les dijo: <u>Yo Soy el pan de Vida</u>; el que viene a Mí, nunca tendrá hambre; y el que en Mí cree, no tendrá sed jamás".

"Yo Soy el pan de Vida".

"Este es el pan que desciende del Cielo, para que el que de él come, no muera".

"Yo Soy el pan vivo que descendió del Cielo; si alguno comiere de este pan, vivirá para siempre; y el pan que Yo daré es mi carne, la cual Yo daré por la vida del mundo".

"Jesús les dijo: De cierto, de cierto os digo: <u>Sino coméis la carne del Hijo del Hombre, y bebéis su sangre, no tenéis vida en vosotros</u>".

"El que come mi carne y bebe mi sangre, tiene vida eterna; y Yo le resucitaré en el día postrero".

"<u>Porque mi carne es verdadera comida, y mi sangre es verdadera bebida</u>".

"El que come mi carne y bebe mi sangre permanece, y <u>Yo en él</u>".

"El Espíritu es el que da Vida; "la carne para nada aprovecha"; las Palabras que Yo os he hablado son Espíritu y son Vida".

Sí, no se decepcionen los católicos, los luteranos, los evangelistas, los testigos de Jehová, etc. Hablaré primero de los católicos. Me refiero, no al feligrés que asiste a misa, no. A estos embaucadores que durante miles de años vienen utilizando al ser humano para robarles la Voluntad al no ser conscientes de cuál era la Verdad Enseñada por Cristo.

Ya han leído cuando Cristo dictó Los Mandamientos a Moisés: *"Los Diez Mandamientos"*. Estos Mandamientos son para practicarlos la Humanidad: Observarlos; Obedecerlos; Acatarlos;

y Cumplirlos. La Integridad de la Humanidad hecha realidad. El Amor que cada cual siente por el Padre que los ha Creado a "*Imagen y Semejanza suya*" cuando Cristo dijo: "*Vosotros sois dioses*". La Humanidad es la Creación del Amor: Es su Sabiduría en todos los Reinos de la Naturaleza planetaria y universal.

Cuando Moisés recibió Los Mandamientos dijo: "**No te harás imagen o semejanza de lo que está en el Cielo ni en la tierra ni debajo de las aguas de la tierra. Ni la adorarás ni las venerarás.**"

La secta católica lleva desde siempre con la invención diabólica de que sus seguidores veneren; les hagan toda clase de sacrificios, mientras Cristo enseñaba: "*Misericordia quiero y no sacrificios*". Las imágenes inventadas por ellos incluyendo el rostro de Cristo y de su preferida María. No saben cuando nació ni la fecha de su asesinato y la muerte de ella. ¿Qué facciones tenían? Nadie en este mundo le conoce excepto aquellos a los que Él les ha revelado etc. Un hombre –que estará en el infierno- por ir en contra del Padre Creador de la Humanidad en su Ley; va llevando a todos los imagineros desde entonces a la actualidad. El papa –por mencionarlo a él- no tiene ningún poder del Cielo ni del Infierno para ir en contra de la Ley de Dios. El Vicario de Cristo en la tierra es otra ilusión del diablo de esta secta satánica, cuando sembraron su "Infalibilidad" durante siglos y pienso que hasta ahora porque no lo han derogado. Es la fantasía de los Césares antiguos romanos. Lo único que les ha preocupado a los papas, es ser el "Líder" de una Institución que durante siglos ha llevado a la Humanidad bajo el "Temor" de los castigos divinos, físicos, convirtiendo a éstos en asesinos y hoy en día llevan a sus creyentes al Infierno de dónde ellos proceden por mentirosos, falsos, hipócritas, cínicos; incumpliendo el Mandamiento Principal

como a su anterior papa Juan Pablo II; a su fallecimiento dijeron cosas como esta: "Él está a la diestra del Padre, desde su ventana bendiciéndonos" No saben encontrar el Amor de Cristo en sí mismo y ven a Juan Pablo II a la diestra del Padre: ¡Vaya paranoia! Ésta es el escenario. Él no representa a nadie porque los seres humanos tienen la "Luz": la Vida de Dios y cada cual siente lo que está bien y lo que está mal. Ningún papa se ha preocupado de aprender hasta hoy en día lo que Cristo le dijo a San Pedro: *"Lo que atares en la tierra será atado en el Cielo...etc.* Tampoco, ninguno se han perfeccionado y purificado sus Virtudes porque hasta el día de hoy no saben de dónde vienen ni tampoco a dónde van. ¡Ah, al Cielo claro!, ni idea. Está escrito en la Biblia que no creo que sea Pablo el que lo haya escrito solo los que se han dedicado a semejar la Biblia con la Iglesia de Constantinopla y después otras correcciones a la católica romana. Pablo dice que a los Apóstoles los eligió Jesús mientras a él fue Cristo. ¡Vaya desconocimiento de Cristo! ¿En dónde se encuentran los teólogos romanos que continúan esa doctrina sin esclarecer este hecho? Hablan de Jesús, Jesucristo, -muy pocas veces nombran a Cristo- están buscando el Amor del Padre de la Humanidad, no lo van a encontrar con sus enseñanzas de Satanás y todavía a 2.000 años de su nacimiento no se dan cuenta que el Amor de Cristo y por tanto de la Creación del Padre de la Humanidad está dentro de ellos mismos. ¡Vayas Tinieblas alumbran sus mentes! El llamar "padres santos" a los papas y padres a toda la Curia romana, está prohibido por Cristo en sus evangelios. Así pues, todos estos adornos y suntuosidades en las sectas católicas llevan miles de años, antes de su fundación y asesinatos a los primitivos cristianos para ellos inventarse este sistema llevando el yugo satánico sobre miles de millones de personas hasta ahora que guardan rencores y envidias familiares dentro de las "iglesias" en sus misas en los funerales por algún fallecido. Ellos no tienen ninguna imagen de Cristo ni de María ni de los Apóstoles porque primero no les creyeron como ocurre en la actualidad con todos sus seguidores de las diferentes doctrinas, y como comprenderán los "judíos" cumplían el Mandamiento de Dios sobre las imágenes. Durante 1.500 años (a. C) jamás imitaron lo que había en el Cielo porque cumplían el Mandamiento de Dios y después de 2.000 años (d. C) siguen igual, respetando el Mandamiento. Éstos que acaban de llegar (diablos modernos) estaban por encima de los Judíos y del Mandamiento de Dios. Son todos hijos del diablo por continuar atrasando a sus seguidores vendiendo sus Almas a unos fulleros, haciéndoles creer que la llegada del sacerdote a la presencia del futuro cadáver con unas palabras y su arrepentimiento le va a llevar al cielo. Secta de impíos a la Palabra de Cristo a la Humanidad. Creyendo en estas mentiras de siglos los seres humanos –sus seguidores- están viviendo de las Tinieblas de Satanás. Por esta razón San Juan el evangelista predijo llamándoles <u>mentirosos.</u>

Ahora a la "Luz" de los evangelios iré a desenmascarar otra enorme mentira que los católicos creen fervientemente porque la mente del ser humano es un peligro para el ciudadano que no la conoce y se deja llevar sin una reflexión o estudio disciplinado en dónde se encuentra la Verdad y dónde la mentira. El ser humano (creyente) hoy en día no sabe distinguir entre el "saber "y el "Creer".

Acaban de leer los últimos versículos de este libro exactamente igual que permanecen en sus Biblias. Volveré a escribirlos para que no tengan necesidad de volver sobre las páginas.

Cap. 26, vers 26,27, 28.

… *Tomad, comed; éste es mi cuerpo…*

… *Bebed de ella todos…*

… *esta es mi sangre del nuevo pacto…*

Cap. 22 vers 19 y 20.

… *Éste es mi cuerpo, que por vosotros es dado; "haced esto en conmemoración Mía".*

… *Esta <u>copa</u> (no cáliz) es el nuevo pacto en mi sangre que por vosotros se derrama…*

San Juan Cap. 6 ver 26.

… *sino porque comisteis el pan y os saciaste. (26)*

… *no os dio Moisés el pan del Cielo, más Mi Padre os da el verdadero pan del Cielo. (32)*

… *porque el pan de Dios es aquel que descendió del Cielo y da la Vida al hombre. (33)*

… *Yo Soy el pan de Vida; el que viene a Mí, nunca tendrá hambre; y el que en Mí cree, no tendrá sed jamás. (35)*

... y el pan que Yo daré es mi carne, la cual Yo daré por la vida del mundo. (51)

... sino coméis la carne del Hijo del Hombre y bebéis su sangre, no tendéis Vida en vosotros... (53)

... "El Espíritu es el que da Vida; la carne para nada aprovecha; las Palabras que Yo os he hablado son Espíritu y son Vida" (63)

Como comprobaran, ¿de quién diablo romano reencarnado salió la idea que en la *Eucaristía* "la ostia" o las "sagradas formas" se transubstanciaran en el cuerpo de Cristo? ¿De quiénes diablos romanos a través de los tiempos en la tradición de la iglesia romana, fuera necesario que la ostia no se pudiera romper dentro de la boca (con el mencionado castigo divino) excepto que se fuera disolviendo ella sola? Así mismo, ¿por qué era necesario confesarse antes de recibir la hostia o la sagrada forma? Si también estaba prohibida en Las Enseñanzas. Actualmente sin ser confesado, anunciando al feligrés que pudiera estar en castigo divino. ¿En dónde están escritas tales invenciones para el ciudadano creyente católico y la verdad (mentiras) de los cardenales? No me puedo extender más.

Cristo dijo: *"No solo de pan vivirá el hombre sino de la Palabra que viene de Dios"*

Ellos (todos: sacerdotes, obispos, cardenales y hasta el mismísimo papa) muyególatras, sentencian: "Este es el Sacramento de nuestra fe". Claro, es cierto, de su fe católica, (que no se sabe lo que es) pero no de Cristo. Éste sacramento atribuido a Cristo es una falacia. La fe de los sacerdotes hasta el papa. ¿Han escuchado a algún obispo en la historia de la iglesia católica y a los papas en cualquier tiempo explicarles lo que significa la fe? Indudablemente no. Pues sin tener ese Conocimiento, ¿qué representantes de Dios vienen sentándose en el Vaticano, que lleva a sus feligreses al infierno?

"*Haced esto en Memoria Mía*":

Como habrán leído (en los versículos) las Palabras de Cristo son fáciles de Entender. No es necesario ser una lumbrera, como presumían los "iletrados católicos en la dictadura de Franco" (demostrado que lo son) que ellos eran los "únicos" que podían interpretar la Palabra de Dios.

No hay que fantasear para Comprender la Verdad. La sencillez es del Alma. La egolatría del pedante es del diablo.

Él hizo un llamamiento a sus Apóstoles para cuando se reunieran –en las cenas o almuerzos- le recordaran en sus corazones la labor (*Sus Mandamientos y Enseñanzas*) que hizo para la Humanidad; permanecerá con ellos hasta el primer ciclo final del Ciclo planetario: "**Las Bienaventuranzas**" y después de los siglos que el Padre tenga marcado: el final del Planeta como tierra, no como Energía planetaria.

No hay más Verdad que el recuerdo de la esperanza de la Autenticidad aprendida en un principio. Es el aliciente para progresar en el encuentro de sí mismo, fieles a Las Enseñanzas del Padre Creador de la Humanidad.

Su Hijo Cristo. El Cristo planetario por Amor a su Padre visitó el Planeta para llevar su "Luz" a las Almas de su Creación que vivían la oscuridad (la demora en su evolución) del mundo de la tierra. No como dicen los obispos católicos (se apasionó tanto por los hombres que se hizo uno como nosotros). Comparan al Espíritu de Cristo al más mediocre ciudadano esclavo de la lujuria del mundo. ¡Vaya Sabiduría! Él sabía que la empresa no sería fácil – dado el poder de Satanás- pero el Amor vence todos los abismos. Dándoles las Gracias a su Padre por permitirle que les acompañaran en este peregrinar por la tierra con sus Hijos (Los apóstoles predicados antes por su Padre, lo habrán leído) para emprender la dura lucha en contra de las Tinieblas. Todos los sistemas: católicos y evangelistas dicen de los Apóstoles era unos ignorantes: <u>De lo más bajo del mundo escogió Dios a los Apóstoles para subirles a lo más alto</u>. Y se quedan tan anchos. ¿Como si el ser rico o Ingeniero fuera superior a la Sabiduría que el Alma aprende de su Espíritu? ¡Muy inteligentes las negruras de la tierra de estos dirigentes religiosos!

Él cumplió ante su Padre y sus Apóstoles también ante Cristo siguiendo sus pasos en contra del mal de este mundo –los hijos de Satanás- utilizaron –cuando les llegó la hora- ocupar las mentes de los ciudadanos e intereses terrenales humanos –igual en el Sanedrín- concluyendo con el asesinato de todos ellos.

Él vino al mundo del Planeta por Amor a su Padre y Amor a la Humanidad, (sus hermanos de Creación) como tantos otros que desconocemos porque antes que nosotros (millones de miles de años) fue Él.

Su "Luz" que es la de su Padre, permanece en las Almas que hacen la Voluntad de su Padre. Él vino a la tierra a cumplir un Mandamientos que el Padre le concedió: "Resucitarse a sí mismo" Recuerdan: *"Nadie me la quita (la Vida) sino que Yo la pongo para volverla a tomar"* Como saben Moisés escribió *Los Mandamientos* (No el Jehová de los judíos) que Él les dictó para que la Humanidad siguieran sus pasos, perfeccionando sus Almas bajo la Ley de Dios. Transcurrieron 1.500 años y tomó materia para Enseñar a la Humanidad que todos son hermanos hijos del mismo Padre: *"Ama a tu prójimo como a ti mismo"*, purificando las Virtudes realizando cada día las Enseñanzas que reciban cada cual de sus Espíritus, los cuáles son "dioses". (Todas las religiones actuales incumplen este Mandamiento)

El reunirse bajo un mismo Ideal para celebrar lo que su Maestro les sugirió, era para sentir la fortaleza del Espíritu al ser alimentado con su "Luz" para la obra de cada día o cada noche. La "Luz" de la Verdad templaría sus Almas fortaleciendo sus materias para enfrentarse cada segundo de sus existencias a las astucias de la maldad que viven por desgracia en la Humanidad ignorante. Que ellos tienen (posesionadas) como Almas Creadas alejadas de sus Espíritus.

Ése fue el Amor de Cristo en su andar por la tierra, como sus discípulos a los cuáles los llamó "amigos" haciendo su Voluntad y por tanto la de su Padre.

Los Apóstoles siempre aconsejados en la soledad de la materia por *"El Espíritu de la Verdad"* no los dejaban estar ociosos porque siempre encontrarían alguien para allanarles el Camino de su Maestro.

Cada cual aprenderían, recordarían en la Memoria de sus Almas las Vidas pasadas para fortalecerse en esa existencia recordando de "dónde vinieron" y "a dónde van". Los "Temores" y los "Miedos" desaparecieron de sus cerebros ancestrales al sentir el Amor de Cristo y el de sus Espíritus. El Entendimiento de sus Almas y sus Memorias llevaban sus cuerpos: Pedro la llamaba la "tienda" de un lugar a otro para sembrar los corazones del Amor de aquel que vino a dar la Vida por la Humanidad.

"Haced esto en Memoria Mía"

Pienso –es mi opinión- que pocas veces se reunieron todos los Apóstoles porque cada cual tomó un camino diferente para sembrar las Palabras de Cristo en los corazones que les atendieran porque ellos llevaban la "Luz" de Cristo. Las veces que lo hiciera el júbilo tuvo que ser Apoteósico. Todos narrando sus experiencias –como si el Maestro no las supiese- sin atropellarse en la conversación. Con la Calma que lleva el Alma cuando la Sabiduría está presente aprendiendo unos de otros. Cimentando sus Conocimientos y los planes para el futuro dictados por su Maestro en Espíritu y en Presencia de ellos o con su cuerpo terrenal. <u>Él no</u> está muerto sino vivo. Por ello su Presencia era indudable, con sus amigos.

Jamás recordarían el pasado entre ellos porque las heridas de su Maestro la estaban viviendo ellos actualmente recibiendo el pago del mundo por sembrar la Verdad. Ni entre ellos se escucharían las quejas del mal trato recibido en ocasiones. Su único pensamiento era lo mejor posible la Obra del Padre Creador para que su Hijo cumpliera lo que les había dicho.

"Sino porque comisteis el pan y os saciasteis"

Significa que en las Almas de los Apóstoles no había ninguna clase de maldad de las energías del mundo: (Rencor, Orgullo, Soberbia, Egoísmos, Ambiciones, Codicias, Mentira, Hipocresía, Cinismos, Odios, Intereses terrenales, Vanidad: ni material, ni espiritual, Endiosamiento, petulancia etc. Ni ninguna de las enfermedades lujuriosas que padece la Humanidad actualmente). Porque sino se resistirían a Las Enseñanzas de su Maestro.

Han leído que el Maestro les dijo en una ocasión: *"Ahora estáis limpios por la Palabra que os he dado"*. Estaban preparados inconscientemente por la Presencia constante de Cristo y su "Luz" los envolvía para protegerlos de cualquier maldad del mundo. Así llenaron sus Almas del Manantial inagotable del Maestro que las inundó de su "Luz". Sus cuerpos físicos exteriorizarían como 20 años menos a la apariencia cuando Él los encontró por primera vez llenos de vigor y juventud.

En este mundo he aprendido –por la experiencia- que no puedes enseñar más –el Bien- de lo que la persona pueda soportar porque su mal le convierte en el enemigo más cruel. Qué tristeza para el que ve. Llevamos 2.000 años de la Enseñanza del Maestro para que su Alma aprenda a protegerse y acogen más al mal que al bien. Hablo de todos los religiosos. Sus estructuras cerebrales están desordenadas por las mentiras y falsas enseñanzas de todas las religiones, aunque la católica se lleva el máximo trofeo porque no tienen una Verdad de Cristo que ustedes han podido leer, si han tenido la Paciencia para llevar a la Prudencia y el equilibrio mutuo con su Alma.

Por esta razón entiendo cuando Cristo les dijo: *"Y os saciasteis…"*

Habrán comprendido, que *"el pan del Cielo"* es el que trajo a la tierra <u>*"Las Enseñanzas eternas de la Verdad"*</u> y sus <u>"Diez Mandamientos"</u>.

Recuerdan: "No solo de pan vivirá el hombre, sino de la Palabra que *viene de Dios*".

El *"pan del Cielo"* no es su cuerpo. Ni la sangre tampoco. Esas son unas de tantas mentiras que viene desde los siglos de su precursor hasta hoy para atemorizar a las personas, sujetarlas al mal del mundo que ellos representan no a Dios del Universo, el Padre de Cristo y Padre de la humanidad.

Él lo repite constantemente:

"Yo Soy el pan de Vida; el que viene a Mí, nunca tendrá hambre; y el que en Mí cree, no tendrá sed jamás".

No es como dicen la religión católica y las ramas evangelistas que toman la carne y la sangre de Cristo en la "ostia" o en las "sagradas formas"; como las evangélicas, con un trocito de pan y un chupito de vino al menos cumplen con la apariencia; lo externo de la Enseñanza pero no lo interno que son "Respetar" y aprender de *Los Mandamientos y Las Enseñanzas eternas de la Verdad:* Perfección y Purificación de las Almas y creer ambas en la Verdad: "La Reencarnación y La Siembra y la Cosecha", es decir: Lo que hagas en esta Vida lo recogerás en la otra, para que no dañes a tu hermano y así aprenderás a portarte con Justicia con él. Así frenas tú "lengua" en las opiniones; criticas; difamaciones en las Mentiras y las Calumnias. A los dirigentes dejen de engañar y embaucar a las personas creyentes que el hecho de la Eucaristía católica no se transubstancia en el cuerpo y sangre de Cristo.

Dicen que ese es el Sacramento de su fe. ¿La fe de quiénes, de sus hermanos de religión (desde el sacerdote hasta el papa)? porque los feligreses –despierten- no son hermanos, sino los hijos de ellos; su patrimonio personal del Vaticano. No enseñan la dirección del Camino al Padre de la Humanidad sino sus senderos tortuosos de la falsedad, ¿De qué clase de fe están hablando? ¿La fe a Fátima? ¿La fe a Lourdes? ¿La fe del camino de Santiago? ¿La fe de la Macarena que dicen sus seguidores es la madre de Dios? ¿La madre de Dios?, ni siquiera de Cristo en la tierra, del Padre de Cristo y de la Humanidad. El fanatismo es la peor de las enfermedades, se parece mucho a la "Ira" matan a cualquiera porque creen que defienden la Verdad. Qué ignorancia. Todas estas imágenes saben ustedes que son mentiras –mayor juicio tendrán ante la Ley de Dios- por continuar en esa desobediencia de 2.000 años. ¿La fe en la Mentira? ¿La fe en Constantino el grande que dicen fue él, el autor del Sacro Imperio romano que se dedicaba a matar para usurpar de los pueblos su patrimonio y disfrutar ahora de su usufructo? Este individuo no creía en Cristo y además lo que le interesaba eran sus conquistas. ¿A quién van a engañar? Repito: Si ustedes no saben lo que es la fe, ¿Cómo les exigen a sus feligreses que la tengan?

"El Espíritu es el que da vida, la carne para nada aprovecha; las Palabras que Yo os he hablado son Espíritu y son Vida".

"No tengas en cuenta nuestros pecados sino la fe de tu iglesia"

Esta frase, ¿qué quiere decir a la Verdad si han leído los evangelios de este Libro, copiados de mi Biblia? Es el analfabetismo de la Sabiduría de Dios o en todo caso la falta total de Conocimientos de sus Almas o la hipocresía más absoluta de hacer creer a las personas (sus parroquianos) que basta la fe amparándose en Pablo (desconocedor de Las Enseñanzas de Cristo) para continuar con el negocio de las mentiras.

Cristo enseña: "**Sed perfectos como Mi Padre que está en los cielos es Perfecto**" No habla de pecadores cuando imparte su mensaje de Amor solo de "enfermos". "*El sano no necesita de médicos*" "*Yo he venido a salvar al mundo de pecado*" Las Enseñanzas de Cristo fueron para despertar a las Almas a la Perfección y Purificación de sus antiguos pecados (San Pedro) Los cardenales como niegan la Verdad "*La Siembra y la Cosecha*" (Catedral de Toledo 30/05/10) lo que antes para ustedes eran dogmas y siguen siéndolos, ahora son misterios. Ustedes no nombran para nada a San Pedro: Pablo y Pablo. Repito: No creo que Pablo cometa tantos errores que van en contra de las Enseñanzas de Cristo; serían necesario 33 libros para revocar tantas oscuridades en sus escritos.

"*Haced esto en conmemoración Mía*" ¿Qué tiene que ver este mensaje con lo que dice el Cardenal embajador del papa? (El que come el pan y bebe el vino –dice el Cardenal- Yo le resucitaré en el último día de los muertos) ¿Si está muerto para qué lo va a resucitar? No es necesario que la persona fallezca, Cardenal, para estar muerta. Lo está aunque usted lo vea todos los días. Vivo en el mundo pero muerto por no cumplir con las *Enseñanzas y Mandamientos de Dios* que recibiría la "Luz" de Cristo en sus Almas y entonces si estaría vivo aunque falleciera. ¿Lo entiende usted o es muy difícil para las tinieblas de su mente?...El Espíritu de la Verdad os guiará hasta la Verdad plena... tampoco es verdad. Cuando Cristo hablo a los Apóstoles les dijo "*Qué el Espíritu de la Verdad os guiaría para que supiesen todas las cosas que ahora no podrían sobrellevar*, no para conocer "la Verdad plena" ¿Puede comprender lo que dijo usted, o también es otro "misterio"? ¿La Verdad Plena? Él (Cristo) lo único que les dijo a los Apóstoles es: "*En la casa de Mi padre muchas Moradas hay, voy a preparar un lugar para vosotros, en dónde Yo estoy vosotros también estaréis.* ¿Sabe usted lo que significa "la plena Verdad"? ¿Cómo se atreve a decir tamaña mentira no tiene siquiera una Virtud Purificada (Desconocimiento de la Verdad) y ningún don de los que habla Pablo para tener la mente satánica de nombrar "la Verdad plena"? Ni Cristo en la tierra tenía la "Plena Verdad" ¿Sabe por qué? Pues sencillo: Él vino a la tierra a practicar un "Don" de su Padre, aunque Él dijo: <u>*Un Mandamiento recibí de Mi Padre, entregar Mi Vida para volverla a tomar,*</u> ¿Sabe lo que significa? El Padre no le resucitó, fue Él mismo con ese "Nuevo" Mandamiento. También está en los evangelios.

...El don de la Eucaristía nos dona el Espíritu Santo para nuestra santificación... ¡Otra! Ciertamente ustedes no tienen claras las ideas del Conocimiento de Cristo. ¿Cómo la Eucaristía les va a conceder ningún don del Espíritu Santo? ¿Pero en qué mundo viven? Ustedes claro, piensan que Dios está al servicio de la iglesia católica y pueden fantasear lo que quieran que Dios se lo permita. Desde luego que sí, hasta que llegue el tiempo que no quedará piedra sobre piedra en el Vaticano por insolentes, mentirosos y usurpadores de la Verdad de Cristo. Ahora resulta que la Eucaristía es un "don". Pone en boca de San Agustín palabras que son de Cristo...Este es el ministerio (Estado de una nación) de nuestra fe... ¿Por qué no se preocupa un poco de su Alma y hable con Ratzinger y entre los dos lean la Primera y Segunda Epístola de San Pedro a ver si así se enteran lo que significa la fe? ... ¿Qué es el hombre para que te acuerdes del él? ¿Qué es el ser humano para darle poder?...Estas frases las dijo al que el Cardenal llamó: "doctor de la iglesia" Este doctor Cardenal, me parece que lo deben suspender y llevarlo de nuevo a primaria. La iglesia católica no se ha enterado todavía que la

Humanidad es una Creación de nuestro Padre y todos los seres humanos somos hermanos de Creación: *"Ama a tu prójimo como a ti mismo"* ¿Cómo, qué es el hombre para que te acuerdes de él? Nosotros somos hijos del Padre Creador y Cristo nuestro hermano superior en evolución. El Padre lo creó primero (hace millones de miles de años antes). Ni siquiera la tierra existía Cardenal. Los seres humanos tenemos la Alma Creación divina y también poseemos el Espíritu al cual Cristo nos llamó: "Dioses". Está en los evangelios. Claro el doctor no lee la Biblia como usted tampoco y los teólogos menos: ¡Son superiores! Voy a la segunda pregunta: ¿Qué es el ser humano para darle poder? Este me recuerda a Ratzinger cuando sugirió llevar a la iglesia cuatro (4) siglos atrás. Doctor de la iglesia católica usted no sabe lo que significa "Ser" humano por lo visto, ni tampoco pierdo el tiempo para explicárselo. La iglesia católica bebe de muchas fuentes para luego decir que son revelaciones de Dios. Yo los conozco muy bien. …"Hemos recibido la justificación por la fe" (Aquí tienen de nuevo a Pablo)…contradice a Pedro. …Bebe los dos cálices del Antiguo y Nuevo Testamento, ¿de quién será esto? De la copa de barro se pasó al cáliz de oro. Desde luego no han leído el Nuevo Testamento cuando Cristo dijo: *"Si Yo no hubiere venido no tendrían pecado, pero (más o menos, está escrito) como vine no tienen excusa para su pecado"* ¿Qué tienen que ver los dos cálices del Antiguo y Nuevo Testamento (son asuntos del Cardenal) con: *"Haced esto en Conmemoración Mía"*? Le recuerdo Cardenal emisario del papa para que también le informe: Cuando Cristo nació en la tierra se derogó el Antiguo Testamento. El Amor de Dios vino para manifestarse antes sus hijos de Creación y traerles la Paz, el Conocimiento y la Sabiduría. Cada cual de acuerdo a sus esfuerzos en la lucha contra el mundo adquirirían lo que sus Virtudes obtuviesen (La "Luz" de Él) Se acabó con el dios castigador: La "Ira" de dios; El ejercito de Jehová; etc. Una vergüenza de los judíos que lo corroboran la católica y toda la rama evangelistas.

...Señor ten piedad de nosotros, muéstranos tu Misericordia. Perdónanos nuestros pecados y llévanos a la salvación... ¿Qué ocurre? ¿Es que ellos (El Arzobispo, los Cardenales, los Obispos y los sacerdotes presentes en el acto (La misa) no se han confesado, entre ellos antes de recibir, (como dice el Cardenal) el Sacramento de nuestra fe? Por lo visto no se han presentado ante el Padre pidiéndoles cada cual sus súplicas para participar en la Eucaristía. Luego, exigen a los fieles que deben confesarse porque estarían en pecado de muerte en la comunión. ¡Vaya desalmado! Todavía hay más: ...Ten piedad de nosotros, muéstranos tu Misericordia...Está más que demostrado: "ellos" no leen la Biblia, ni les interesan a su Ego: Cristo, ni al Padre Eterno ni llegar al Conocimiento de sus Almas ni siquiera la Sabiduría de sus Espíritus. Ellos van a su sistema: Heredar el mundo de Satanás como dijo su papa en Brasil: "Mi vocación es ser padre del mundo". ... Ten piedad, muéstranos tu Misericordia, dice el Cardenal en Toledo. Ya lo enseñó Cristo hace 2.000 años Cardenal *"Misericordia quiero y no sacrificios"* La "Misericordia" es una Virtud del Alma que enseña muchas cosas sencillas y también muy importante en el Conocimiento y la Sabiduría para ser Prudente en este mundo: ¿Cómo pide al Padre que les muestre su Misericordia?, siempre pidiendo pero jamás en todos los siglos Amar su Enseñanzas. Exigen a los demás seres humanos que crean en sus mentiras, pero ustedes no mueven ni un pelo. Cristo en los evangelios habló de ustedes. Si dicen son una iglesia de Cristo y no tienen Misericordia con sus Almas y Espíritus, ¿en qué despropósito viven? ...Para que este sacrificio mío y vuestro sea agradable al Señor de los Cielos. O sea, ustedes ven en la Eucaristía que Cristo estaba junto a sus Apóstoles porque iba a ofrendarse por sus hermanos terráqueos por venir a salvarlos y los Apóstoles también. Ustedes: Arzobispos, Cardenales, Obispos y sacerdotes; los asistentes a la misa también se sacrificarían ¿por quién? No se enteran de nada. Viven de las astucias del diablo. ¿Cómo pueden hablar de Cristo de esa manera? Él sabía que acabarían con su materia igual que Juan Bautista para él que creyera en Él, haciendo lo que Él hizo: *"Todo lo que le pidiereis al Padre lo haré; cosas más grandes haréis porque voy al Padre"* El estar con sus amigos (los Apóstoles) en la última cena, ustedes lo entienden como un sacrifico para Dios. Lo que hay que escuchar. ...Al Espíritu Santo: (en la Eucaristía) Venga a nosotros y nos renueve y nos acompañe. Tampoco saben quien es: No hacen la Voluntad de Cristo y por lo tanto la de su Padre y tienen la desfachatez de pedirle al Espíritu Santo, que tampoco saben quien es, rogándole protección: el colmo. ...que nos mandó celebrar estos dones... ¿Qué dones? Cristo no se los mandó a nadie, ni a sus Apóstoles se los ordenó. Ustedes son los que están acostumbrados a decretar y decidir la mentira en los inconscientes -durante estos 2.000 años- a la Humanidad. Cristo les sugirió o insinuó: *"Haced esto en* Conmemoración Mía. ¿Qué los fieles a sus enseñanzas de "hombres" reciban algún "don" de su Eucaristía? La realidad es más que convincente, llevan 600 años con ella y los seres humanos que les han seguido durante estos siglos –por dictaduras hasta hace 40 años- nadie lo ha recibido, ni siquiera ustedes. ...para que profundicemos en el Conocimiento de la Eucaristía...para que avancemos en la misma fe y en el mismo Amor...A 2.000 años ustedes jamás enseñan nada de la Vida de Cristo. Se limitan a leer los evangelios (los que les interesan) pero el feligrés son los que deben escuchar que han aprendido ustedes a dos mil años lo que significa dicha conmemoración de Cristo y sus Apóstoles. Ustedes a través de la historia han presumido de ser los elegidos e interpretadores de Dios. Ahí está su represente en la tierra, sentado en el Vaticano. Usted les dice a los fieles que indaguen en el Conocimiento. ¿No están ustedes para llevarles ese saber? Para finalizar tanto atropello la "colecta" se la lleva para Roma; ayudar a los más necesitados. Es para reírse: Cardenal, ¿no les parecen poco los 5.000.000 millones de parados que hay en España? Antes de finalizar con tanta oscuridad del Cardenal –como siempre- cuando mencionan unos versículos del interés de la iglesia se olvidan –qué casualidad- de esconder la Verdad. La Verdad de las Palabras de Cristo se las voy a escribir de nuevo:

"El Espíritu es el que da Vida, la carne para nada aprovecha; las Palabras que Yo os he hablado son Espíritu y son Vida"

Cómo comprenderán la Eucaristía católica –no hay otra- son un conjunto de mentiras que van en contra de la Enseñanzas de Cristo. Claro por no nombrarles a la virgen María otra falacia que siempre la meten por medio como al santo de Toledo en este caso: ha visto según el Cardenal el rostro de Dios. Ahí, va eso o a la virgen del Rocío que dicen está en los evangelios. ¡Cuánta Paciencia convertida en Amor tiene Dios para no enviar a los Ángeles de Cristo que en 2.000 años estén calumniando y pisoteando las Enseñanzas de la Verdad que trajo su Hijo a la tierra!

Sin la "Luz" de Dios: La Esencia de la Vida convertida en Alma y Las Enseñanzas de Cristo (su "Luz") en el transcurso de la

Humanidad en diferentes Continentes desaparecidos hoy del Planeta, seguiría imbuida en las Tinieblas de Satanás. Un caos total planetario. Los humanos estaría viviendo en la Prehistoria sin alcanzar a su "Ser". El "Instinto" –inteligencia primaria- viviría gobernada por la Codicia y la Ira llevándose unos y otros: Todos a la desintegración. Viviríamos en el mayor infierno jamás imaginado por el ser humano actual. Satanás padre del mundo cumpliría su venganza: Destruir la "Creación de Dios: La Humanidad".

En la actualidad en un concurso inmenso de personas, creen éstas que poseen Almas y Espíritus. Millones de seres humanos -Libres pensadores- admiten sin dudar "La Reencarnación y las Enseñanzas de la Siembra y la Cosecha", guardan en sus corazones cada día: "No le hagas a los otros lo que no quieres que se haga contigo", protegiéndose de las astucias del mal en los seres humanos de las sociedades de la tierra. Hay millones de personas que son fieles a sí mismas, alcanzando el Conocimiento de su Almas y bastantes la Sabiduría de sus Espíritus, sin estar sujetas a ningún sistema religioso, solo la Voluntad del Padre de Cristo y de la Creación humana cumpliendo sus Leyes y Enseñanzas. Son personas que se dejan aconsejar por la Prudencia aprendida de la Paciencia y del Amor que genera ésta su Alma no traicionan a sus Espíritus por el baluarte de la "Integridad" lograda para no ser esclavos de su "Egos".

Como le dije al Cardenal en el escrito sobre la Eucaristía, la existencia sin la "Luz" de Cristo jamás comprendería: "los muertos entierren a los muertos". Todos pensarían que estarían vivos, llevando a uno a la "Hoguera". Ellos sin embargo no lo creen ni los evangelistas tampoco, enviándolos unos y otros al Cielo.

Que la "Luz" de Cristo ilumine el Entendimiento de sus Almas para alcanzar su "Memoria" y la "Sabiduría" de sus Espíritus abran las páginas de sus "Libros" para Comprender su pasado y la responsabilidad del futuro de cada día de su existencia, convirtiéndose: Alma-Espíritu en: "dioses"

Ahora leamos lo que dice Saulo de Tarso (San Pablo).

Primera Epístola del Apóstol San Pablo a los Corintios.

Cap. 11 vers 23, 24, 25, 26, 27, 28, 29, 30, 31, 32, 33, 34.

Como es muy extenso lo podrán leer en sus Biblias. Analicemos desde el sentido común quién dice "La Verdad". Hablo del "sentido común" porque sé que ningún religioso actual incluyendo a Saulo de Tarso (San Pablo) en su tiempo tampoco lo poseía: *"El Espíritu de la Verdad"*. Repito una vez más que estos capítulos y versículos están corregidos y adaptados para la futura iglesia romana por los papas de Constantinopla y también de la católica y romana.

Vers 26.- *"Así pues, todas las veces que comiereis este pan, y bebiereis esta "copa", la muerte del Señor anunciáis hasta que Él venga"*.

Esto lo escribe San Pablo, lejos de la realidad espiritual enseñada por Cristo. Además habrán leído que Cristo les dijo: *Es necesario que Yo me vaya para que el "Espíritu de la Verdad" venga" y os haga saber todas las cosas que ahora no podéis soportar.*

Cómo leemos es imposible que los Apóstoles incumplan una Enseñanza de su Maestro.

San Juan Cap. 22 vers 19.

"Éste es mi cuerpo, que por vosotros es dado; "haced esto en Conmemoración Mía".

Cristo no habla nada al mundo solo a sus Apóstoles. Él entrega su cuerpo por ellos: Los Apóstoles, a los que llamó "amigos". Tampoco les dijo que a los futuros cristianos tendrían que recordarles con esa ceremonia. Más incluso cuando el llegara en el tiempo participaría de nuevo de dicho preacuerdo hecho realidad y volverían a estar juntos comiendo el pan y bebiendo el vino en el Reino de su Padre. Está escrito.

Volviendo a Pablo lo que llaman la Eucaristía católica sigue sin tener sentido común con esta realidad: *"Anunciáis la muerte del Señor hasta que Él venga".* ¿Por qué no escribió: Anunciáis la Resurrección de Cristo? ¿Si Él está vivo, para qué recordarle muerto? Por esta razón celebra la iglesia católica la Semana Santa. Años tras años, siglos tras siglos, paseando por las calles los sufrimientos provocados por el Príncipe de este mundo al Cristo planetario, desobedeciendo la **Ley de Dios**: No te harás imágenes de lo que está en el Cielo...etc. Más parece una burla de ese sistema de hombres que Satanás la toma para decir a las gentes: ahí tenéis mi triunfo, acabé con la Luz de Cristo. Esto lo demuestra: El negocio que tiene esa iglesia en todos los pueblos y ciudades del Planeta durante todos los meses del año. Sigamos:

Vers, 27.- "De manera que cualquiera que comiere este pan o bebiere esta "copa", (no Cáliz) del Señor indignamente, <u>será culpado del cuerpo y de la sangre del Señor.</u>

Vers, 28.- Por tanto, pruébese cada uno así mismo, y coma así del pan, y beba de la copa.

Vers, 29.- Porque el que come y bebe indignamente, sin discernir el cuerpo del Señor, <u>juicio come y bebe para sí.</u>

Vers, 30.- <u>Por lo cual hay muchos enfermos y debilitados entre vosotros, y muchos duermen.</u>

Vers, 31.- Sí, pues, nos examinásemos a nosotros mismos, <u>no seríamos juzgados.</u>

Vers, 32.- <u>más siendo juzgados, somos castigados por el Señor, para que no seamos condenados con el mundo.</u>

¿Han leído bien? ¿Ustedes creen realmente que estos versículos fueron escritos por Pablo? Indudablemente no. ¿Quién juzga al Señor en la tierra para calumniarle diciendo que Él trae la enfermedad y la muerte de esa pobre gentes enjuiciándolos sentenciándolos por su ignorancia? Pues desde ese tiempo hasta ahora (más de 600 años) la iglesia católica que hoy se llama... "y cristiana". Viene utilizando el Nombre de Cristo, de Nuestro Padre, del Espíritu Santo en sus manifestaciones Eucarísticas. No es Verdad, entonces serán mentiras, falsedades, hijos todos del diablo que apartan a la Humanidad de la Luz de Cristo. De ahí nació en esa iglesia diabólica el confesarse al sacerdote de turno para participar de la Eucaristía. Las amenazas suenan en los oídos al recordarles, el "fuego divino" "Los castigos de Jehová" "los pecados mortales" "La ira de Dios" "al fuego eterno" "al limbo"

Ahí es donde estarán todos los sacerdotes, en escalera directa desde su nacimiento hasta los papas por tomarse el Nombre de Dios en vano.

Para finalizar volveré a la Enseñanza de Cristo cuando dijo: "Yo Soy el Camino, la Verdad y la Vida y Nadie va al Padre sino es por Mí"

Los que han tenido la Paciencia de leer poco a poco este libro para desechar todas las mentiras que desde hace milenios están sobre la tierra engañando a la población mundial para que no encuentre la Verdad y la Vida, voy de nuevo hablarles un poco más sobre ésta Gran Verdad de Cristo a los hijos del Padre Creador por boca de Él. Ustedes han leído mi explicación pero dejé para el final de este libro ahondar en la Enseñanza de la Vida, porque comprendo que poseen más caudal de Conocimientos al leer la Verdad de lo que queda en las Biblias de los diferentes ciudadanos –miles de millones- llamados cristianos.

Cristo dijo: *"Deja que los muertos entierren a sus muertos"* (**San Lucas Cap. 9 vers 60**) Ahora es más sencillo de Entender. El ciudadano que había fallecido; su hijo lo iba a sepultar -me imagino con sus familiares, amigos y conocidos- le acompañarían también, aunque éstos con vida, pero para la Vida de la Verdad (espiritual) perduraban muertos.

Sin salirnos de este Planeta -es el que conocemos- todos los seres humanos sabemos sin dudar un segundo que la Vida existe en el. La Vida se encuentra en la atmósfera y en todos los Reinos del mismo: Desde el marino, mineral, vegetal, animal y humano. La Vida está en los reinos conocidos ahora -pero estaban ocultas-

gracias al adelanto científico Es la Creación del Padre eterno como la Vida que también existen en los Reinos Invisibles.

Para que la "Luz" de la "Vida" evolucione en el Reino humano: Seres humanos tienen que cumplir Las leyes del Padre de la Creación: La Ley de los Profetas. *"No le hagas a los otros lo que no quieres que se hagan contigo"* Penetrar en Las Leyes de *"Los Diez Mandamientos"* y *"Las Enseñanzas eternas"* que Cristo trajo a la tierra de su Padre que también es el nuestro, sembradas por sus Apóstoles.

Así a través de los siglos, los Apóstoles en sus diferentes reencarnaciones amplían en las Almas de sus siervos "La Enseñanza Luz" de Cristo convertida en "Luz de Vida" multiplicadas por sus siervos -ahora de Cristo- en las Almas Obedientes a la Verdad: La Luz aprendida.

La "Luz" de Cristo en cada Virtud enseña al Alma la Voluntad en su Memoria y Entendimiento predilecta por el Amor y la Sabiduría de su Espíritu.

De esta manera la "Luz" de Cristo en los seres humanos que aceptan sus Enseñanzas en la lucha o en las batallas o guerras que mantienen consigo mismos en este mundo desarrollan la "Luz de la "Vida" en sus Almas manteniéndose "vivos" aunque sus materias perezcan en la tierra convirtiendo a sus "Seres" en cuerpos espirituales de Ángeles, Arcángeles, Serafines, Querubines.

¿Recuerdan?: ¡Dioses sois!

Los Seres humanos que acceden a las invenciones de las enseñanzas de las tinieblas -hombres- (**Mateo Cap. 6 vers 22**)

..."*Mira pues, no suceda que la luz que en ti hay, sea tinieblas*" están -creen ellos- vivos en la materia, pero su luz (las tinieblas) oscurecen la "Luz" de la Creación (sus Almas) y permanecen muertos para la Vida del Padre de la Creación al no esforzarse en alcanzar sus Enseñanzas para salvaguardar y reproducirla en cada existencia la "Luz de la Vida".

"YO SOY la LUZ del mundo, el que Conmigo está no permanecerá en las tinieblas.

INDICE

Introducción……………………………………………………………..5

Dios es Luz y no hay ninguna tiniebla en Él…………………16

La Reencarnación………………………………………………….31

La Parábola de hijo pródigo……………………………………46

Despierten a la Verdad……………………………………………61

Caminen con su Verdad…………………………………………83

La obediencia y la Integridad……………………………………90

La Voluntad……………………………………………………….112

Las Emociones……………………………………………………133

El Ser……………………………………………………………….149

La Verdad de los Evangelios…………………………………..160

www.ingramcontent.com/pod-product-compliance
Lightning Source LLC
Chambersburg PA
CBHW070937230426
43666CB00011B/2468